O baú do guerrilheiro

Ottoni Fernandes Júnior

O baú do guerrilheiro

Memórias da luta armada urbana no Brasil

EDITORA RECORD
RIO DE JANEIRO • SÃO PAULO
2004

CIP-Brasil. Catalogação-na-fonte
Sindicato Nacional dos Editores de Livros, RJ.

Fernandes Júnior, Ottoni
F412b O baú do guerrilheiro / Ottoni Fernandes Júnior.
– Rio de Janeiro: Record, 2004.

Inclui bibliografia
ISBN 85-01-06847-0

1. Fernandes Júnior, Ottoni. 2. Brasil – História
– 1964-1985. 3. Guerrilheiros – Brasil – Biografia.
4. Presos políticos – Brasil – Biografia. I. Título.

CDD – 920.932242
04-0408 CDU – 929:323.27

Capa e encarte: Carolina Vaz

Foto de capa: De pé no pára-choque de um carro, Ottoni Fernandes Júnior fala para manifestantes em passeata no dia 1° de abril de 1968, na Avenida São João, São Paulo. Arquivo Iconografia

DISTRIBUIDORA RECORD DE SERVIÇOS DE IMPRENSA S.A.
Rua Argentina 171 – Rio de Janeiro, RJ – 20921-380 – Tel.: 2585-2000

Impresso no Brasil

ISBN 85-01-06847-0

PEDIDOS PELO REEMBOLSO POSTAL
Caixa Postal 23.052
Rio de Janeiro, RJ – 20922-970

Para meus falecidos pais, Marina e Ottoni,
que foram só apoio e amor.
Para meus amigos e amigas, que me ajudaram
nas horas difíceis.
Para Nicole, minha companheira de tantos anos.
Para nossos filhos, Joana e Paulo.

Sumário

APRESENTAÇÃO

Escrever sobre fatos tão dolorosos como a prisão, tortura, anos afastado da sociedade é muito doloroso. Pior ainda quando se assiste, da prisão, impotente, ao assassinato de tantos companheiros de luta, que ousaram continuar lutando quando parecia já não haver chance de vitória. Mais difícil é sentir que seus planos mais ambiciosos, de um País livre, sem opressão, pareciam ter sido frustrados. Diante de tantos sentimentos tão fortes, resolvi adiar por muitos anos o meu desejo de escrever um livro sobre a ousadia de um grupo de jovens que enfrentou a ditadura militar brasileira nos anos 60 e 70 do século passado.

Queria fazer como Graciliano Ramos, que só escreveu *Memórias do cárcere* dez anos depois de ter sido libertado da prisão, durante a ditadura de Getúlio Vargas. Acabei concluindo o livro 27 anos depois de ter sido libertado do cárcere da ditadura militar.

Foi bom ter aguardado tanto tempo, deixado as emoções mais angustiantes bem longe. Mas a memória continuava viva, assim como a lembrança daqueles que tombaram na luta menos dolorida.

Todos os personagens do livro são reais. Os nomes citados são verdadeiros, exceto os de algumas pessoas que, consultadas, pediram que pseudônimos fossem usados. As situações narradas também aconteceram, e, quando não tiveram minha participação direta, foram baseadas em testemunhos de quem as viveu ou em extensa pesquisa em arquivos.

Ao escrever, pensei muito nos jovens de hoje, uma geração e meia posterior à minha, e procurei mostrar o contexto político, econômico, social e cultural que levou jovens dos anos 1960 a pegar em armas contra a opressão ditatorial.

O baú do guerrilheiro trata de fatos entre 1966 e 1976, datas, respectivamente, em que ingressei no movimento estudantil e em que saí da cadeia. Optei por uma estrutura narrativa não-cronológica, imitando o escritor argentino Julio Cortázar em *O jogo da amarelinha*. No começo, o dia da minha prisão, e nos capítulos ímpares, a experiência da tortura e cadeia até minha libertação; nos capítulos pares, um recuo no tempo até 1966.

Quem quiser ler na seqüência cronológica, deve começar no capítulo 20, voltar pelos pares até o capítulo 2 e seguir pelos ímpares até o capítulo 21, encerrando o livro com o capítulo 22, apropriadamente denominado "A revelação".

Este livro é uma homenagem àqueles que morreram lutando contra a opressão no Brasil.

Vigília

Como o companheiro é morto,
todos juntos morreremos
um pouco.

O valor de nossas lágrimas
sobre quem perdeu a vida
não é nada.

Amá-lo, nesta tristeza,
é suspiro numa selva
imensa.

Por fidelidade reta
ao companheiro perdido,
que nos resta?

Deixar-nos morrer um pouco
por aquele que hoje vemos
todo morto.

Em *Retrato natural*
Cecília Meireles, 1949

Capítulo 1

Rato chamando base

Casa da Morte em São Conrado
Rio de Janeiro
21 de agosto de 1970

O cerco estava apertando. Após o fracasso da ação de Ramos, a organização andava à míngua. Psicologicamente, estávamos todos abatidos pela frustração e pela morte do guarda de vigilância. Para piorar, sem dinheiro. Depois que o guarda tombara, fugíramos sem levar o dinheiro do banco. Na quinta-feira surgiram indícios de que o Bira, que também participara da ação, tinha caído, pois furara todos os pontos. Faltava dinheiro até para tomar um ônibus.

Na sexta-feira, fui a um ponto com Nelson em Pilares, depois fui encontrar o Pedrão, um velho amigo de Campinas, na Ataulfo de Paiva. À tarde, sem ter o que fazer, li um livro do Ziraldo na biblioteca pública de Botafogo. Aproveitei para dar uma olhada em outro livro dele, cuja sinopse tinha visto no *JB*.

À tardinha, tomei o Leblon—Usina. Cuidadoso, observei se algum carro seguia o ônibus. Eram 7 da noite quando cheguei perto da rua onde morava, na Tijuca. Como sempre, fiquei no fundo do ônibus. Só dei o sinal para descer quando estava em cima do ponto, para ver se algum dos poucos passageiros não se sobressaltava. Era uma rotina, embora fosse mais cauteloso quando ia para algum encontro. Acabava relaxando um pouco quando voltava para o quarto alugado, onde morava sozinho.

Desci na São Francisco Xavier e segui por um beco que desembocava na Rua Marquês de Valença, local da casa onde alugava um quarto. Rua tranqüila, ainda não invadida por prédios. Comprida, com uns 400 metros, ia da Conde de Bonfim à Almirante Cochrane. Casas antigas, sem jardim, fachadas dando para a rua. Famílias de classe média baixa. Muitos comerciantes e aposentados. Ainda não tinham sido bafejados pelo milagre econômico. Para complementar a renda abriam mão do orgulho e privacidade e alugavam quartos.

Morava ali há seis meses. Era querido pelos proprietários e vizinhos. Gostavam do Del, o jovem estudante de São Paulo, com quem conversavam. Educado, cumprimentava a todos. Prestativo, oferecia-me para pequenas compras na padaria, pois os donos da casa eram idosos e viviam sós. Saía cedo de casa, a pretexto de trabalhar num escritório de engenharia, e voltava tarde. Dizia que fazia um curso supletivo noturno.

Ao desembocar na Marquês de Valença, nada percebi de anormal. Caminhei 100 metros, na noite amena de agosto. Surpresa. Ao passar pela garagem da casa ao lado onde morava, quatro homens armados cercaram-me, revólveres certeiros apontados contra minha cabeça. Sem gritos, sem falas, só o arfar nervosos dos meganhas. Não reagi, até porque estava desarmado. Rápidos, jogaram-me no banco traseiro de um fusca, ladeado por dois tiras à paisana. O da frente apontava-me uma pistola. Colocaram um capuz em minha cabeça e nem cheguei a ver a cara dos tiras. Só deu para perceber — pelo rabo dos olhos, antes de colocarem o capuz, o carro já em movimento — que mais policiais pulavam em outros veículos. Fuscas e camburões C-14 com chapas frias seguiam em cortejo.

Não conseguia atinar como haviam descoberto o meu endereço. A campana estava montada desde o final da tarde. Era o dia 21 de agosto de 1970. Quarenta policiais participaram da armadilha e da prisão. Braços nas costas, fui algemado com força. O fusca seguia rápido. Respirei fundo e tentei controlar o medo. Percebi que não seguíamos para o quartel da PE na Barão de Mesquita, sede do DOI-Codi, o mais temido centro de tortura carioca, a apenas 500 metros da Marquês de Valença. Íamos para a Zona Sul. Os tiras nada falavam. Deram algumas porradas na minha cabeça e fizeram com que me abaixasse. Um prodígio da flexibilidade, curvar os meus dois metros de altura na estreiteza de um banco traseiro do Fusca, entre dois caras, um dos quais exalava um forte bodum.

Será que ele também estava com medo? Descobri, depois, que não. Era um profissional, frio e sem qualquer passionalidade, no sujo trabalho que fazia. Uma brisa arejou o carro. Estávamos à beira-mar. De repente, um som metálico: o tira do banco do frente falava num *walkie talkie*.

— Rato chamando base, rato chamando base.

— Câmbio.

— Operação concluída. Chegaremos em minutos.

— Câmbio e desligo.

Sufoquei um riso. O codinome "Rato" não podia ser mais apropriado. O fusca seguiu mais devagar, ruas cheias de curvas. Parecia subir. Parou, cantando os pneus, derrapando em cascalho.

— Desce, terrorista filho de uma puta — latiu o tira que vinha logo atrás.

Um empurrão e uma porrada nas minhas costas enfatizaram a ordem. Dava para sentir o frio de um cano na minha costela. Pegaram-me pelo braço. Descemos por uma escada. Vegetação roçava no meu braço direito. Um vento frio. Ou era medo? A hora da verdade estava se aproximando. Tudo que havia lido sobre tortura veio à minha memória, num relampejar: livros de revolucionários, histórias da Resistência ao nazismo, informes de companheiros que haviam caído antes.

Mas alguma coisa não combinava com o figurino. Para começar, parecia que eu estava na Zona Sul, onde não constava haver nenhum centro de torturas. Tudo muito silencioso. Nenhum dos sons típicos de quartéis, como o da PE, da base do Galeão ou do antigo ministério da Marinha, onde operavam os torturadores do Cenimar.

Tropecei. Os degraus tinham acabado. Senti um piso de madeira, sem nada por baixo, como se fosse uma ponte. Poucos passos a mais e o chão, ainda de madeira, firmou-se. Sem alarde, jogaram-me no chão. Silêncio total. Ninguém falava. Minutos se passaram. Tudo fora da moldura. Lembrei do relato de companheiros presos, dando conta da alegria dos milicos, comemorando mais uma prisão, xingando, querendo dar uma porrada no terrorista que caíra. O alvoroço, os gritos que escapavam das salas onde o pau comia solto.

Só o tup-tup de um motor quebrava o gélido silêncio. A brisa marítima, o piso de madeira e o ruído cadenciado do motor sugeriram que eu me encontrava em um cais, à espera de um barco. Mas, faltavam outros sons.

O cérebro funcionando a toda. A razão tentando exorcizar o medo. A expectativa de captar uma fímbria de informação. Um chute nas costelas. Instintivamente, virei de lado. Estava deitado de costas. Contorci-me de dor, dobrado em posição fetal, tentando proteger o saco e a barriga. Lembrei-me do relato sobre a morte do amigo Chael, militante da VAR-Palmares, que caíra no Rio no ano anterior e fora levado para a PE da Vila Militar. Espancado brutalmente, morrera de hemorragia interna.

Mergulhado na dor e no terror, veio-me à cabeça uma lição do professor Stucchi, mestre de Educação Física no Colégio Estadual Culto a Ciência, em Campinas, onde fizera o ginásio e o científico. Figura querida e respeitada, dirigia com mão de ferro a turma de basquete, que juntava o pessoal que jogava na seleção do colégio. Stucchi ensinava que devíamos entrar nas partidas com a bexiga e intestinos vazios, para evitar que, no caso de um choque, queda ou pancada durante o jogo, houvesse um rompimento de um desses órgãos.

Tal risco, ao menos quanto aos intestinos, eu não corria. Não jantara e, no almoço, como não tinha dinheiro sequer para um prato feito, contentei-me com um sanduíche de mortadela. Porrada era o que não faltava. Socos, chutes. Evitavam a cabeça. Não xingavam, não falavam. Todos muito frios; diferente do ritual que eu esperava. A dor, porém, era maior do que eu poderia imaginar.

Assediado, machucado, perdido. Mas não eram pensamentos revolucionários, palavras de ordem que vinham à minha cabeça. Fugidias lembranças afetivas, como a do professor Stucchi, circulavam pelos escaninhos do meu cérebro. A revolução era, no momento, uma abstração. Havia, porém, a vida que eu vivera. O caminho complexo, rico e humano, repleto de calor dos amigos e companheiros, dos sonhos compartilhados, que me trouxeram até aquele piso de madeira, ao círculo de torturadores que arfavam ao desfechar seus golpes. Cachorros bem treinados que não latiam. Eram os piores. Pararam. Silêncio. Crispado e dolorido. O motor batia num contínuo.

Alguém puxou a venda. Uma luz tênue. Parecia vir de uma única lâmpada. O rosto balofo, bochechas meio caídas, cabelos já escasseando, a figura mais temida entre os torturadores. Seu nome fazia tremer os mais duros: Sérgio Paranhos Fleury, delegado do Dops de São Paulo. Fleury gostava de ostentar, de usar a sua figura para aterrorizar os militantes.

— Você sabe quem eu sou? — perguntou.

— Não — respondi sem muita convicção.

Um bate-pau atento, conhecedor do roteiro daquela cena, tratou de chutar-me nos rins.

— Como não me conhece, seu filho da puta? — escandiu o delegado. — E as fotografias minhas que encontramos em seu aparelho?

Fiquei quieto. Tinha montado uma história que, se contada no momento certo, haveria de ajudar a safar-me daquela fria. Pelo menos era o que eu esperava.

— Qual o seu codinome, filho da puta?

— Ricciere Delova — meio que sussurrei, apoiado no nome falso que usava desde que chegara ao Rio, em fevereiro.

Mais porrada.

— Pára com isso, terrorista. Você vai ver o que é bom.

Nova sessão de porradas, desta vez com a ajuda de cassetetes.

Pararam. Insisti no nome frio. Fleury retomou, na sua deixa:

— Quer dizer que você entrou na pesada. Está no GTA da ALN. Um caminho e tanto, desde que agitava na Física.

Eu tinha sido presidente do Centro Acadêmico dos Estudantes do Instituto de Física da Faculdade de Filosofia, Ciências e Letras da Universidade de São Paulo, em 1967/68. A sessão de porradas recomeçou. Não resisti e comecei a desfiar a história de cobertura que bolara ao longo de meses, desde que passara a ser caçado pela repressão, em novembro de 1969: eu era um ex-líder estudantil, que se preparava para seguir rumo ao exílio, no Chile.

— Terrorista. Pára com esse conto da carochinha. Vou lhe dar meia hora para pensar. Depois você desce e vai ver o que é o inferno.

Foi ruim.

Capítulo 2

Começo do fim

Rio de Janeiro
16 a 21 de agosto de 1970

Na manhã da sexta-feira, 21 de agosto, cobri um ponto de segurança, juntamente com o Nelson, em Pilares, na Zona Norte do Rio de Janeiro, capital do Estado da Guanabara. Esperamos por Bira durante 10 minutos, numa área tranqüila da Tijuca. Bira já tinha furado um ponto no dia anterior. O da sexta-feira era de segurança. Conhecíamos bem o local. Espreitamos à procura de carros da limpeza urbana, ou vendedores ambulantes. A repressão usava coberturas deste tipo para montar armadilhas em pontos abertos por companheiros sob tortura.

Era possível enxergar toda a área do alto de um prédio, a cem metros de distância. Era uma repartição pública. Da janela de um dos andares superiores, fiquei vigiando o local, uma hora antes do encontro. Nelson passou de táxi. Tudo normal. Desci até um bar, onde havia marcado encontrar-me com Nelson.

Cinco para as dez. Uma manhã tranqüila. Céu sem nuvens. Ar fresco. De casaco, Nelson seguiu na direção do ponto de ônibus, à espera de Bira. A japona cinza que usava chamava um pouco a atenção, pois o clima era ameno. Disfarçava as protuberâncias das duas granadas de mão e da pistola 9 mm. Eu usava um 38.

Cinqüenta metros rua acima, olhei os jornais, atento ao local do ponto. Tudo normal. Tensão. Após dez minutos de espera, Bira não apareceu. Segui para o ponto de ônibus e peguei o primeiro que passou. Nelson pegou o mesmo. Fingimos que não nos conhecíamos. Descemos na Praça da Bandeira e seguimos, em outro ônibus, para o Méier. Conversamos sobre a queda quase certa do Bira. Mas como ele havia sido preso? Não fora num ponto, pois o único contato desde o dia anterior à sua queda tinha sido durante a ação em Ramos e um ponto de controle com o próprio Nelson. Por outro lado estávamos angustiados com o fato do Giba ter sido visto na delegacia de Pilares. No dia seguinte, tínhamos um ponto com o Giba e estávamos preocupados.

Quase meio-dia. Nós nos despedimos e eu segui para a Zona Sul, pois teria um ponto com o Pedrão. Foi a última vez que vi aquele mineiro franzino, calmo, de fala macia, que não aumentava o tom de voz mesmo nos momentos de tiroteio com a repressão. Não durou um ano além da minha prisão. Foi morto em São Paulo, em janeiro de 1972.

Desci na Ataulfo de Paiva. A crise financeira já havia me levado a mandar um recado para a minha família, através do Pedrão, amigo de Campinas que eu encontrara por acaso na rua, em Ipanema, em maio. Ele sabia que eu estava sendo caçado pela repressão. Havíamos estudado juntos em Campinas. Pedrão não era militante de nenhuma organização; poderia até ser tachado de alienado. Mas era um amigo dos tempos do colégio e trabalhava no Rio. Ninguém deveria saber sobre nosso encontro, adverti. Solidário, convidou-me para uma cerveja. Solitário, devido à vida de clandestino que só encontrava os companheiros durante as ações, aceitei o convite. Na despedida, deu-me seu telefone, que decorei. Em julho, quando estávamos no maior sufoco financeiro, pedi que procurasse minha família, em Campinas, para dar notícias e pedir algum dinheiro, suficiente para ajudar a mitigar o sufoco da organização. A realidade batia duro nas ilusões quanto ao avanço da Revolução.

No domingo anterior, 16 de agosto, Bira, Antenor, Aldo e eu seguimos para Ipanema, na busca de carros para expropriar. Seguíamos no fusca legal do Antenor, cuja placa fora removida. Tínhamos desenvolvido uma técnica para expropriar os carros sem alarde. Tinha que ser na Zona Sul, pois na Zona Norte ou no subúrbio muito pouca gente possuía carro de passeio, naqueles anos em que a classe média começava a decolar para a sociedade de consumo, impulsionada por generosos incentivos do governo militar.

Por volta das sete da noite, vimos na Prudente de Morais um fusca azul do ano, que parecia em grande forma. Percebemos que o motor roncava suavemente e que o carro não tinha nada de diferente — de vez em quando pegávamos uns que pareciam pixixês de putas, de tão cheio de enfeites — e não daria muita bandeira.

— É esse — alertou Antenor, que tinha um olho clínico para carros. Ficamos um pouco atrás e seguimos o cara, que parecia ter uns 30 anos e ia sozinho. Devia estar voltando do trabalho.

Dobrou na Garcia D'Ávila e seguiu até a Barão da Torre. Logo embicou num prédio e desceu para abrir a garagem. A maior moleza. Naquele tempo não tinha garagista nos prédios ou portão eletrônico. Paramos um pouco atrás. Antenor e Aldo desceram. O cara havia deixado o carro ligado, com a chave no volante. Os dois seguiram pela calçada, protegidos pelas árvores, que escureciam o pedaço. Antenor parou junto ao carro; Aldo avisou o dono:

— Esta é uma ação revolucionária. Não reaja, nem grite. Devolveremos o seu carro intacto.

Sem alarde ou emoção. Nem chegou a tirar o revólver, apenas abriu o casaco e mostrou-o. Antenor já estava no volante. Aldo deu a volta e entrou. Arrancaram, sem cantar pneu. Saímos atrás, na cobertura. Evitamos o túnel Rebouças, seguindo pela Lagoa e, de lá, para Copacabana, onde paramos numa travessa pouco movimentada.

Protegidos pela escuridão, descemos e pegamos a Marta Rocha, que eram placas de carro, com moldura. Na parte de trás da Marta, dois elásticos colados permitiam que fosse presa por cima da original. Pespegamos um adesivo, para mudar o visual de um carro roubado: "Brasil, ame-o ou deixe-o", alardeado pela propaganda oficial da ditadura do general Médici, martelada pelos rádios e televisão. Triste ironia. Para lutar contra a ditadura, praticando ações armadas que pretendiam mostrar que a chama da rebeldia estava acesa, nos disfarçávamos com dísticos da ditadura. Aceitar o mundo real era difícil.

Meia hora depois da ação estávamos numa rua residencial da Tijuca, onde o carro ficaria estacionado, repousando até o dia da ação contra o banco. Antes de pegar o carro daríamos uma boa olhada na rua, para ver se o carro não tinha sido localizado e a repressão não montara uma campana.

Em junho, um pessoal da VPR fora apanhado numa dessas armadilhas. Cometeram o descuido de colocar a Marta Rocha no mesmo lugar onde deixaram o carro estacionado. Uma vizinha enxerida viu o movimento estranho e chamou a polícia. Identificaram a placa quente por baixo da Marta Rocha e fizeram a conexão com o roubo anunciado pelo rádio do camburão. Perceberam que era coisa de subversivos. Logo um pelotão do Dops entrava em cena. Montaram uma campana e, no dia seguinte, mataram um companheiro e prenderam outro, quando ambos foram buscar o carro. Inexperientes, foram sem cobertura, chegando a pé no local.

Conosco tudo correu bem. Na quarta-feira seguinte, 19 de agosto, usando o carro legal do Antenor, que depois seria usado no transbordo, pegamos o fusca expropriado no Grajaú e, depois, fomos recolher o outro na Tijuca. Antenor passou a pé pelo local. Tudo normal. Passamos de carro, paramos mais adiante e desci para pegar o fusca azul.

Em fevereiro, logo depois que cheguei ao Rio, liguei-me ao GTA da ALN, núcleo de militantes encarregados das ações de propaganda armada, incumbido de assaltos a bancos e a quartéis, à cata de dinheiro e armas. Foi quando conheci o Nelson, que coordenava a organização no Rio.

Integrei-me à rotina do GTA. Levantar locais para possíveis ações, expropriar carros, capturar armas dos sentinelas de quartéis; fazer panfletagens com proteção armada em favelas, denunciando a ditadura e o arrocho salarial. Mas, a partir de julho, nada dava certo no GTA do Rio. As ações falhavam. Por sorte, não caía ninguém desde fevereiro. Estávamos duros, mas vivos.

Botávamos fé na ação contra o banco de Ramos, no dia 19 de agosto de 1970. Começamos o levantamento uns dez dias antes. Nelson, pequeno e discreto, vestia um paletó e foi olhar a parte interna: a disposição dos guichês, dos funcionários, dos seguranças; a localização dos banheiros, para onde sempre mandávamos funcionários e clientes, antes de fugirmos. Cuidei da parte externa. De carro, rodei por todo o bairro, descobrindo onde ficava a delegacia mais próxima, quanto tempo demorariam os meganhas para chegar ao banco, se existiam patrulhas da PM paradas por perto, ou rondas da polícia civil.

Uma semana antes da data planejada, no mesmo dia útil, verifiquei se havia alguma feira livre na rota de fuga. Em março, na fuga de outra ação, em Quintino, encontramos uma feira livre pela frente, mas, por sorte, a polícia não estava atrás de nós.

O banco ficava na rua junto à linha de trem da Central do Brasil. Escolhi um lugar perto dos trilhos para fazer o transbordo. O carro com o dinheiro, seguido pelo outro de cobertura, deveria parar numa travessa, junto ao muro que isolava os trilhos. No ponto escolhido havia um buraco na placa de concreto do muro. Uma pessoa desceria do carro, com o dinheiro; do carro de cobertura desceria outro companheiro, com as metralhadoras guardadas numa sacola. Atravessariam os trilhos para pegar, do outro lado, o carro totalmente legal dirigido pelo Antenor que seria usado para o transbordo do dinheiro e armas pesadas, sem chamar a atenção, pois iria apenas com o motorista, que não participaria diretamente da ação contra o banco. Era um bom plano de fuga.

Em seguida, o resto da turma seguiria na direção da Avenida Brasil, abandonando os carros expropriados e saindo da área de ônibus. Estava tudo certinho, locais escolhidos, trajetos de fuga e de possível interceptação pela polícia cronometrados.

Nove da manhã da quarta-feira fatídica. No caminho para Ramos, pegamos as três metralhadoras que estavam no carro do Antenor. Duas pessoas em cada carro. Íamos encontrar os outros quatro membros do GTA perto do banco — duas pessoas em cada carro —, pois quatro ou cinco jovens dentro de um mesmo veículo deixavam os tiras nos camburões com o dedo coçando no gatilho, especialmente quando tinham cara de estudantes. Naquele tempo, as organizações de esquerda armada tinham o monopólio dos assaltos a bancos e quase não havia assaltos feitos por marginais, que se contentavam com pequenos furtos à mão armada.

Oito pessoas participariam da ação. Numa praça, cada grupo de quatro se encontrou e acertou suas posições. Os dois coordenadores conferiram os detalhes e acertaram os relógios.

Às cinco para as 11, os dois carros se encontravam no local. Parei a dez metros da esquina onde ficava o banco, numa transversal, que seguia na direção da Avenida Brasil. Nervoso, comecei meu tique ritual de morder os bigodes. Nelson e Artur entraram no banco. Cláudio no outro carro, parado na avenida. Pelo retrovisor externo vi Maria, acompanhada de Aldo, com uma sacola de feira onde estava a metralhadora. Atravessavam a rua, como um casal jovem que retornava das compras na quitanda, na direção do guarda de segurança, que estava encostado na parede, ao lado da porta do banco.

Pelo espelho interno vi Bira entrar no banco. Giba estava parado na banca de jornal, quase na esquina da agência. Já deveria estar andando na direção do guarda, que seria abafado por ele, Aldo e Maria. Nada do Giba se mover. Algo chamou a atenção do guarda, que deu dois passos à frente na direção da calçada. Tínhamos combinado que, se ele fizesse isso, o Giba entraria por trás para impedir que ele sacasse a arma, enquanto os outros dois o fechariam pela frente.

Maria e Aldo alcançaram a calçada. Quando estavam a dois metros do guarda, Aldo começou a sacar o revólver. Atento, o guarda fez o mesmo. Giba ficou parado, catatônico, na banca de jornais. O guarda já tinha a arma quase fora do coldre, quando Aldo ainda gritou:

— Pára, senão morre!

O movimento de pêndulo do braço do guarda continuou, até que o balaço certeiro jogou-o para trás. Bateu na parede e escorregou para o chão, já morto.

Gritos, pânico dentro da agência; Nelson e Bira já tinham rendido todo o mundo; Artur, apavorado com o tiro, saiu em disparada, abandonando a sua posição dentro do banco. Sem ele, Nelson dá ordem de desmobilização. Todos saem correndo.

Nelson, Maria e Aldo vão para o carro do Cláudio. Bira e Giba correm para o meu. Percebo que Artur não entrou e vejo-o correndo pela transversal, para longe do banco. Ligo o carro e saio; inclino-me e abro a porta direita. Já ao lado de Artur; reduzo a velocidade e chamo-o para dentro. Prosseguimos, lado a lado, por uns 30 metros. Apavorado, Artur nem olhava de lado. Já estava a ponto de ordenar ao Bira que atirasse nele.

— Entra aqui, seu filho da puta — gritei.

Parece que escolhi as palavras certas. Assim que eu parei, ele entrou. Era mesmo um filho da puta, como descobri depois. Mordi a língua e resolvi não dar um esporro nem em Giba nem em Artur. Localizei o outro carro e segui-o até o local de transbordo. Deixamos as metrancas. Dinheiro nenhum, pois nada levamos da agência, com a debandada do Artur. Depois de abandonar o carro, peguei o primeiro ônibus na direção do Centro. Para minha surpresa, Bira estava dentro. Havia entrado no ponto anterior. Comentamos a frustração.

— Porra, o guarda tinha de dar uma de *Billy the Kid*. Foi péssimo ter de acertá-lo. Deve ter morrido — concluiu Bira, que tinha visto a cena mais de perto.

Era para ser a minha última ação no GTA. Toledo, o dirigente máximo da ALN, depois da morte do Marighella, já de volta do exterior, resolvera selecionar um grupo restrito de militantes que seriam enviados a Cuba, para receber treinamento especializado. Eu iria aprimorar meus conhecimentos de inteligência militar. A data prevista para a partida era no começo de setembro.

No dia seguinte, encontrei Nelson num ponto. Discutimos o fracasso. Ele tentava abordar a questão pelo lado técnico, analisando a falta de preparação das pessoas. O buraco era mais embaixo, tentei argumentar. Do ponto de vista político, estávamos totalmente isolados. Argumentei que perdíamos apoio político, que a classe média não conseguia acompanhar a nossa prática militar, que tínhamos abandonado todo o trabalho de massa. Faltaram mais argumentos.

Parei para fazer hora na biblioteca de Botafogo, mas não conseguia ler. Pensava no fracasso da ação de Ramos e acabei por concluir que o problema era maior e não apenas azar. O fato concreto, que procurávamos desconhecer — confiantes na pureza e justiça de nossos ideais e cegos por um voluntarismo juvenil —, era que a economia brasileira crescia a taxas de 11% ao ano desde 1968. A classe média, assustada com a repressão, deixava-se seduzir pelas delícias da sociedade de consumo e compunha um mercado consumidor de 10 milhões de pessoas que mantinha a economia funcionando a pleno vapor. Só vim a entender esse processo na cadeia.

A classe média, porém, pagava seu preço. Não existiam liberdade política, eleições livres, respeito aos direitos civis. Reclamava da censura à imprensa, mas no fundo aceitava esta anestesia que a poupava de conflitos morais. Enquanto isso, o governo ia demolindo o sistema de educação pública. Até 1968, as melhores escolas de primeiro e segundo grau eram as públicas, que eram gratuitas, onde estudavam, preferencialmente, os filhos da classe média.

Os guerrilheiros estavam fechados num círculo de giz, cada vez menor. O trabalho de massas fora negligenciado. Não havia mais trabalho político no meio estudantil, onde as organizações da esquerda armada tiveram forte penetração. Não mantíamos a menor presença entre os operários, onde a repressão batia forte desde o começo de 1964.

Tínhamos, na ponta da língua, uma boa justificativa para abandonar o trabalho político na universidade. O AI-5 fechou todas as portas para a ação política. Para que o movimento avançasse, era preciso derrubar a ditadura militar. Na prática, era uma racionalização. A história dos movimentos políticos mostrava que era possível manter a presença junto ao movimento popular, desde que com a linguagem correta, a forma de organização apropriada e propostas sensíveis aos ouvidos da maioria. Ainda havia espaço para manter hasteada a bandeira do ensino livre e gratuito, da melhoria da qualidade do ensino público, contra a perseguição aos alunos, professores e pelas liberdades democráticas.

Éramos anjos que queriam tomar o céu de assalto, descolados do mundo real, sem perceber o medo, o conflito da classe média, tentada pelas benesses do milagre econômico, mas ainda aspirando a democracia.

Isolados, instrumentalizamos o movimento estudantil. Passamos a usá-lo como fonte de quadros, reserva logística que fornecia aparelhos, suporte médico para a guerrilha. Cada vez que uma rede de apoio era descoberta, ia minguando o nosso apoio por estruturas legais. Simpatizantes despreparados para a ação militar caíam na clandestinidade, onde restavam poucas alternativas: quase sempre eram deslocados para ações armadas.

A experiência guerrilheira histórica ensina que para cada militante que está na frente militar e que atua clandestinamente, é preciso no mínimo 20 militantes legais, gozando de livre trânsito. Acossados pela repressão, que atuava cada vez mais duramente, com militantes despreparados para a vida clandestina, esta relação tendia a se inverter: logo teríamos 20 clandestinos para cada membro legal. Com uma estrutura tão pesada, era imperioso manter a todo vapor as ações armadas. Precisávamos de armas para repor aquelas perdidas nas quedas de aparelhos e dinheiro para sustentar toda esta estrutura clandestina. Nossas ações já não eram movidas pelo interesse de fazer a propaganda armada ou de denunciar a ditadura militar: a grana era necessária para que as pessoas na clandestinidade andassem de ônibus, comessem, pagassem seus aluguéis.

No Rio, pelo menos, estava cada vez mais difícil conseguir o dinheiro. As ações simplesmente não davam certo. Depois do fracasso da ação em Ramos decidimos afastar Artur do GTA, pelo seu comportamento covarde. Tomamos a mesma decisão quanto ao Giba, contra o qual também pesava a acusação de ter sido visto, logo após a ação de Ramos, saindo de uma Delegacia Policial em Pilares. Questionado por Nelson, disse que havia sido preso para averiguação por uma patrulhinha, mas que conseguira safar-se. Duro de acreditar, até porque sua fotografia figurava em todos os cartazes de procurados que enfeitavam as delegacias e bancos. Não tivemos tempo de averiguar. Ele rompeu os contatos. Constou, mais tarde, na lista dos desaparecidos. Teria saído do Brasil e voltado mais tarde, para ser assassinado.

Esse era apenas um dos mistérios envolvendo os membros do GTA do Rio. As suspeitas começavam a doer. Demoraria muito tempo para que a verdade fosse desvendada. Apesar do dia bonito de agosto, peguei o ônibus para casa imerso em pensamentos sombrios.

Capítulo 3

Descida ao inferno

Casa da Morte em São Conrado
Rio de Janeiro
21 a 25 de agosto de 1970

A cabeça fervia. Estava tudo fora do esquadro. Continuava sem saber onde me encontrava. A presença do Fleury, que tinha base no Dops de São Paulo, era um indício de que a operação que levara à minha prisão era de grande envergadura. Ele não perdia tempo com caça miúda. Antes de dirigir o Dops, Fleury construíra fama de assassino e perigoso no DEIC de São Paulo, matando pretensos marginais. Tirava-os das celas das delegacias no silêncio da noite, sem que sequer tivessem sido registrados como presos, e assassinava-os em matagais da periferia paulistana. Deixavam o "presunto" torturado, crivado de balas, com um cartaz no peito identificando o EM (Esquadrão da Morte).

Protegido pela ditadura, como elemento saneador de elementos anti-sociais, foi transferido para o Dops, onde voltou suas energias para o combate ao que chamavam subversão de esquerda. Não era apenas um bate-pau, um policial violento. Recorria friamente à tortura, mas era inteligente. Colhia pistas, juntava depoimentos e informações arrancadas sob tortura, analisava os indícios. Dizia que ia desenrolando as pontas do novelo até chegar aonde queria. Colheu grande vitória ao comandar o assassinato de Carlos Marighella, líder da ALN, na Alameda Casablanca, em São Paulo, no dia 4 de novembro de 1969.

Antes, Fleury derrubou o esquema de apoio logístico da ALN, montado com a ajuda dos padres dominicanos de São Paulo. Depois de torturar dois deles, descobriu a hora e o local onde se encontrariam com Marighella. Montou a campana e, sem lhe dar chances de reação, assassinou o líder revolucionário, que usava os nomes de guerra de Preto, Maluf ou Menezes, revolucionário com uma história de lutas que vinha desde 1935, quando lutara contra a ditadura de Getúlio Vargas.

O tempo que ganhei para pensar só alimentava minhas incertezas. Estava preparado para a eventualidade de ser preso em um ponto, aberto por algum companheiro, ou então numa ação armada, ou mesmo reconhecido na rua. Não constava do programa ser capturado na casa onde alugava um quarto.

Mas como? Ninguém da organização conhecia o meu endereço. Se os donos da casa ou um vizinho tivessem desconfiado, acabaria sendo preso pela polícia civil ou pela PM, nunca pela equipe do Fleury. Sempre prestava atenção se era seguido. Com a cabeça confusa, percebi que havia um furo. Eu só verificava cuidadosamente se estava sendo seguido no trajeto de ida para um ponto. Na volta, a preocupação era menor, pois morava sozinho. Repassei essas imagens e nada de descobrir como Fleury e seus asseclas haviam me descoberto. Deitado no chão, as pancadas da surra que levara ainda latejavam. Ouvia vozes à distância. Continuava sem saber sequer onde estava.

Tentava organizar minhas idéias e afugentar o temor. Tinha montado uma história muito racional, como cobertura para o caso da minha prisão. Percebi que não ia funcionar. O fato de Fleury comandar pessoalmente minha prisão e interrogatório era sinal de que sabia que eu não era um simples simpatizante, à espera de ir para o exílio no Chile, como pretendia contar.

No meu quarto na casa da Marquês de Valença não havia nada de incriminador. O dossiê com recortes de matérias jornalísticas sobre Fleury cabia no esquema de qualquer militante de esquerda. O revólver Taurus 38 de cano curto não contava muita coisa.

Fleury não precisava ter pressa. Eu estava sendo cozido em fogo brando. Quanto mais pensava, mais aumentava a minha perplexidade, o que me deixaria mais frágil na hora da tortura para valer. Quando capturavam alguém num ponto ou em ação, os torturadores costumavam usar um tratamento de choque, com a máxima violência, logo após a prisão. Queriam descobrir onde morava e quais eram os próximos pontos. Entre os militantes, por sua vez, havia uma norma de segurança: quando mais de uma pessoa habitava um aparelho, se uma delas não aparecesse, por exemplo, até às onze da noite, os outros deveriam abandonar o local, levando ou destruindo tudo o que fosse incriminador. Assim, se um dos moradores fosse preso, deveria esperar pelo menos até à meia-noite para abrir o endereço, pois a essas alturas o aparelho estaria limpo. Daí a pressa da repressão em arrancar uma confissão o mais cedo possível.

No meu caso, não havia este risco, pois morava sozinho e fora preso na casa onde alugava um quarto. Dava para supor que a noite seria muito longa. Eles deviam imaginar que eu não tinha mais pontos naquela noite. No entanto, tinha certeza de que os torturadores tentariam arrancar o local e o horário dos meus encontros dos dias seguintes.

O motor continuava o seu gemido ritmado. Já devia ser perto da meia-noite. Na prisão, além das restrição de movimentos, perde-se o controle do tempo. Não havia hora marcada. A meia hora prometida por Fleury podia ser esticada ou comprimida. Ruído de passos. Deu para perceber que pessoas subiam uma escada. O assoalho tremeu.

— Levanta, terrorista filho de uma puta — ordenou um dos torturadores.

Fiquei na minha, até porque as pernas estavam muito machucadas e não obedeceriam. Dois torturadores pegaram-me pelos braços e empurraram-me até uma escada. Quinze degraus, sem curvas. Entramos em um outro aposento. Ainda de capuz, fui atirado ao chão. Algemaram-me os pulsos na frente, dobraram meus joelhos. Forçaram meus punhos algemados a abraçar os joelhos dobrados e passaram um cano metálico frio entre os joelhos e os braços. Estava sendo colocado no pau-de-arara, uma invenção policial cuja origem remonta ao período da escravidão no Brasil.

Levantaram o cano e apoiaram-no em dois cavaletes. Fiquei pendurado no pau-de-arara, de cabeça para baixo. Arrancaram o capuz. Fleury abaixou-se, olhou nos meus olhos e falou:

— Não vamos perder tempo. Quando é o seu próximo ponto com o Toledo? Agora você não tem mais tempo para pensar.

Uma dor lancinante irradiou-se de minhas costas. A musculatura toda crispada. Não consegui sequer gritar. Nunca havia sentido uma dor igual. Era o começo da sessão de choques elétricos, usando como fonte de energia o dínamo de um telefone de campanha, ligado a dois fios, com garras nas pontas. Produzia uma corrente fortíssima, mas de baixa voltagem. Não provocava grandes queimaduras na pele, mas doía muito.

Uma semana depois de encerrada a tortura, quando os hematomas haviam desaparecido, pude observar na pele da barriga e do tórax as minúsculas feridas, cicatrizes das queimaduras dos choques. Formavam linhas muito finas e desenhavam o mapa da dor que sofri sob tortura.

Não queriam menos. Fleury sequer pediu meu ponto com Nelson e o pessoal da Coordenação Regional. O alvo prioritário era Joaquim Câmara Ferreira, dirigente principal da ALN. Falei a verdade e disse que não tinha contato com o Velho. Choques, golpes com cassetetes. Meu corpo oscilava no pau-de-arara. Movimentos pendulares impulsionados por espasmos de dor. O balanço foi tão forte que o cano desequilibrou-se e caí no chão. Acho que desmaiei um par de vezes e fui acordado por jatos de água.

Em tom monocórdio, queriam saber do ponto com o Velho, resposta que eu não tinha. O objetivo da tortura, na fase inicial, é testar a resistência do torturado, para então modular o tratamento.

Ao longo da noite afora, percebi, num dos intervalos da tortura, que havia outra vítima dos torturadores na casa. Ouvi sons de porradas, gritos e, logo em seguida, alguém confirmando ter participado de algumas ações. Começava a alvorecer. Ainda pendurado no pau-de-arara, percebia a luz do sol que inundava o quarto pequeno onde estava, entrando por uma janela, às minhas costas. Dava para ouvir o ruído do mar, a arrebentação ao longe. Meus óculos tinham sido tirados, logo que cheguei na casa. Míope, com sete graus em cada vista, não era nenhuma águia. Em distâncias superiores a um metro tudo ficava nublado. Mesmo assim, poderia reconhecer os rostos dos torturadores, especialmente aqueles que falavam bem de perto, num tom mais intimidativo. Entretanto, eles não pareciam preocupados com o fato de eu poder reconhecê-los. Tanto que tiraram o capuz, logo que fui colocado no pau-de-arara, um motivo para ficar ainda mais preocupado; poderia ser um sinal de que a minha morte estaria encomendada, se eu não colaborasse.

Já era dia. Fleury entrou no quarto. Crispei-me todo, aguardando o recomeço da sessão de porradas e choques. A essa altura, continuava insistindo em minha história: um simpatizante cujo nome caíra com a morte do Marighella que aguardava, no Rio, minha ida para o exílio, no Chile. Os torturadores fingiam não me ouvir e clamavam pelo ponto com o Velho.

— Terrorista, você está bem acompanhado — disse Fleury.

Tiraram-me do pau-de-arara. Não consegui sequer ficar agachado. Carregaram-me para um outro quarto e jogaram-me numa cama, onde um homem de estrutura mediana, olhos claros, tez branca, estava deitado.

— Apresento-lhe o companheiro Bacuri — ironizou um dos torturadores, um mulato alto, com um dos olhos embaçados, como se fosse cego.

— Companheiro Bacuri, o companheiro Ottoni — apresentou o mulato, algemando meu braço direito ao esquerdo do Bacuri.

O torturador saiu do quarto e fechou a porta. Imediatamente, Bacuri, com o rosto roxo de hematomas, fez sinal de silêncio e apontou para debaixo da cama, sinalizando que nos escutavam. Obedeci. Não falamos nada. Não era o momento para conversas banais. Aproveitamos para esticarmos os corpos doloridos e ganharmos algum fôlego. Pouco depois, o mulato entrou no quarto e levou-me de volta para a sala de torturas. Mudaram a cantilena, queriam saber de que ações eu participara. Insisti durante todo o dia que não havia participado de nenhuma.

Toda aproximação racional a respeito da tortura tem pouco valor. Li relatos de companheiros, contrabandeados de dentro da prisão, livros de memórias, mas é impossível se apropriar, pela razão, de algo tão irracional como a tortura. Achava que a melhor saída era contar a história que tinha inventado, como se recitasse uma oração.

Os torturadores, ao contrário, brincavam com a minha dor e despreparo. Deixaram escapar que sabiam ou suspeitavam que eu participara de um assalto contra um banco em Ipanema. No começo da segunda noite já não agüentava mais. Reconheci ter participado do assalto. Abri a guarda. A cada concessão, a tortura se intensificava. Além dos choques e porradas, começaram a usar a técnica do afogamento, jogando líquido na minha garganta, até que engasgasse.

— Quem mais participou da ação? — insistia o torturador, um homem de uns quarenta anos, com sotaque carioca, que chegara pela manhã, bem banhado, descansado e comandou o espetáculo durante o dia.

Cedi mais uma vez e dei os nomes de guerra de alguns companheiros que participaram da ação em Ipanema: Nelson, Maria, Oscar e Cláudio. Era o máximo que eu poderia fazer, pois não conhecia — e fiz questão de não conhecer — as verdadeiras identidades desses companheiros.

— Arrá! Quer dizer que você operou junto com o Hélcio, a Sônia, o Aldo e o Antônio Sérgio — revelou o torturador.

Foi um baque brutal. Eles conheciam todos. O chefe da equipe foi dando a ficha de cada um e a minha moral foi ficando na pior. Tinha fechado uma linha de ação de que não entregaria o nome, nem o ponto e nem o aparelho de qualquer pessoa. Era a minha questão de honra. Não queria ser responsável pela prisão, tortura ou morte de qualquer companheira ou companheiro.

Fiquei desesperado. Não sabia que o Nelson usava o mesmo nome de guerra desde Minas Gerais e que já era superconhecido pela repressão. Um pensamento fugaz passou pela minha cabeça: "Não adianta mais nada, já entreguei, já perdi a moral. É melhor contar tudo."

Na tortura, essa é a hora da verdade. A hora da onça beber água. Muita gente, a partir desse momento, resolveu abrir tudo o que sabia. E, no processo, na medida em que o militante perde suas referências, pode até tornar-se um colaborador. Nessa hora, vale muito pouco a ideologia, as palavras de ordem revolucionárias, a lembrança de heróis revolucionários. O que me valeu mesmo foi a lembrança de companheiros tão queridos como o Zé, a Lola, o Benê, a Bebel. As conversas que varavam a noite, a confiança no futuro, as emoções compartilhadas. Não poderia trair meus companheiros e companheiras.

O torturador que chegara na manhã de domingo, analista experiente das reações psicológicas à tortura, fez sinal para que os bate-paus parassem e falou, voz mansa:

— Pára com isso, Fernandes. Não adianta sofrer. Nós sabemos tudo sobre o seu grupo. Por que você quer ser diferente dos outros?

Ordenou que me tirassem do pau-de-arara e me dessem um pouco de água.

— Se você colaborar, vai sair dessa sem sofrer tanto. Não vale a pena, a sua organização está mais furada do que queijo suíço. E, além disso, vamos arranjar tudo para que você receba uma sentença leve.

Fui colocado no chão para um descanso. Depois de um tempo, Fleury entrou na sala.

— Nada de colher de chá para este terrorista filho da puta, queremos agora o ponto com o Nelson.

— Pendura ele...

Os torturadores sempre montavam este teatro, que faz parte dos manuais internacionais de tortura da assessoria militar fornecida pelos Estados Unidos. Um fazia o papel do bonzinho, disposto a segurar a violência, se houvesse colaboração, abrindo espaço para a negociação. Outro fazia o papel do mau, que tinha que ser contido em sua violência pelo bonzinho. O esquema maniqueísta costumava funcionar.

Enquanto preparavam o cenário, deu para refazer os pensamentos e montei outra linha de defesa. Recomeçou a pancadaria. Choques, porradas. Meus controles arriaram. Diante de um choque elétrico mais violento, os músculos do esfíncter afrouxaram e aliviei meus intestinos.

— Olha só, o terrorista está se cagando de medo — gozou um dos bate-paus.

Vergonha, mas continuei preso ao roteiro que escolhera. Cada vez que amainavam a tortura e perguntavam do ponto, dizia que depois do fracasso da ação de Ramos perdera o ponto com o Nelson. Insisti que tinha um ponto de segurança diário, dentro da biblioteca de Botafogo, ou na porta, nos fins de semana. Descrevi o local, a mesa em que sentara. Inventei que o Nelson não aparecera. Imaginei que já tinha passado a hora deste pseudo-encontro, no sábado.

De fato, havia estado lá na tarde de sexta-feira, depois do encontro com o Pedrão. A cada porrada, insistia no argumento. Algum tempo depois, alguém entra na sala e diz qualquer coisa no ouvido do bonzinho, que logo retoma o interrogatório.

— Tudo bem. Mas quando e onde é o seu ponto de segurança mensal?

Certamente alguém da equipe fora até a biblioteca no domingo e confirmou a minha presença no dia anterior. Assim, o líder da equipe dava nova direção ao interrogatório. Eles sabiam que tínhamos um ponto mensal, no caso da perda de todos os contatos, geralmente fora da cidade onde se atuava. Neguei que tivesse outro ponto, além da biblioteca. Porrada pra cá, negativa pra lá. Estava cada vez mais difícil agüentar a dor e o desgaste físico. E passar mais uma noite sem dormir, na porrada.

Mas eu ainda tinha uma última linha de defesa. Logo que cheguei ao Rio, analisando os relatos que vinham da prisão, percebi que os companheiros presos tendiam a abrir falsos encontros, para que fossem levados a esses locais, ganhando uma pausa na tortura. Com a banalização deste procedimento a repressão passou a ser mais parcimoniosa na interrupção da tortura e a duvidar desses pontos frios.

Resolvi, então, preparar um esquema diferente, para o caso de ser preso. Comprei um maço de 50 envelopes de carta. Na parte interna de um deles, anotei o seguinte: "25, 26, 27 — 19:30h — Bambi — Alameda Santos — Veja e lápis amarelo — Você trabalha na Bull. Não, trabalho na IBM." Eram os detalhes de um pretenso encontro: data, local, horário, identificação, senha e contra-senha. Escolhi o local, um restaurante árabe no bairro do Paraíso, em São Paulo, porque no prédio em frente morava uma conhecida. Se fosse preso e levado para este ponto frio, imaginei, poderia fazer um escarcéu, alertando para a minha prisão.

No entanto, não poderia abrir este ponto falso de imediato. Teria que sofrer com a tortura, segurá-lo e valorizá-lo o máximo possível, para que acreditassem que o encontro da Alameda

Santos seria para valer. Já era madrugada da segunda, dia 24. Durante a noite, desmaiei uma ou mais vezes. Uma pessoa atenta, com toda a pinta de médico, tirou a minha pressão, me deu uma injeção na veia do braço esquerdo e logo depois liberou-me para o matadouro.

À noite, pedi que parassem. Eu daria o ponto de segurança. Falso como uma nota de quinhentos dólares. Falei que era em São Paulo, que não me lembrava dos detalhes, mas que anotara tudo na parte interna de um envelope, que estava no guarda-roupa do quarto onde morava. Imaginei que ganharia um tempo, até que fossem à Tijuca. Minutos depois, um torturador entrou na sala. Percebi que mexiam com papéis. Tinham trazido meus escassos bens, espalhando-os numa mesa, na sala da casa.

— Muito bem, Fernandes. Finalmente você usou a cabeça — disse o bonzinho.

Mandou que me tirassem do pau-de-arara. Estava sentado numa cadeira, na mesa em frente. Uma lâmpada iluminava o maço de envelopes. Estendeu-me um deles e mandou que eu decifrasse os garranchos escritos. Fleury entrou na sala quando eu lia os detalhes do encontro. Ficaram todos exultantes. Na sala ao lado também pararam de torturar o Bacuri. Fiquei arriado no chão, vigiado pelo tira mulato.

Percebi que estavam juntando e embalando material, preparando-se para abandonar a casa. Fui salvo por minha precaução. Viva a racionalidade. Ela me levara a preparar com antecedência o ponto frio, para enganar os torturadores. Nem mesmo Fleury poderia imaginar que alguém prepararia um ponto frio com tanta antecedência. Era um estratagema pioneiro. Acreditaram que o ponto era quente e que seria o meu encontro, no caso de perda de contato, com a direção da organização. Tinha escapado, por enquanto.

Carregaram-me escada acima, em direção à sala. Bacuri já estava lá. Sem capuz, vi um gerador portátil Honda, o responsável pelo tup-tup, que pensara ser de uma lancha e servia para fornecer energia para as lâmpadas. Sentado na sala, percebi que me encontrava na parte de cima de uma casa. Pela parede envidraçada, deu para ver o perfil do Hotel Nacional, em São Conrado. A casa não tinha móveis, exceto por uma mesa e algumas cadeiras, e a luz elétrica não estava ligada. Súbito, entram na sala quatro brutamontes vestidos com um uniforme cáqui, com um SP escrito no capacete. Um deles, um preto muito alto e forte. Paulista do interior, não conhecia a farda, que identificava os membros do Serviço Policial, a tropa de choque do Corpo de Fuzileiros Navais.

Era a nossa escolta, sinal de que estávamos saindo das mãos dos torturadores. Por algum tempo, pelo menos. Dois dos SPs tentavam carregar Bacuri, que não conseguia sequer ficar de pé, de tão machucado. Vi umas pranchas no chão e sugeri que deitassem Bacuri numa delas. Foi o que fizeram. Os fuzileiros pareciam estranhar aquela cena. Acho que nunca tinham visto os resultados de dias de tortura sistemática. Bacuri e eu estávamos inchados, com hematomas e feridas por todo o corpo. Muito pálido, Bacuri demonstrava um abatimento terrível.

Carregaram-no escada acima. Em seguida, dois dos maiores fuzileiros pegaram-me pelos braços e subimos por uma escada, incrustada num barranco, até um pátio, onde fomos colocados em dois camburões do Corpo de Fuzileiros ali estacionados.

Já começava a raiar o dia quando deixamos aquele local. Bacuri e eu fomos os primeiros militantes levados para um centro clandestino de torturas, a "Casa da Morte", num esquema que Fleury tornou corriqueiro um pouco mais tarde. Os militantes revolucionários podiam ser torturados e mortos sem qualquer registro oficial de prisão.

Escapamos. Pelas frestas do camburão, dava para ver que descíamos por uma estrada cheia de curvas. Seguimos pela Niemeyer e pela orla. Respirava forte a brisa marinha que penetrava pelas frestas, superando o cheiro de suor, medo e morte.

Capítulo 4

O cerco da solidão

Rio de Janeiro
Junho de 1970

O seqüestro do embaixador da Alemanha Ocidental, Von Holleben, no Rio de Janeiro, em 11 de junho de 1970, colocou todo o grupo armado da ALN carioca no estaleiro. Era uma ação conjunta da VPR e da ALN. Avisada com antecedência, a coordenação da ALN no Rio suspendera todas as ações armadas. Foram dias de solidão e expectativa quanto ao desfecho do seqüestro. Até mesmo os encontros normais foram suspensos. Quem pudesse não deveria sair do aparelho. Eu não podia ficar no quarto que alugava, pois havia dito aos donos da casa que trabalhava de dia e estudava à noite.

Durante os dois primeiros dias do seqüestro, saía no horário de sempre, como se fosse trabalhar, e passava o dia em bibliotecas públicas, lendo. Na reta final, quando as tropas das forças armadas e da PM montavam cercos em toda a capital carioca, na tentativa de capturar os seqüestradores, inventei o pretexto de que estava doente, para passar o dia no quarto.

Com o seqüestro do diplomata alemão, a VPR tentava uma jogada de força, para mostrar que ainda estava ativa, depois da descoberta do campo de treinamento no Vale da Ribeira, no sul de São Paulo, no mês de abril, seguida por um rosário de prisões de militantes e simpatizantes. Além do objetivo político, o seqüestro propunha-se a salvar militantes que estavam sendo torturados e outros que, tendo superado este calvário, enfrentavam a perspectiva de muitos anos de prisão.

Desta vez, a guerrilha aumentou o cacife e pediu a libertação de 40 militantes, em troca da libertação do embaixador. O seqüestro pioneiro do embaixador norte-americano, Charles Elbrick, feito pelo MR-8 e pela ALN, em setembro de 1969, cobrara a libertação de 15 prisioneiros; em maio de 1970, o seqüestro do cônsul japonês, Nobuo Okichi, em São Paulo, permitira a libertação de cinco outros. Neste caso, a preparação foi rapidíssima, pois o objetivo era soltar Mário Japa, um dos dirigentes das VPR de São Paulo, que acabava de ser preso e estava sendo torturado no DOI-Codi da Rua Tutóia, em São Paulo. Japa sabia a exata localização do campo de treinamento da Ribeira.

O seqüestro de Von Holleben foi meticulosamente preparado. O percurso que o diplomata fazia diariamente da embaixada até sua residência, passando por Santa Teresa, um bairro encarapitado no morro, fora estudado com minúcias. A intenção era realizar uma ação sem violência. Enquanto a equipe de choque ocupava seu posto, um carro com dois militantes permanecia estacionado na Glória, onde o veículo do embaixador deveria passar, rumo a Santa Teresa. Um deles deveria usar um *walkie talkie* para alertar quando o carro com o embaixador passasse. Na hora, porém, o aparelho pifou. A solução foi disparar um tiro para o ar, como esquema alternativo de alerta. Só que o tiro também foi ouvido pelos seguranças da Polícia Federal que guardavam Von Holleben. Quando o carro foi fechado por uma perua na Rua Cândido Mendes, eles estavam ligados. Tentaram reagir e um dos agentes acabou sendo morto.

Apesar desse imprevisto, o seqüestro de Von Holleben, politicamente, fora uma boa opção. O governo militar brasileiro namorava os alemães e começava a negociar o acordo nuclear para a compra de tecnologia destinada a construir usinas nucleares no Brasil. A repressão sustentava que o capitão Carlos Lamarca, um mito entre os guerrilheiros urbanos, comandara pessoalmente a operação. Entretanto, depois de furar o cerco de milhares de militares, no Vale da Ribeira, Lamarca passou três meses trancado em uma casa suburbana em São Paulo. Portanto, não participou deste seqüestro, que foi comandado por Bacuri, da ALN. A fantasia popular, no entanto, via a sua presença em quase todas as ações armadas.

Carlos Lamarca era um homem magro e tranqüilo, de rosto ossudo. Em janeiro de 1969, desertara de um quartel do Exército, em Quitaúna, nos arredores de São Paulo, para aderir à VPR — levando uma perua Kombi cheia de fuzis FAL e outros armamentos.

O objetivo era ainda mais ambicioso. De todas as organizações de esquerda armada, a VPR era a de cunho mais militarista. Fora criada por um grupo de ex-militares, principalmente sargentos, que se opusera ao golpe de 1964 desde a primeira hora. Mais tarde, estudantes e intelectuais, principalmente de São Paulo, se juntaram a eles.

Em 1968, a VPR tinha contatos entre militares da ativa. Lamarca, um oficial muito ligado à tropa, com forte liderança, era campeão de tiro ao alvo do Exército. De origem italiana, nascido numa família de classe média baixa, opunha-se ao regime militar implantado em 1964. Um pouco antes de sua deserção, aparecera nos jornais, treinando bancários a atirar com o objetivo de prepará-los para resistir a assaltos a bancos. Meses depois, estaria chefiando essas ações armadas.

Em torno de Lamarca, reunia-se um pequeno grupo de sargentos, cabos e soldados, todos contrários à ditadura militar. O plano original da VPR era marcar a deserção do grupo de militares do Quartel do Quarto Regimento de Infantaria de Quitaúna pela retirada de grande quantidade de armas e munições, seguida por ataques a alvos políticos e militares de São Paulo.

Entre eles, figuravam a sede do Governo — o Palácio dos Bandeirantes, no bairro do Morumbi — e o Quartel-General do II Exército, que seriam atacados com morteiros leves e metralhadoras. A data prevista era 26 de janeiro de 1969. Era um delírio militarista. Para a direção da VPR, este feito poderia catalisar o descontentamento com a ditadura e incentivar a adesão à luta armada. Ainda que tivesse dado certo, esse tipo de ação estava muito além do grau de adesão de simpatizantes da classe média ou de trabalhadores urbanos. Na prática, serviria para acentuar o distanciamento da guerrilha de seus potenciais apoios.

O plano, porém, começou a gorar no dia 23, quando soldados da Força Pública de São Paulo invadiram um sítio da cidade de Itapecerica, nas cercanias de São Paulo, para apurar a denúncia de um vizinho de que ali estava sendo pintado um caminhão com as cores do Exército. Era verdade. Um grupo de quatro militantes da VPR preparava o veículo, que entraria no Quartel de Quitaúna, num dia em que Lamarca estaria no comando do corpo de guarda do quartel, para retirar 400 fuzis, armamento pesado e munição.

Com sua curiosidade infantil, um garoto de uma chácara vizinha começou a rondar o local e foi expulso por um dos militantes. O pai, que já estranhava o comportamento dos vizinhos, chamou a polícia. Começou uma série de prisões, que punha em risco a identidade dos militantes de Quitaúna. A deserção teve que ser antecipada.

O atrito com vizinhos foi, muitas vezes, responsável pela prisão de militantes. A pressão da clandestinidade levava muitos guerrilheiros urbanos a renegar os ensinamentos, muito em moda na época do líder revolucionário chinês, Mao Tse Tung, segundo o qual o militante revolucionário deveria estar junto às massas como o peixe dentro da água.

Na prática era diferente. Grande parte dos guerrilheiros urbanos tinha dificuldade em disfarçar a tensão, especialmente quando realizavam um trabalho clandestino. Desconfiavam de vizinhos, mantinham feições crispadas, tensas. Razões não faltavam.

Foi o caso de Fábio, estudante do segundo grau no Rio, que vivia uma vida protegida: o colégio, a praia, a turma da rua. A política estudantil coube em sua vida como uma segunda pele. Fábio passou a participar ativamente do grêmio da escola, ganhou identidade frente aos colegas. Encarava suas tarefas que se opunham à ditadura militar com devoção e nobreza: pichações, panfletagens, passeatas de protesto. Logo, engajou-se numa organização de esquerda.

Numa das seqüências de prisões e torturas, seu nome foi mencionado pela primeira vez. No dia seguinte, um investigador do Dops carioca procurou-o no colégio. Alertado por amigos, soube que seu nome fora aberto. O caminho da clandestinidade foi a saída. Recebeu documentos falsos. Foi morar num quarto alugado. Perdeu todas as referências sociais. O roteiro parecia inexorável. Fábio começou a ajudar na logística de ações armadas.

Um dia, em maio de 1970, recebeu a tarefa de estudar uma agência bancária na Zona Sul que seria assaltada. Já acordou com o intestino desarranjado. Daí para a frente, tudo se precipitou. Mal havia entrado na agência, foi notado pelo guarda bancário.

Encolhido, tentou disfarçar sua tensão, fingindo rabiscar uma ficha de depósito, num dos balcões, enquanto olhava o local de esguelha, procurando localizar o cofre.

Minutos depois, Fábio foi cercado por dois guardas e levado para uma sala no fundo. Revistado, suava em bicas. Gaguejava respostas às interpelações. O gerente entrou na sala e, ao ver o garoto, que aparentava 14 anos, tolhido pelos guardas, cobrou explicações. Mandou que soltassem o rapaz, que não portava qualquer arma. Depois deste episódio, Fábio teve o bom senso de aceitar seu medo e despreparo como sinais de que não conseguiria continuar naquela situação. Procurou um tio, que sabia ser militante do Partidão, e pediu ajuda. Seguiu de ônibus para a Argentina, e dali, para o Chile, onde chegou em junho de 1970. Foi chamado de desbundado, vacilante e pequeno-burguês pelos companheiros caga-regras de plantão, mas teve o mérito de reconhecer suas limitações. Sobreviveu, o que já era uma façanha. Percorreu um longo roteiro no exílio, até retornar ao Brasil, após a Anistia, em 1981.

Poucos conseguiram desatar o nó que os projetava — quase sempre sem condições objetivas — da militância democrática contra a ditadura para a luta armada. A repressão, por sua vez, não dava colher de chá. Qualquer simpatizante, ainda que restrito à política estudantil, era visto como um guerrilheiro em potencial e portador de segredos das organizações de esquerda. Tinham o mesmo direito à tortura que o pessoal barra-pesada. Com este espectro pela frente, a passagem para a clandestinidade e a participação em ações armadas contra a ditadura possuíam um forte apelo. Satisfaziam o forte sentimento de lealdade para com o grupo, a generosidade de jovens, convictos da ilegitimidade da ditadura militar.

Não era fácil sair do círculo de giz. Em junho de 1970, encontrei numa rua do Méier uma velha amiga, Rita. Foi logo depois do seqüestro de Von Holleben, que libertara 40 militantes, remetidos para a Argélia. Tinha acompanhado a trajetória de Rita desde os tempos da militância estudantil, na Dissidência Comunista de São Paulo, na Faculdade de Filosofia da USP. Ela acabara na VPR e participava de ações armadas.

Sentamos em uma praça e começamos a trocar reminiscências. Ambos na clandestinidade, carentes. Papo vai, papo vem, ela me conta as discussões dentro da VPR.

— Não dá para continuar. A violência armada urbana é um beco sem saída. Em tese, estamos preparando o cenário para o lançamento da guerra popular revolucionária que sacudirá o campo, onde as condições são melhores para ganhar a adesão do povo. Na realidade, corremos para morder nosso próprio rabo — desabafou Rita.

Um grupo de militantes da VPR começava a colocar em xeque a prática militar e a propor um recuo, com a suspensão das ações armadas urbanas — que, no fundo, só serviam para sustentar a própria estrutura militar na clandestinidade, cada vez mais pesada, com as freqüentes prisões e militantes procurados pela repressão. O quadro, descrito por Rita, parecia com o que eu diagnosticava. Não tinha, porém, notícias de tais debates dentro da ALN, até porque só reuníamos mais de duas pessoas quando era a hora de fazer alguma ação. Nada apropriado para discutir o futuro da Revolução.

Rita não escondeu sua posição. Era a favor do recuo. Confidenciou que sua situação era cada vez mais difícil. Vivia sozinha, era muito procurada pela repressão e não tinha gás para continuar naquela batida. Três beijinhos no rosto marcaram nossa despedida, após o encontro fortuito. Soube, mais tarde, que ela teve o bom senso e a coragem de ir para o Chile. Havia adoecido, o que facilitou a concordância da VPR em mandá-la para o exterior. Sobreviveu.

No dia seguinte, um sábado, tinha um ponto com o Antônio Sérgio. Resolvemos marcar o encontro na Barra da Tijuca, para pegarmos um sol. Fiquei seis meses no Rio e nunca fui à praia. Em primeiro lugar, de calção, não tinha onde esconder o Três Oitão que quase sempre levava comigo, na cintura ou numa bolsa.

Dia ensolarado, com uma brisa fria. A forte arrebentação desaconselhava qualquer mergulho. Assim, de calça e camisa, não chamávamos a atenção, em nossa lenta caminhada à beira-mar. Narrei o encontro com Rita, omitindo seu nome. Tentava perscrutar se havia um debate semelhante na ALN. Sérgio falou-me das providências para a preparação do trabalho na zona rural. A estratégia da ALN era montar colunas estratégicas móveis, formada por militantes revolucionários, que incendiariam o rastilho da revolução social no campo.

— O pessoal que está chegando de Cuba vai diretamente para o campo, para a preparação das bases de apoio das colunas — explicou Sérgio.

— Tudo bem. Mas qual é a posição sobre as ações armadas urbanas? São ainda válidas como propaganda armada, para mostrar que a chama da resistência à ditadura permanece acesa? Ou devem servir apenas para levantar dinheiro e armamentos?

— Ainda cumprem as duas funções — ponderou Sérgio.

Tentei avançar na conversa.

— Acho que a propaganda armada perdeu o sentido. A censura à imprensa descaracteriza o lado político. A repressão tenta igualar-nos a meros assaltantes ou classificar-nos como terroristas, que ameaçam a vida do cidadão comum. Eles têm o monopólio da interpretação, através da censura e do rígido controle dos meios de comunicação. Assim, pulverizamos nossas ações urbanas, com o objetivo de mostrar nossa presença militar, correndo grandes riscos de segurança e sem nenhum resultado político palpável — argumentei.

Estava um pouco excitado, mas controlava minhas emoções, atento para que ninguém na rua ouvisse qualquer palavra do jargão revolucionário. Na época, ainda não tinha clareza de que o nosso problema era muito mais sério: a guerrilha já estava derrotada militarmente e estava totalmente isolada politicamente. Enxergava a questão taticamente.

— A saída — prossegui — é parar com essas ações pulverizadas. Temos que concentrar forças. Escolher alguns alvos onde possamos recolher grande quantidade de dinheiro, como fez a VAR-Palmares com o cofre do Ademar. Isso exige informações que têm que vir de militantes na legalidade, que circulem livremente e levantem tais fontes de recursos. Faremos menos ações, desde que o objetivo deixe de ser a propaganda armada. Vamos nos expor menos e seremos mais eficientes em levantar fundos para o trabalho rural — completei.

Sérgio deixou que as palavras morressem. Não contra-argumentou. Dirigiu o papo para o imediato. Teríamos que fazer um carro no domingo à noite. Voltei para casa e demorei muito a dormir naquela noite. Percebi que não tinha muito diálogo nem com Sérgio, nem com Nelson. Não eram permeáveis a qualquer debate sobre nossa prática. Não acredito que quisessem tolher a expressão de dúvidas ou propostas. Na verdade, não havia clima na organização para tanto. De alto a baixo, estávamos imersos na dura tarefa da sobrevivência quotidiana, com horizontes cada vez mais curtos.

Foi então que voltei a namorar a idéia de ser enviado para o treinamento em Cuba. Argumentos a meu favor não faltavam. Com o meu tamanho, era de fato suicida manter-me na cidade, especialmente no Grupo Tático Armado.

No fundo sentia falta de companheiros como Zé Arantes — que havia sido mandado para Cuba em 1969 —, Fleury e

Jeová — libertados no seqüestro do embaixador alemão e já na Ilha — e Laury, que seqüestrara um avião na Argentina no final de 1969, desviado para a Ilha da Liberdade. Ou de Lola, que, até onde sabia, continuava em São Paulo, já na clandestinidade. Ou então de Marcos, o único do grupo que tivera o vislumbre da real situação política, rompendo com a alternativa guerrilheira, mesmo que à custa de um afastamento dos amigos do peito.

Essa turma, que teve origem na Dissidência Estudantil de São Paulo, compunha um grupo coeso, com a mesma origem social, um discurso político comum, forjado na organização do movimento estudantil universitário, em torno de problemas específicos e da luta pela democracia. Um grupo que participara da discussão que levara à criação da Dissidência e que acabara junto, na ALN, depois de deixar o movimento estudantil. Um grupo que forjara uma forte amizade, além do companheirismo militante, também nas noitadas de conversa solta, regada a chope, cinema, teatro, acampamentos na praia, namoros, conversas intermináveis sobre livros de Hermann Hesse, que muitos consideravam escapista, mesmo sem ter lido nada do que ele escreveu.

Imaginava que, indo para Cuba e encontrando esses companheiros, seríamos capazes de mudar os rumos da ALN, tirando-a do atoleiro, apoiados na experiência anterior comum e na intensa vida de militância política. Os militantes que ocuparam os cargos de direção da ALN depois da morte de Marighella tinham menos experiência política, imaginava, do que o nosso grupo de São Paulo.

Assim, Cuba representava uma dupla promessa: sair do sufoco em que vivia, na clandestinidade, e reencontrar os companheiros, para, juntos, corrigirmos os rumos da organização.

Mera ilusão. Na verdade, a expectativa era maior: o reencontro em Cuba seria também uma forma de sair da solidão vivida por um guerrilheiro urbano clandestino. Era difícil cruzar o círculo de giz.

Capítulo 5

"Faz escuro, mas eu canto"...

1° Distrito Naval e Ilha das Flores
Rio de Janeiro
25, 26 e 27 de agosto de 1970

O camburão parou. Passados alguns minutos, a porta foi aberta e um fuzileiro mandou que eu descesse. Arrastei-me do banco, músculos doloridos, apoiei uma perna no chão e caí. Não tinha forças para andar. Um outro fuzileiro, preto alto e forte, um dos que havia nos retirado da casa, segurou-me pelo braço, impedindo a queda. Fui carregado para dentro de um prédio e colocado na sala do corpo de guarda do 1° Distrito Naval, junto a Praça Mauá, no Rio. Ansioso, aguardei pela chegada de Bacuri, mas ele não apareceu. Soube depois que fora diretamente para o Hospital da Marinha, na Ilha das Cobras, em frente ao 1° Distrito Naval.

Outros fuzileiros e um homem com uniforme de taifeiro da Marinha amontoaram-se na porta da sala, curiosos. Queriam me ver. Algum tempo depois, fui levado por corredores e colocado numa cela, no porão do prédio. Um cômodo pequeno: um metro de largura por dois de comprimento, com uma privada turca no fundo. No silêncio da noite, mapeei as paredes cobertas de rabiscos. Uma luz tênue iluminava a cela, vinda pelas frestas da porta de metal.

Sentei num banco estreito de concreto. Tentei deitar de lado, mas as costelas doloridas e o pequeno comprimento do banco não me permitiam ficar deitado. Mesmo assim, o cansaço de três noites sem dormir e o corpo quebrado trouxeram um sono agitado. Dormi sentado. Acordei com um rangido metálico. Abriram a porta da cela e um marinheiro deixou um caneco metálico e um pedaço de pão. Não dava para saber as horas. Não havia janelas. Tomei o café requentado e muito doce. Mastiguei o pão com cuidado, pois os lábios estavam inchados, e os dentes, doloridos.

O lugar fedia. O mau cheiro vinha da privada turca. Mais tarde, percebi que a cela ficava no porão. Nos dias de maré alta, o esgoto refluía pela privada. No dia seguinte, terça-feira, pela manhã, retiraram-me da cela. Levado pelos corredores, subi para um salão, cheio de gente, na entrada do prédio. Militares e civis que transitavam pelo prédio não escondiam a curiosidade diante da minha figura magra, a camisa clara rasgada e manchada de sangue, o rosto intumescido por hematomas, os cabelos desgrenhados. Escoltado por dois fuzileiros, fui posto num elevador. Não permitiram a entrada de mais ninguém. Fiquei impressionado com esse passeio. Não havia a preocupação de esconder-me. Era como se fosse a coisa mais normal transitar pelo prédio com uma pessoa desgrenhada e machucada. Como se eu fosse invisível. Refletia o poder com que os militares se sentiam investidos. Naqueles dias, em nome do combate à subversão comunista, podiam tudo.

Ainda escoltado pelos fuzileiros, fui colocado em uma sala muito grande, com vista para a Baía de Guanabara, num dos andares superiores do prédio, que havia sediado o Ministério da Marinha, até sua transferência para Brasília. Logo depois, um oficial entrou, fardado, com ar descansado. Sentamos os dois frente a frente diante de uma mesa. Um suboficial tomou assento diante de uma máquina de escrever. O oficial, magro e empertigado, tomou a palavra. Explicou que estavam ali para tomar meu depoimento, no Inquérito Policial Militar. Cobrou meu nome, qualificação e endereço.

Depois de passar pelo ramo clandestino da repressão, eu estava sendo preso oficialmente, prestando depoimento para a montagem de um processo farsesco. O oficial, que mais tarde identifiquei — graças aos autos do IPM — como capitão José Maria Gusmão, iniciou o interrogatório, cobrando a descrição da minha participação no GTA da ALN e no assalto ao banco de Ramos, que resultara na morte do guarda de segurança bancária Wagner Vitorino. Alertou-me que, nos termos da Lei de Segurança Nacional, eu seria julgado por uma Auditoria Militar e estaria sujeito à pena de morte ou de prisão perpétua.

Ciente de que aquele processo serviria para instruir meu julgamento pelo tribunal militar, tratei de denunciar a prisão ilegal e as torturas que sofrera. O escrivão datilografava sem emoções. O oficial insistiu e perguntou quem matara o guarda. Neguei que tivesse participado de tal ação e disse que era um ex-líder universitário, procurado e preso por minha atuação no movimento estudantil de São Paulo. O escrivão datilografava sem pressa.

A um sinal do capitão, o escrivão parou de datilografar. Advertiu-me que tinha outros depoimentos confirmando minha presença no assalto, além do meu próprio, arrancado na casa onde estivera preso. Ameaçou-me, advertindo que, naquele momento, eu me encontrava sob proteção da Marinha, mas que, se continuasse negando meu depoimento anterior, poderia ser entregue aos policiais que me prenderam. Falava sem emoção, sem qualquer sinal de raiva. Temeroso de voltar a ser torturado, reconheci que havia participado das ações contra as agências bancárias de Ipanema e de Ramos, mas apenas como motorista. Portanto, não tinha visto os assaltos propriamente ditos e não sabia quem havia atirado no guarda.

A máquina de escrever tiquetaqueava. O oficial contentou-se com essa confissão de culpa e o escrivão perguntou se eu tinha algo a declarar. Afirmei que havia sido preso ilegalmente, fora barbaramente torturado e necessitava de cuidados médicos. No final, o escrivão proferiu as palavras rituais:

— E nada mais tendo sido dito ou perguntado, dou por encerrado este depoimento.

Passou-me o calhamaço, em papel timbrado da Marinha de Guerra do Brasil, para que fosse assinado. Li o texto e vi que não colocara minha declaração sobre as torturas. Cobrei sua ausência e o oficial alertou que eu gostava de viver perigosamente, ameaçando-me com a volta à tortura. Não quis correr o risco e assinei o depoimento.

Estava preso oficialmente. A escolta foi chamada e retirou-me da sala, pelo mesmo caminho. Fui colocado na cela do porão. Uma comida insossa foi servida no almoço. Comi com sofreguidão. Precisava recobrar minhas forças. Quando um taifeiro da Marinha abriu a cela para retirar o prato metálico e a colher, deixou alguns jornais. Explicou que era para forrar os ladrilhos do chão, para que pudesse dormir. A luz acesa, na frente da cela, garantia iluminação. Achei um caderno de *O Globo* do dia da minha prisão, 21 de agosto. Li todo o jornal e acabei na página do horóscopo. Procurei o quadrinho referente ao meu signo, Aquário. No meu materialismo, não acreditava em forças místicas, mas essa crença ficou muito abalada quando li meu horóscopo: pessoas nascidas em Aquário corriam riscos no dia 21 de agosto.

"Você está realmente com uma tendência a sofrer acidentes neste dia, seja em estradas, seja em casa. A única solução é estar atento e não correr nenhum risco", alertava o astrólogo.

No meu caso, ele acertou na mosca. Passei a tarde mergulhado em divagações. Prestei atenção nas dores de meu corpo: parecia que algumas das costelas do lado esquerdo estavam quebradas; o ouvido direito latejava e doía. Dormitei sentado e fui acordado por um forte ruído metálico. Logo, outro ainda mais forte. Alguém batia na porta da cela. Outra batida e uma voz conhecida:

— Terrorista, vamos acabar o serviço e prender o seu chefe.

Era um dos torturadores da equipe do Fleury.

Risadas. Um tropel de pessoas passando no corredor. Eram os policiais da equipe do Fleury — soube depois — que deixando o alojamento no 1º Distrito Naval e voltando para São Paulo, onde, naquela noite de 25 de agosto, iriam ao encontro marcado na Alameda Santos, na expectativa de capturar quem iria encontrar-me. Foi o meu pequeno momento de triunfo: Fleury e sua equipe realmente acreditaram no ponto que eu inventara com tanto cuidado e só admitira depois de muito sofrimento. O estratagema salvou minha vida e ainda provocaria a frustração dos torturadores, tão arrogantes e certos de que haviam me espremido até a alma. Não conseguiram.

A pequena vitória ajudou a embalar meu sono, deitado no chão, dormindo sobre o lado direito, em cima dos jornais solidariamente providos pelo marinheiro anônimo. O sono não durou muito. Um movimento, junto a meus pés, indicava que eu tinha companhia. Uma enorme ratazana rondava a cela. Apesar da dor, levantei-me enojado e fiquei de pé no banco estreito. Bati palmas, bati com os pés. O roedor repelente desceu pelo buraco da privada turca. Olhos brilhantes voltaram logo depois a perscrutar a cela. O esgoto das celas do porão desaguava diretamente no mar. Era o caminho de acesso para as ratazanas. Tapei o buraco com jornais. Durante toda a noite, ouvi as ratazanas roendo a barreira precária. Não dormi mais.

Pela manhã, após o café ralo e o pão adormecido, a cela foi aberta. Um fuzileiro ordena:

— Junte sua tralha, você está sendo transferido.

Não anunciou o destino e eu não tinha tralha alguma para juntar. Inquieto, imaginei que voltaria a ser torturado. Ainda não foi naquela vez. Saímos do prédio, atravessamos um cais. Mandaram que descesse as escadas e entrasse numa estranha embarcação. Era uma Embarcação de Desembarque de Veículos e Tropas (EDVP), que eu conhecia apenas dos filmes de guerra, quando os soldados norte-americanos desembarcaram nas costas da Normandia, acossados por tiros de canhões e metralhadoras, para derrubar a Fortaleza Nazista. Remanescentes de empréstimos militares norte-americanos após a Segunda Guerra Mundial, as embarcações de fundo chato eram usadas pelo Corpo de Fuzileiros Navais brasileiro.

A EDVP não era apropriada para mar agitado. No meu batismo como passageiro da Marinha Brasileira, a embarcação deixou o cais do 1º DN e singrou pela Baía de Guanabara, em direção à Ilha das Flores, junto à costa de Niterói. O presídio da Ilha das Flores fora construído no início do século para isolar as levas de imigrantes que, ao chegarem da Europa ou do Oriente, eram colocados em quarentena para verificar se eram portadores de doenças epidêmicas.

Em 1970, a Ilha das Flores sediava o Batalhão Tamandaré do Corpo de Fuzileiros Navais, que guardava um presídio destinado aos presos políticos, colocados em quarentena, por tempo indeterminado, pelos desígnios da ditadura militar brasileira. Uma escolta de quatro fuzileiros, dois deles portando metralhadoras INA, acompanhava-me, para evitar qualquer possibilidade de fuga. Ainda que preso, o ar marinho reanimou-me. Sabia que a Ilha das Flores servia apenas como presídio e não mais operava como Centro de Torturas do Cenimar. Até 1969, cumpriu essa finalidade sombria.

Desci no cais da ilha seguido pela escolta, que me entregou a um oficial do batalhão Tamandaré. Outra escolta levou-me por uma escada, que subia até o presídio, construído no morro que dominava a Ilha das Flores. As celas ficavam no andar superior. A escada terminava numa sala, no centro do presídio, onde ficava o alojamento dos guardas. Abriram a grade, passamos para um corredor, que dava para o mar, todo fechado com arame farpado. Colocaram-me na quinta cela do corredor, destinado aos presos políticos incomunicáveis, que não tinham direito a visitas e ficavam em celas individuais. O cabo da escolta abriu as portas venezianas e avisou:

— É proibido falar com outros presos. Se quiser ir ao banheiro, bata palmas.

Explorei a cela. Tinha cerca de 6 metros de comprimento por 4 de largura. O teto ficava a uns 5 metros de altura. Duas janelas gradeadas, em cada lado da porta, com a parte mais baixa a uns 2 metros do piso, iluminavam a cela. Um beliche metálico estava encostado debaixo de uma das janelas. Era só. Queria conhecer a geografia do lugar. Apesar do corpo dolorido, trepei no beliche e olhei pela janela. Dava para ver, à esquerda, a água da Baía de Guanabara. No fundo, a Ilha do Governador.

Nas paredes, mensagens de outros presos que passaram pela cela. Palavras de ordem revolucionárias, uma citação de Mao Tse Tung. Minha atenção fixou-se numa frase escrita em francês, riscada com um estilete no cal amarelado: "*Dans les caves de l'ordre, nous forgerons les bombs qui construeron le future.*" Não me era estranha. Lembrei-me de onde a tinha visto: num livro sobre as pixações feitas nos muros de Paris durante a revolta dos estudantes em maio de 1968, adquirido na Livraria Francesa, em São Paulo. Achei que estava um pouco *demodée*, para a realidade da esquerda brasileira. Talvez estivesse parcialmente correta, pois a esquerda armada vivia, de fato, no isolamento das cavernas, nos subterrâneos.

Resolvi contribuir com aquele mural, escrevendo uma mensagem de esperança. Vasculhei a cela, procurando um objeto pontudo. Encontrei alguns fósforos usados e rabisquei:

Faz escuro, mas eu canto, porque o amanhã vai chegar.

Era um trecho de uma poesia do poeta amazonense Thiago de Mello, também militante contra a ditadura militar. Um barulho da grade sendo aberta interrompeu o meu grafite. Alguém batia palmas. Uma cela foi aberta. Cheguei até a porta, agachei um pouco para olhar pela fresta por onde passavam a comida e vi um homem baixo, careca, vestido com calção largo e camisetas. Sequer olhou para mim. Era João Massena, membro do Comitê Central do Partido Comunista Brasileiro, preso na mesma galeria. Tinha ido ao banheiro. O fuzileiro seguia-o. De volta, olhou de esguelha para mim, desaconselhando minhas tentativas de contato.

Esperei um pouco. Coloquei as mãos para fora, pelas aberturas da porta, e bati palmas. Minutos depois o guarda chegou e perguntou, ríspido, o que eu queria. Pedi para ir ao banheiro. Abriu a cela, segui à direita, tentando ver se alguém ocupava as outras celas. Ouvi barulho de gente se movendo em uma delas. Em cima da porta, o número 416.

No banheiro, no fundo do corredor, aliviei-me na privada turca. Abri um chuveiro e fiz menção de tirar a roupa, para tomar um banho. O fuzileiro cortou o meu barato.

— Banho, só de tarde. Vamos logo.

Ainda consegui lavar o rosto, os braços e as mãos, sujas de cinco dias. Precisava recobrar um pouco da minha civilidade. Na volta, prestei atenção na cela 416. Percebi um rosto que espreitava pela fresta. Um bigode à mexicana, um rosto ossudo. Pasmo, reconheci Antenor, um dos únicos companheiros da ALN carioca que ainda mantinha uma existência legal. Controlei a emoção e não dei sinal de reconhecê-lo. Não sabia que havia sido preso.

Entrei na cela, aflito. Antenor fora preso e poderia ter revelado sob tortura mais alguma coisa a meu respeito. Revi nossos encontros. O bom humor carioca de Antenor, sempre com uma piada para quebrar a tensão, nos momentos de ação e perigo. Tentei ordenar o pensamento. Quando fui preso, dávamos como certa a queda do Bira. Dividi a casa e as torturas com Bacuri. Agora, Antenor estava a duas celas de distância. Não consegui ver seu rosto, à cata de sinais de tortura.

Não encontrava um nexo, que justificasse nossas quedas. Eu não tinha contato com Bacuri, que operava num esquema militar, à parte do GTA do Rio, preparando uma ação de seqüestro, cujo alvo era o embaixador da Grã-Bretanha. Antenor, Bira e eu estávamos no GTA, mas, no rígido esquema de compartimentação do grupo, não sabíamos dos aparelhos dos outros. Nosso último encontro fora na ação contra a agência bancária de Ramos. Nenhum deles poderia ter aberto onde eu morava.

A investigação mental foi interrompida por um guarda, que me passou um prato de comida e o inevitável café adocicado. Era o almoço. À tarde, vencido pelo cansaço, dormi no colchão sujo e sem lençol. A abertura da porta gradeada do corredor cortou o sono inquieto, repleto de sonhos descontínuos e assustadores. O medo invadia todos os recantos do meu cérebro.

A postos, na porta. O primeiro a passar foi um senhor cinqüentão, vasta cabeleira grisalha. Torso forte. Era Elson Costa, também dirigente do PCB. Arrastava os chinelos pelo corredor. Também não olhou para a minha cela. Dobrada, no braço, uma toalha. Minutos depois voltou, refrescado. Era a hora do banho.

O seguinte, foi Massena. Na seqüência, um jovem magro e ossudo, que não titubeou em olhar na minha direção, transmitindo uma mensagem de solidariedade e uma indagação. Um reconhecimento que ajudou a quebrar o isolamento que tentavam me impor.

Imaginei que logo chegaria a minha vez. Dei uma busca na sala, à procura de papel. Encontrei o papel aluminizado de uma embalagem de cigarros. Lembrei do que havia aprendido com a leitura de *Memórias do cárcere*, o rigoroso e alentado relato da vida nas prisões, durante a ditadura de Getúlio Vargas, escrito por Graciliano Ramos. Na penumbra do fim de tarde, procurei pelo palito de fósforo. Rabisquei uma mensagem, em relevo, no alumínio. De novo, o verso de esperança de Thiago de Mello. E duas indagações: "Quem é você? Pertence a alguma organização? Meu nome é Ottoni." Tinha certeza de que Antenor entenderia que eu nada falara sobre ele. Se os fuzileiros a interceptassem, passaria por um bilhete de apresentação, sem denotar que eu já conhecia Antenor.

Dobrei o papel e coloquei-o entre os dedos. O fuzileiro abriu a porta e seguiu-me, rumo ao banheiro. Não sabia como entregar a mensagem. No banheiro, coloquei-a sobre uma parede. Tirei a roupa. Abri o chuveiro e deixei a água fria correr sobre o corpo. Algumas feridas ainda ardiam, em contato com a água. Esfreguei o corpo, como que querendo limpar os vestígios da violência. Lavei a camisa e a cueca. As meias tinham ficado na casa. Enxagüei o corpo com a mão. Vesti a calça sobre o corpo molhado. A camisa e a cueca no braço esquerdo, o bilhete na mão direita. Na frente da cela 416, deixei cair a camisa. O fuzileiro, num reflexo, olhou para baixo. Aproveitei a deixa e joguei o bilhete. Bingo. No alvo. Antenor abaixou-se, dentro da cela, para pegá-lo.

Começava a aprender os macetes da cadeia. Teria um longo percurso pela frente. O contato estava retomado. Na cadeia, ficamos amigos, o que não havia sido possível durante a liberdade, quando não tínhamos contato, fora do "profissional", ambos perdidos na multidão.

Capítulo 6

Perdido na multidão

Rio de Janeiro
Abril, maio e junho de 1970

Um olhar atento permitia, por vezes, descobrir um militante de esquerda andando na rua. O que era muito perigoso, em maio de 1970, quando a repressão estava totalmente em alerta nas ruas. Muitos tinham a estranha capacidade de chamar a atenção quando circulavam fora da região onde moravam, especialmente os cariocas. Na cadeia, Jimi, companheiro e amigo da ALN, contava que, a exemplo do Millôr Fernandes, sentia saudade do Rio quando chegava no Méier. Era uma pessoa totalmente urbana, nascida e criada no Leme. Seus limites eram a Zona Sul do Rio.

A exemplo dele, outros militantes da classe média eram como peixes fora d'água quando circulavam nos subúrbios. Por mais que vestissem roupas simples e surradas, sempre deixavam transparecer a origem social: no porte altivo, na pele cuidada, nas mãos tratadas. Mesmo os militantes que não estavam sendo perseguidos pela repressão chamavam a atenção. Pior ainda eram os clandestinos. Quase sempre andavam meio cabisbaixos, querendo esconder-se. Olhavam para trás na busca de algum rabo, conferindo se estavam sendo seguidos. Não encaravam os olhares diretamente. Pareciam figurinhas carimbadas de um álbum.

No começo de 1970 isso não chegava a ser um problema, pois a repressão agia basicamente em cima dos resultados obtidos sob tortura. Assim, se alguém abria o ponto, quase sempre já fornecia a identidade de quem compareceria. Nesses casos, o comportamento meio sorrateiro de alguns militantes funcionava como uma ímã para atrair a atenção da repressão. Fora isso, a repressão não costumava dar batidas nas ruas à caça de guerrilheiros. Tudo mudou mais para o fim do ano, quando tornaram-se comuns as operações de "Pára-Pedro": a PM fechava ruas e todos os carros eram revistados e as identidades conferidas.

No meu caso, tive que aprender com as técnicas teatrais para chamar menos a atenção. Com quase dois metros de altura, magro e de óculos, era um prato cheio, especialmente quando saía dos bairros de classe média. Fui aprendendo a encarar as pessoas de frente, usar roupas de cores neutras, andar com leveza. Quando ia para a Zona Norte, costumava disfarçar-me como um mórmon norte-americano: calça preta, camisa "Volta ao Mundo" branca de manga curta, sapatos pretos e uma pasta na mão que, em vez de panfletos bíblicos, portava o 38 cheio de bons argumentos contra os pecadores.

Outras vezes, usava a cobertura de vendedor de laboratório farmacêutico, carregando a mesma pasta, com catálogos e amostras grátis de remédios que Antenor fornecera (não sabia, mas seu pai era dono de farmácias na Zona Sul). Caía como uma luva nas andanças suburbanas.

A vida de um militante clandestino era monotonia pura. Encontros, só para tarefas concretas, o que, para quem compunha o GTA, significava fazer ações armadas. Nos pontos, o papo devia ser objetivo. Sempre era um risco andar junto pelas ruas. Não restava muito tempo para conversas ou debates. A comunicação era telegráfica. Sobrava muito tempo e carência a ser preenchida fora dos encontros. Especialmente para quem não tinha uma companheira, como era o meu caso. A cobertura, no quarto que alugara, obrigava que saísse pela manhã, bem cedo, voltando tarde da noite. Ia para bibliotecas públicas e passava horas lendo jornais ou livros. Ou, então, pegava o Guia Rex, com o mapa de todas as regiões do Rio, escolhia algumas páginas e saía aprendendo todos os detalhes sobre cada área: mão e contramão da ruas, buracos na pista, ladeiras, escadas, terrenos baldios, prédios da polícia, lugares para trocar a chapa de carros, bancos, instalações militares.

Depois de alguns meses, estava um craque no Rio. Tal aprendizado era valioso. Conheci uma rua, em descida no Encantado, que, logo após uma curva suave, dobrava um pouco à direita, para imediatamente continuar, à esquerda. Toda de paralelepípedo. Era um local ideal para uma armadilha, no caso de uma perseguição. E funcionou. Uma vez, roubamos um carro ali por perto e passamos a ser perseguidos por um camburão, uma C-14 da Polícia Civil. Não deu outra. Seguimos pela ladeira, no Encantado. Um pouco antes da curva, jogamos na rua um garrafão de 5 litros com óleo diesel, reduzimos a marcha e passamos pela quebrada. O camburão derrapou, passou lotado e fez um barulho estrondoso ao se espatifar na casa da esquina.

Outras vezes, descobria uma rua, aparentemente sem saída, mas que tinha uma escada no final, ótima para despistar alguém que nos seguisse. Quer dizer, tentava encher o tempo, mas a solidão era um manto permanente. Não podia procurar amigos ou parentes do Rio. Sexo era outra abstração. Às vezes, passava perto da Rua Prado Júnior, em Copacabana, ouvindo a música das boates, vendo as mulheres se apresentando. Mantinha distância. Podia ser perigoso. Tinha muita polícia na jogada.

Quem não agüentou o apelo das putas foi o Cláudio, um companheiro que militava na VAR-Palmares e estava na clandeca. Uma noite, passeava com um carro roubado perto da Prado Júnior quando foi cantado por uma prostituta. Parou, acertou o valor do michê e tomou a direção da Barra da Tijuca. Não chegou lá. No caminho, avançava com a mão pela perna da moça, quando deparou-se com uma vara de bom tamanho. Era um travesti. Cláudio ficou puto e expulsou-o do carro. O travesti começou a gritar. Para não chamar a atenção, Cláudio pagou o michê.

A cidade oferecia muitos riscos para um clandestino, especialmente à noite. Não era bom dar sopa para os meganhas. Assim, quando havia dinheiro, o cinema era uma opção. Os filmes que acabava escolhendo não eram muito estimulantes. Logo que cheguei ao Rio fui ver *Perdidos na noite*, com Dustin Hoffman e Jon Voight. Saí deprimidíssimo.

Na época, o cinema norte-americano estava cheio de contracultura. Filmes que expressavam a rebeldia dos jovens contra o poderoso *establishment* norte-americano, a repulsa à intervenção militar no Vietnã, onde, em 1970, os Estados Unidos, sob a presidência de Richard Nixon, já tinham 300 mil soldados e começara o bombardeio sistemático do Vietnã do Norte. Um dos filmes que mais me impressionou foi *Easy Rider*, com Peter Fonda, Dennis Hopper e o estreante Jack Nicholson. Saí do cinema perplexo com a rebeldia sem causa demonstrada pelos personagens principais, que acabavam mortos estupidamente. Na época, achava que nós, os guerrilheiros urbanos, éramos diferentes, pois tínhamos uma causa. Ainda não tinha clareza que perseguíamos um objetivo inatingível e que estávamos sendo mortos.

Quando ia ao cinema, pegava uma primeira sessão e voltava cedo para o quarto alugado na Marquês de Valença, na Tijuca. Ele ficava nos fundos e dava para um pequeno pátio. Havia dois outros inquilinos na pensão. Um nissei paulista, Tatsuo, uma raridade no Rio, que trabalhava numa fábrica de tintas, e um marinheiro, da Marinha Mercante, que aparecia quando o navio se encontrava fundeado na cidade. O dono da casa, seu Pepe, era espanhol, tinha uns 65 anos, e estava aposentado.

Cumprimentava a todos gentilmente, mas evitava maior envolvimento. A dona da casa vivia preocupada comigo, por causa da história que eu contara para conseguir alugar o quarto; dizia que eu tinha resolvido mudar de São Paulo, depois que meus pais morreram num acidente de automóvel. Conquistei seu instinto maternal. Usei esse subterfúgio para escapar do pedido de referências, de outros lugares onde havia morado. Só tinha péssimas referências. E a casa era ótima, num lugar seguro. Não queria correr o risco de alugar uma quitinete em Copacabana, onde muitos dos zeladores eram informantes do Dops.

Tatsuo, ao saber que eu era de São Paulo, ensaiou uma aproximação. Queria mantê-lo à distância, até porque nisseis chamavam muito a atenção no Rio e eram muito visados. Em São Paulo, onde havia uma forte colônia de origem nipônica, os nisseis tiveram forte presença no movimento estudantil e depois na guerrilha urbana. Aos poucos, a repressão, a imprensa e a imaginação popular criaram mitos: em todos os assaltos a banco tinha um japonês e uma loura.

Orgulhoso, também evitava os convites porque não tinha dinheiro sequer para pagar uma cerveja. Observador, Tatsuo foi percebendo o meu jeito. Deve ter pensado que o orgulho era um impedimento ao contato. Orientalmente sutil, convidou-me para uma cerveja. No primeiro dia, dividimos as despesas. Outras vezes, insistiu em pagar a conta. Freqüentávamos um bar perto da pensão, na São Francisco Xavier, onde serviam um portentoso caldo verde no inverno. Era um dos meus únicos contatos com o Brasil real. Nunca conversamos sobre política. Futebol era um assunto. De vez em quando pegávamos um jogo no Maracanã durante a semana.

Em maio, um pouco antes da Copa do Mundo, deu para sentir como as organizações guerrilheiras estavam distantes dos interesses populares. Resolvemos fazer uma panfletagem numa favela da Zona Norte, ao mesmo tempo que tomávamos o posto da Polícia Militar para capturar armas. Ao levantar o local, no meu disfarce de mórmon, percebi que o papo em todas as biroscas e esquinas era futebol. Onde estava a tão propalada politização popular?

No dia da ação, dominamos os policiais enquanto uma companheira começava um discurso contra a exploração, o imperialismo e a ditadura militar, sob a proteção das armas. Os favelados sumiram rapidamente e não deram a menor atenção ao nosso discurso. Pelo menos não chamaram a polícia.

Em maio, Tatsuo convidou-me para passar um fim de semana em Rio da Prata, um subúrbio da Zona Norte do Rio. Tinha ficado amigo da família de um jovem que trabalhava com ele na fábrica e ia para o subúrbio quase todo o final de semana. Não topei o primeiro convite, mas na semana seguinte aderi. Pegamos o trem da Central até Bangu e, dali, um ônibus que tinha ponto final em Rio da Prata. Era um bairro de operários, com grande tradição política, pois muitos trabalhavam na Fábrica de Tecidos Bangu, onde a esquerda, especialmente o PCB, sempre tivera forte presença. A dona da casa era uma viúva e o filho trabalhara na tecelagem. Fui recebido com calor e carinho, como o amigo do Tatsuo, de quem já tinham ouvido falar. Filhos, filhas, amigos e agregados vieram apresentar-se. Logo depois, fomos para a praça, onde rolava uma pelada. Convidaram-me para jogar. Recusei o convite, alegando que não trouxera calção. Na realidade, eu era um terrível perna-de-pau. Depois do futebol, uma rodada de cerveja e o pessoal traçou um mocotó.

Convidaram-me para voltar na semana seguinte. Para pernoitar. Fiquei com muita vontade de aceitar o convite. Durante a semana, economizei nas refeições, pois queria levar alguma coisa para Bangu, para não chegar de mãos abanando, como ensinou minha mãe. Consegui comprar um frango, que foi recebido como se fosse uma preciosidade, por aquela gente generosa e simpática. Logo estava íntimo. Virei juiz nas peladas. Noites de sábado, deixei as normas de segurança de lado e saí com a turma para roubar galinhas. A técnica era refinada. Levávamos um pau de vassoura e um saco de estopa molhado. Entrávamos no galinheiro, cutucávamos as patas da galinha, que logo passava para o cabo de vassoura e era colocada no saco, onde ficava quietinha. No dia seguinte, convidávamos o dono do galinheiro para uma galinha ensopada. Era um pessoal alegre. Fui aceito, graças às referências do Tatsuo.

Ouvia atento todas as conversas, na casa, na vizinhança e no botequim. Nunca rolou um papo de política. Uma vez, o Jornal Nacional transmitiu uma notícia sobre um assalto a banco feito por "terroristas". Não houve qualquer reação. Também não respondiam às propostas do ditador de plantão, Garrastazu Médici, que usava o futebol para aumentar a legitimidade da ditadura e tentava apossar-se do título de tricampeão mundial conquistado pelo Escrete de Ouro, nos gramados mexicanos. Em Bangu, futebol era uma festa popular. Não tinha dono.

Nunca puxei papo sobre política. Ninguém morria de amores pela ditadura, mas estavam satisfeitos. Os salários podiam não ser os melhores, mas todo mundo estava empregado e contribuía para a renda familiar. Móveis eram comprados a prestação. A televisão em preto e branco em que assisti aos jogos da

Copa de 70 também era nova, comprada pelo crediário. Qualquer tentativa de levantar temas políticos parecia inútil.

A amizade de Tatsuo e dos amigos do Rio da Prata era a vacina contra a solidão. Mas não era fácil mantê-la. Evitava falar do passado, pois teria que inventar tudo e poderia cair em contradição. Tatsuo respeitava meu silêncio, talvez por imaginá-lo ligado à pretensa perda de meus pais. Havia, porém, muito assunto para explorar, mesmo que a política fosse um tabu. A generosidade do vizinho Tatsuo deixava-me desarvorado. Impedia que eu seguisse normas de segurança e o próprio bom senso, que não recomendava andar com um nissei. Além de ser um tipo muito diferente no Rio era facilmente associável à guerrilha urbana. Ademais, temia por ele, caso viesse a ser descoberto.[1]

A situação nas conversas ocasionais com os companheiros de guerrilha era mais restrita. Eu evitava qualquer menção ao meu passado, para não dar pistas sobre minha identidade. Da mesma forma, não queria saber nada sobre os companheiros, pois não queria violar as normas de segurança, nem carregar o peso de um conhecimento desnecessário, no caso de ser preso e torturado. Nossas conversas eram muito funcionais, rolavam em torno da prática imediata. Vez por outra, alguém falava mais do que devia. Em alguns casos, era a vontade de dar mais colorido, calor e densidade àquelas relações tão formais. Em outros casos, porém, era desleixo.

Um dia, Giba e eu sentamos em um bar perto da Praça da Bandeira para almoçar. Papo vai, papo vem e o Giba começa a contar uma história que só poderia ser a da fuga do Vale da Ri-

---

[1]Quase vinte anos depois, descobri que a repressão, ao prender-me, não poupou Tatsuo, que acabou, inclusive, sendo demitido do emprego no Rio, ainda que não tivesse qualquer envolvimento político.

beira. Era maio de 1970, pouco depois de um grupo de militantes da VPR, sob a direção do Capitão Lamarca, ter furado o cerco militar à região. Giba era um deles e não conseguia deixar de contar a sua história. Repreendi-o, explicando que não deveríamos atribuir aos companheiros um peso maior do que tinham que carregar.

Num grupo voltado para ações armadas, como o GTA, era essencial forjar conhecimentos e vínculos que permitissem uma ação sincronizada, sem muito papo, com reações uníssonas em momentos de perigo. Isso, porém, só seria possível com um intenso e contínuo treinamento militar, ao qual não tínhamos acesso. Ou então, se fossem pessoas com a mesma origem, que já houvessem atuado junto politicamente. A ALN, em meados de 1970, era uma colcha de retalhos. Os militantes — embora, em sua maioria, tivessem vindo da classe média, provinham de diversos estados e possuíam graus muito diferentes de formação política. A organização definia-se como uma frente armada revolucionária, cuja unidade seria forjada na ação, com os objetivos de combater a ditadura militar e levar em frente a guerra popular revolucionária.

A ALN rejeitava a necessidade de um partido político para conduzir a revolução e a guerra popular. O partido seria forjado no calor dos combates. No fundo, achávamos que a prática era o critério da verdade, suficiente para fazer cicatrizar todas as diferenças de formação e perspectiva dos militantes. A repressão contra a ALN esfacelou a homogeneidade política que ainda existia em algumas regiões, devido às origens comuns dos seus integrantes. O pessoal que caía na clandestinidade era mandado para outros estados. Assim, havia um roque permanente de militantes e cada núcleo era uma babel de sotaques, de experiências e mesmo de perspectivas. No fundo, estávamos unidos apenas pelo medo e pelo repúdio à ditadura militar.

Nessa heterogeneidade, sem um treinamento em comum, a margem de erro nas ações armadas era enorme. Apesar disso, tive muito trabalho em março, abril e maio, depois que cheguei ao Rio. Tinha que acordar cedo e sair de casa, para não quebrar a história de cobertura, de que trabalhava de dia e estudava à noite. Mas não havia lugar para a rotina.

No começo da noite, na Zona Sul, era hora de expropriar um carro para usar no assalto a um banco ou fazer uma ação de propaganda e panfletagem numa favela. Quase sempre escolhíamos um fusca ou Corcel e surpreendíamos o dono quando chegava em casa. Um dia, ao aproveitar a manhã de domingo na Paróquia Santo Antonio, uma Igreja num prédio moderno junto à Lagoa Rodrigo de Freitas, Antenor e eu ficamos de olho num Corcel azul dirigido por um senhor idoso, que entrava no estacionamento. Quando ele saiu do carro, avisamos que éramos revolucionários e íamos levar o Corcel. Ele não reclamou e, quando saímos com o carro, ainda se despediu com um aceno de adeus.

— Deve ser um velho comunista — imaginou Antenor.

Assaltar um banco era mais complicado, exigia dias de levantamento, e o roubo de dois ou três carros que precisavam ficar estacionados em lugar seguro até a hora agá. Em maio, tínhamos duas ações de expropriação de bancos programadas para a mesma semana. Iam ser necessários cinco carros. Pensei com os meus botões que era muito arriscado fazer cinco ações de roubo de carro e propus a Nelson para assaltarmos uma garagem coberta em Quintino, onde guardavam muitos automóveis. Ele topou. Fazia tempo que eu estava de olho no endereço. Fiz o planejamento em dois dias. Entramos na garagem por volta da meia-noite, como se fôssemos para estacionar um carro. Rendemos o vigia. Dez pessoas na turma. Testamos os veículos e escolhemos os melhores. Trocamos as placas por outras frias e mudamos a aparência dos carros, colocando adesivos. Duas horas depois fomos saindo sem pressa para não chamar a atenção de algum vizinho insone. Foi um sucesso.

Tudo mudou a partir de junho, com a sucessão de fracassos que atingiu o GTA da ALN no Rio. Planejávamos um assalto a um banco com todo o cuidado, com levantamento meticuloso e perfeita clareza do papel de cada um, mas o saldo final era fraco, já que quase sempre havia pouco dinheiro na agência. Em outra oportunidade, expropriamos uma drogaria no centro do Rio, mas os sacos de dinheiro só continham moedas de pequeno valor. Achava que era apenas uma maré de azar, como aquelas que atingem os jogadores de baralho. Demorei muito tempo para descobrir que não era obra do acaso, mas de uma bem urdida infiltração policial no GTA da ALN do Rio de Janeiro.

Capítulo 7

O lado escuro da Lua

Ilha das Flores e 1° Batalhão de Polícia do Exército
Rio de Janeiro
25 a 30 de agosto de 1970

O sucesso na empreitada de passar o bilhete para Antenor foi uma injeção de ânimo. Começava a aprender a lógica da cadeia, onde a avaliação dos fatos e do tempo é completamente diferente da vida em liberdade. O simples fato de ter conseguido passar o bilhete encheu o meu dia. Logo depois, ouvi alguém batendo palmas. Vinha do lado da cela do Antenor. O portão rangeu e o fuzileiro passou pisando duro, irritado com aquele chamado.

— Soldado, meu nome é Reinaldo Guarany Simões e quero falar com um advogado, pois estou preso ilegalmente.

Era o Antenor.

— Você está louco. A turma do isolamento não pode falar com ninguém — retrucou o soldado.

— Então quero falar com o comandante desta guarnição.

— Só porque você quer — concluiu o soldado, encerrando o papo e voltando para a casa da guarda.

Imaginei que o Antenor havia preparado aquele espetáculo apenas para que eu ficasse sabendo o seu nome verdadeiro. Em todo caso, meditei sobre o diálogo. Depois da violência da tortura, veio a depressão e uma certa acomodação. Nada de chamar a atenção, para não correr o risco de voltar para o pau. Nada de reclamar pelos direitos básicos, como se fosse a coisa mais natural do mundo ser colocado numa cela, num quartel dos fuzileiros, totalmente isolado. Eu nem tinha pensado na possibilidade de chamar um médico, para verificar minhas costelas, que doíam sem parar. Ou exigir a presença de um advogado, nos termos da lei.

Eu estava contaminado pelo estilo de vida da clandestinidade. Quando optamos pelo caminho da luta armada, fomos para o subterrâneo da política. Abandonamos as formas legais de luta e nos colocamos à margem da lei. Implicitamente, acabamos aceitando como normais a violência dos torturadores, a violação de todos os direitos mínimos. Abandonamos qualquer forma de luta legal. É bem verdade que o governo militar fechara praticamente todas as portas para uma oposição não-violenta. Não havia nenhum espaço para manifestações políticas contra o regime. Um simples ato de protesto contra a censura era equiparado a uma ação armada. A ditadura jogou toda a oposição no mesmo saco. Era uma política de terra arrasada.

Resolvi meter alguma bronca. Bati palmas. Pelo andar duro deu para perceber que o guarda estava muito puto com mais esta interrupção.

— O que é desta vez?

— Preciso de um médico. Estou muito machucado. Acho que quebraram minhas costelas nos três dias em que fiquei preso numa casa da Barra da Tijuca.

Aproveitei e mandei mais uma informação para os ouvidos do Antenor, que devia estar ligadíssimo.

— Vou falar com o sargento — respondeu o soldado, dando meia-volta e retornando à casa da guarda.

Passados uns dez minutos, chega o sargento. Cerca de 40 anos, estatura média, face enrugada, queimada pelo sol.

— Quer dizer que o terrorista precisa de um médico... Isto aqui não é um hotel, é um quartel. Não tem médico — avisou, ironicamente.

— Tudo bem, mas se acontecer algum problema comigo, especialmente uma hemorragia interna, a responsabilidade será sua.

O sargento parou para pensar, mas foi interrompido por um outro chamado.

— Sargento! meu nome é Guarany, sou estudante de medicina e farmacêutico e posso ajudar... — Era Antenor, entrando espertamente no papo. Mas foi interrompido pelo sargento.

— Que ajudar porra nenhuma. Vocês estão incomunicáveis. Soldado, fique alerta que tem muito espertinho por aqui. — Virou as costas e foi embora.

A essa altura, já tínhamos passado os nossos nomes, na esperança de que alguém do corredor pudesse comunicá-los ao exterior. O sargento não demorou para vingar-se. Nossos jantares foram os últimos a ser entregues. A gororoba era uma autêntica natureza-morta. Fria, intragável. Depois dessa sacanagem, chegou um enfermeiro baixinho. Meu pedido não fora em vão. O sargento não quis segurar a ameaça. Entrou na cela, escoltado por um soldado. Era um cabo, nordestino, baixo e magro. Pediu que eu tirasse a camisa. Apalpou minha costela. Reagi ao toque com uma contração dolorida. Se ele ficou surpreso com os hematomas que viu, não deixou transparecer. Já devia estar acostumado.

— Vou enfaixar o seu tórax, para imobilizar as costelas — avisou.

— Está muito dolorido. Não encontro uma posição para dormir — confessei.

— Daqui a pouco trarei um analgésico.

Fechou a porta e foi embora. Valeu. Tinha conseguido algum cuidado médico. O cabo voltou após dez minutos e trouxe-me um comprimido branco e uma caneca com água. Obrigou-me a tomá-lo em sua frente. Eles não queriam dar qualquer colher de chá, deixando que o medicamento fosse guardado. Dormi melhor naquela noite — embora acordando diversas vezes, cada vez que ouvia um ruído. Temia voltar à tortura. Na manhã seguinte, após tomar o café adocicado e comer um pedaço de pão, ouvi o barulho de uma vassoura em ação. Cheguei até a porta e aguardei. Cinco minutos depois, o rapaz alto e magro passou varrendo o corredor. Sem parar de varrer, nem olhar em minha direção, perguntou meu nome, como fui preso e de onde eu era.

— Ottoni, ALN, preso no dia 21, aqui no Rio — respondi curto e grosso.

— Hoje vou ter visita. Passarei essas informações — concluiu, já na frente de outra cela.

— Meu pai se chama Ottoni Guimarães Fernandes e mora em Campinas — contei, falando baixo para que o guarda, que devia estar postado na grade, não ouvisse.

O rapaz magro era o engenheiro Pedro, membro da direção regional do PCB no Rio de Janeiro. Tinha sido preso em agosto, junto com os dirigentes do Comitê Central. Seu pai era um general do Exército e estava na reserva. Mesmo assim, Pedro não escapou de ser torturado, pela turma do Cenimar. Sua solidariedade destoava da atitude dos outros dirigentes do PCB, que pareciam não querer qualquer contato com os dois perigosos terroristas instalados na mesma galeria.

O tempo passa devagar na cadeia. O horizonte limitado, a movimentação restrita. Aos poucos a gente se acostumava. Cada vez que ia ao banheiro, tentava captar mais informações sobre o presídio. Da galeria dos incomunicáveis quase não se avistava o resto da Ilha. Uma barreira de árvores muito antigas e copadas cortava a visão. No fim da galeria, junto ao banheiro, dava para avistar outros prédios. Deitado no beliche, a imaginação corria solta. Tentava focar meu pensamento, cada vez mais inquieto, por não saber como havia sido preso.

Ninguém sabia onde eu morava e, portanto, não poderiam ter entregue o meu aparelho. Era óbvio que havia uma grande operação em andamento, para justificar a vinda de Fleury e sua equipe para o Rio de Janeiro. Outra hipótese era eu ter sido seguido. Mas seguido a partir de onde? Qual foi o ponto de partida para as prisões? Nada fazia nexo. Bira fora o primeiro a ser preso, na quinta-feira. Em seguida eu, que não tinha contato com Bira, a não ser durante as ações. Bacuri também deve ter sido preso na sexta-feira, mas eu não o conhecia. Precisava falar com Antenor, reunir mais informações, pois temia voltar a ser torturado. Quanto mais pensava, mais me enredava num labirinto de dúvidas. A hipótese de ter ocorrido uma infiltração começou a crescer em minha cabeça. Voltava à memória a suspeita quanto a Giba, visto numa delegacia de Pilares, após o assalto ao banco de Ramos.

Dormi mais uma noite de sono atemorizado. No dia seguinte, após o café, um soldado abre a minha cela e me manda sair. Perguntei aonde ia, mas ele não respondeu. Guarany também foi tirado da cela. Saímos pelo corredor e descemos a escada, até a parte inferior do prédio. Tomamos uma escada externa e descemos para o cais. No prédio, um tenente dos fuzileiros navais e cinco homens à paisana, quatro deles com metralhadoras portáteis presas ao pescoço por bandoleiras.

Fiquei ligadão. Reconheci o homem alto, cabelos claros compridos, rosto afilado. Era o capitão Gomes Carneiro, conhecido torturador do Exército. Já lera um dossiê sobre ele, apontado como matador de diversos companheiros. O negócio dele era mesmo o jogo bruto. Apontou uma pistola automática para a minha cabeça e empurrou-me contra a parede. Com um chute, abriu minhas pernas e mandou que um dos homens a paisana fizesse uma revista em meu corpo. Enquanto era apalpado, olhei para o cais e vi uma lancha encostada. Guarany chegou e recebeu o mesmo tratamento.

Fomos empurrados até a lancha, algemados e colocados num *deck* na popa, rodeado pelos cinco homens. Troquei um olhar preocupado com Guarany. Não podíamos conversar. A lancha seguiu rápido na direção do Rio de Janeiro. Estava suando frio, apesar do sol morno da manhã. Não deu nem para desfrutar a paisagem. Quando passamos pela Ilha das Cobras prestei atenção nos navios de guerra de casco cinza. Ali estava boa parte da frota da Marinha de Guerra Brasileira: alguns contratorpedeiros, o velho cruzador *Barroso*. Todos com trinta anos, herdados da frota dos Estados Unidos na Segunda Guerra Mundial. Sempre gostei de filmes de guerra e era a primeira vez que via uns navios tão de perto. A situação, é verdade, não era das mais agradáveis.

Aportamos no cais do 1º Distrito Naval. Subimos a escada e um camburão pintado com o verde-oliva do Exército nos esperava. Deu para ler, na traseira, a identificação. Pertencia ao 1º Batalhão de Polícia do Exército, a sede do temível centro de torturas encravado na Rua Barão de Mesquita, no bairro da Tijuca.

Abriram as portas traseiras, mostrando dois compartimentos separados por uma parede metálica e nos jogaram lá dentro. Fecharam as portas e passaram cadeados. Dois carros, um fusca e um Corcel, onde entraram os cinco homens da escolta à paisana, acompanharam o camburão, um na frente e outro atrás.

Sentado no banco metálico estreito, com a cabeça dobrada contra o peito — minha altura não permitia que eu me esticasse — notei as aberturas de ventilação na parte superior da chapa de aço que separava os compartimentos. Imaginei que podia ter um gravador oculto, ou que alguém pudesse estar ouvindo na parte dianteira do camburão. Escolhi cuidadosamente as palavras, no papo com o Antenor.

— Qual é o seu nome? — perguntei.

Do outro lado, a voz de Antenor chegou alta e clara.

— Sou Reinaldo Guarany Simões. Fui preso no sábado, ao sair da farmácia de meu pai no Leme. Levei o maior pau no sexto andar do 1° Distrito Naval. Acho que eram os caras do Cenimar. Queriam me envolver com terrorismo, com uma tal de ALN. Expliquei que o meu negócio não era esse, mas pelo visto eles não acreditaram. E você, quem é?

Foi a minha deixa. Contei que era um ex-líder estudantil, que vinha sendo procurado pela repressão desde 1969. Narrei quando e como tinha sido preso, disse que fora levado para uma casa perto da Rocinha, onde também estava um cara chamado Bacuri. Quem ouvisse o diálogo imaginaria que não nos conhecíamos. Com cuidado, passamos informações relevantes e ficou evidente que nenhum falara do outro durante a tortura.

— Dá para você ver aonde vamos? — perguntou Antenor/Guarany.

Olhei pelas pequenas frestas de ventilação colocadas na parte de cima, na lateral e na porta traseira. Pelo lado, só dava para ver uma calçada, uma ilha dividindo as duas pistas de uma avenida.

— Acho que estamos na Presidente Vargas, na direção da Tijuca. Estão nos levando para a PE — narrei preocupado.

— Eu também acho. Vem mais pau por aí — retrucou Guarany.

Subimos um viaduto. Devia ser a Praça da Bandeira. O camburão seguia com a sirene ligada. Olhei para fora, vi a parte de baixo de grossos troncos de árvores e os pés de pessoas andando nas calçadas. Estávamos seguindo pela Mariz e Barros, identifiquei. Logo passaríamos bem perto da casa onde tinha sido preso seis dias antes. Estávamos mesmo a caminho da PE.

O camburão freou bruscamente. Um soldado muito alto e louro abriu a porta. No capacete e nas braçadeiras a identificação do 1º BPE. Puxou-me pela algema e empurrou-me na direção de uma porta. Estava chegando ao lado escuro da Lua. Guarany vinha atrás. Entramos por um corredor largo. Dobramos à direita. Paramos junto de uma porta, mandaram que apoiássemos as palmas das mãos na parede, com os braços abertos e que separássemos as pernas. Fomos novamente revistados.

O clima era de alegria entre os soldados. Ficamos meia hora nesta posição, os músculos já adormecidos. Quase todos que passavam aproveitavam e nos deixavam uma saudação de boas-vindas: tapas na cabeça, socos, cotoveladas, chutes. Era apenas um aperitivo. Logo tentei sintonizar nos ruídos. Gritos e gemidos de um homem vinham de uma porta. Estávamos no corredor que dava acesso às salas de tortura da PE. Quando o prédio estava com a lotação esgotada, costumavam deixar os presos ali, aguardando a vez para serem torturados.

Depois de uma hora fui empurrado até o fim do corredor e levado, escada acima. Passei por outro corredor, bem no centro do prédio, com celas dos dois lados. Não dava para ver nada, pois as portas eram de chapa metálica maciça, com uma pequena portinhola. Trancas pesadas cerravam as portas. No fim deste corredor, um outro cortava-o, formando um T. Quatro celas gradeadas davam de frente para este corredor menor, com duas outras celas nas laterais. Empurraram-me para dentro e fecharam a grade. Nada de mobiliário. Só um colchão no chão. No fundo, uma parede separava a privada e o chuveiro.

Guarany ficou no corredor de baixo, aguardando vaga numa das salas de tortura. Foi então que ouviu gritos de alguém sendo torturado na sala contígua. Súbito, uma voz irada perguntou:

— Quer dizer que você é o guerrilheiro fodão que veio de Cuba?

Uma voz meio gutural respondeu, contou-me depois o Guarany. Certamente era o Bira, que havia sido o primeiro a cair na quinta-feira. A voz era tão característica que ele tinha o apelido de Pato Rouco. Estava preso na PE, parceiro de sofrimento. Ele era estudante da Escola Técnica e tinha sido enviado para Cuba em 1968, com o 2° Exército da ALN, para fazer treinamento militar.

Um soldado passava pelo corredor de cinco em cinco minutos, fazendo a ronda do andar. Invariavelmente, batia com o cassetete de madeira nas grades e o barulho acordava qualquer um. A maioria dos soldados tinha cabelos louros: era uma tradição da PE recrutar os seus componentes no Paraná, Rio Grande do Sul ou Santa Catarina. Davam preferência a rapazes fortes, da zona rural, com mais de 1,80 m de altura. Acabavam pegando jovens descendentes de imigrantes alemães ou austríacos, acostumados à disciplina. Chegando ao Rio, eram doutrinados contra os perigosos terroristas, que queriam acabar com a família e a propriedade. Era fácil fazer aqueles camponeses ingênuos odiar os "terroristas". Alguns deles logo passavam a auxiliar na tortura.

O meu descanso não demorou muito. Um sargento louro, quase da minha altura, de nome Adalberto, abriu a cela e mandou que eu saísse. Depois de algemar meus braços para trás, deu um soco nos meus rins e empurrou-me pelo corredor. Descemos e fui colocado em uma das salas de tortura. Os milicos formaram um círculo. Alguns com sarrafos de madeira nas mãos. Fui colocado no meio deles e choveram sarrafadas, socos e pontapés. Não perguntavam nada. Riam. Divertiam-se. Era o tratamento de choque adotado pela PE.

Doía muito, mas não era funcional para quem já tinha passado pela sofisticada máquina de moer carne do delegado Fleury. Esses, sim, eram profissionais. Não tinham nenhum envolvimento emocional com as pessoas que torturavam, o que eles queriam era informação para prender outros militantes. Lembro-me de uma das noites, na casa de torturas. O médico mandou que dessem um tempo. O mulato alto tirou-me do pau-de-arara. Levou-me para um outro quarto e mandou que eu sentasse. Logo entrou um outro torturador, magro, 1,70m de altura, cabelos castanhos claros, uma calvície incipiente. Perguntaram como era em Cuba. Respondi que não conhecia a ilha pessoalmente, mas comecei a falar sobre a educação, o sistema de saúde. Ouviam com atenção, como alunos em uma sala de aula. Faziam perguntas. Sem qualquer emoção. Não manifestavam nenhum vínculo emocional em relação a mim. Depois de algum tempo, levaram-me de volta para o pau-de-arara e continuaram a moer-me de pancada. Sem ódio.

Na PE era diferente. Soldados, cabos, sargentos e oficiais mais jovens tinham sido doutrinados a odiar os perigosos terroristas. Conseguiam, assim, ficar imunizados. Pareciam torturar sem culpas. Alguns desfrutavam a missão. Era uma guerra santa. Valia tudo contra os terroristas. Tinham que odiá-los, pois assim estava justificada a violência que cometiam.

Quando formavam a roda para espancar-me, descarregavam o ódio. Doía muito, mas depois de tanta pancada a gente ficava meio que anestesiado. Na PE eles também davam choques elétricos, mas não usavam as maquininhas de manivelas. Ligavam os fios nas tomadas de 220v e aplicavam choques nos torturados. Queimava a pele e a carne, mas doía menos do que os choques de baixa voltagem das maquininhas.

Queriam que eu contasse quais os assaltos que eu praticara. Percebi que eles estavam começando do zero, que nada sabiam sobre meu depoimento dado à Marinha. Naquela época, os diversos órgãos de segurança disputavam os militantes. O pessoal do Exército vinha pressionando o Cenimar para que entregassem os presos da ALN. Bacuri e eu éramos troféus: poderíamos ser os primeiros a serem julgados pela nova Lei de Segurança Nacional, e com a possibilidade de receber a pena de morte, já que houvera uma vítima fatal na ação do banco de Ramos. Julguei que, depois de terem descoberto que o ponto de São Paulo que eu dera era inventado, a turma do Cenimar resolveu entregar-me para a PE, mas sem contar o que eu tinha dito. Como se eu fosse um durão que nada revelara, para sacanear-me um pouco mais.

Quando percebi a situação, tratei de contar o que já dissera ao pessoal do Fleury como se fosse tudo novidade e fiz questão de lembrar que já estava preso há sete dias. Ficaram satisfeitos e voltei para a cela. Curiosamente, não perguntaram nada sobre o Guarany ou sobre o Pato Rouco, que estavam presos no mesmo prédio. Sequer nos acarearam para confrontar os depoimentos. Estranhei este procedimento. Mais tarde, descobri que agiam assim para impedir que trocássemos informações que pudessem levar à identificação do agente infiltrado no GTA da ALN, que fora responsável por nossas prisões.

No dia seguinte, fui convocado para outra seção de tortura. Minha maior preocupação era que não errassem na dose e acabassem me matando por engano. Pela lógica, não fazia sentido que assassinassem alguém cuja prisão já havia sido anunciada pelos jornais. O problema era que já tinham errado na dose, matando quem não estava marcado para morrer.

Na época, estavam começando a matar sistematicamente os militantes que tinham recebido treinamento militar em Cuba, a menos que passassem a colaborar com a repressão, provocando a prisão de seus ex-companheiros. Muitos seguiram este caminho. Em alguns casos, a repressão deixou vazar informações de que determinado militante tinha morrido na tortura. Na verdade, estava bem vivo, ajudando na análise de informações, orientando prisões. Em troca, ganharam falsas identidades. Em 1971, os órgãos repressivos adotaram a política de assassinar todo mundo que havia treinado em Cuba e aqueles que tinham sido trocados pelos diplomatas seqüestrados e voltado ao país.

No terceiro dia na PE, resolvi explorar a vizinhança. A cela à esquerda estava vazia. Na cela à direita havia movimento. Marquei mentalmente o tempo de ronda do guarda. Logo depois que ele passou, bati na parede e chamei meu vizinho. Apresentei-me. Era Sérgio, um psicólogo do Rio, cujo único "crime" fora a amizade com um universitário que aderira ao MR-8. Ao ser preso, o estudante contara que dormira algumas noites na casa do psicólogo. Um esquadrão da PE capturou-o na mesma noite. Foi direto para o pau. Não sabia de nada sobre a esquerda ou a guerrilha. Seu único "pecado", a solidariedade a um amigo. Esta era a política da repressão: terra arrasada. Qualquer vínculo com a guerrilha era punido exemplarmente. A base legal para essa violência foi o AI-5, o sinal para banir toda a oposição ao regime militar.

Capítulo 8

Batismo de fogo

Rio de Janeiro
Fevereiro e março de 1970

De volta ao Rio, no final de fevereiro de 1970, chegou o dia do meu contato com a ALN local. Seria na hora do almoço, num bar do Méier, às 12:30. Eu tinha que chegar primeiro, com a revista *O Cruzeiro* na mão, e esperar pela deixa: uma pessoa que perguntaria onde ficava o Maracanã, pois queria assistir a um jogo do América. Torcia para que desse certo. Não agüentava mais tanta incerteza e o medo de ser preso. Queria sair do Brasil, chegar em Cuba, fazer o treinamento, encontrar a minha turma. Chegara ao Rio dez dias antes, mas não tinha ninguém no ponto e tive que voltar para São Paulo, para retomar o contato.

Uma hora antes comecei a rondar o pedaço, para ver se tinha alguma campana. Primeiro passei de ônibus. Tudo parecia estar bem. Desci mais adiante, peguei uma transversal, virei na primeira à direita, na paralela à rua do botequim. Mais cinco quarteirões e dobrei à direita e de novo à direita, na rua do encontro. Fui até o bar, onde entrei e pedi um maço de Hollywood com filtro.

Meio-dia tudo parecia normal. Quatro mesas alinhadas à esquerda, duas ocupadas, as pessoas pareciam comerciárias do pedaço. Saí e rodei mais um pouco. Faltando cinco minutos para a hora do ponto, voltei ao boteco, tinha uma mesa livre. Sentei e pedi uma Antarctica, casco escuro. Pouco depois, entra um cara magro, testa larga, rosto ossudo, com uma camisa bem solta no corpo, o jornal *O Globo* debaixo do braço, o caderno de esportes na frente. Sentou na minha mesa, como se fosse um conhecido, me deu um aperto de mão afetuoso, pediu um copo e dividiu a cerveja.

— Tudo bem, camaradinha? — cumprimentou ele. — Veja só, o América está mal das pernas — comentou, mostrando o jornal.

Entrei no papo.

— Vê se escolhe um time melhor. É dureza torcer por esse timeco.

Nada mais natural, futebol é a conversa básica dos botequins cariocas. No meio do papo, ele me perguntou se tinha alguma linha direta do Méier para o Maracanã, dando a senha. Finalmente, o contato estava feito. Terminamos a cerveja, ele pagou e saímos. Pegamos uma travessa sem movimento, e a conversa séria começou a rolar.

— Boa, companheiro. Soube que você penou para nos encontrar, mas agora está tudo bem. Eu sou o Nelson, da Coordenação Regional, e sei que você é de São Paulo.

Ele sabia que eu estava bundando desde dezembro, apenas tratando de evitar ser preso. Ao chegar ao Rio, o objetivo era que eu seguisse para o Chile e, depois, fosse para Cuba, onde receberia treinamento militar.

— Soube que a barra em São Paulo ainda está muito pesada, com muitas quedas — observou Nelson. — A previsão era mandá-lo para o Chile, onde você teria um ponto com a direção local da ALN.

— Espera aí — retruquei —, como assim, "era"? Garantiram-me em São Paulo que estava tudo confirmado.

— Não é bem assim — respondeu. — A ALN mudou o plano, especialmente depois que vários militantes, mandados para Cuba em 1967 e 1968 para receberem treinamento militar, desistiram da guerrilha ao chegarem ao Brasil. Alguns, sob tortura, passaram a colaborar com os torturadores, servindo como analistas de informações e usando seus conhecimentos para derrubar antigos companheiros.

— O problema, Nelson, é que não tenho experiência em ações urbanas, e sim em outras especialidades que a direção nacional valoriza e queria que fossem aperfeiçoadas na Ilha. A decisão é definitiva? — indaguei.

— Não, é temporária. Você já arranjou algum aparelho?

— Estou num hotelzinho meio fuleiro, mas pensei em arranjar um quarto para alugar. Já que vou ficar um tempo por aqui, vê se arranja alguma coisa para eu passar o tempo.

— Você é bom motorista? Estamos precisando de alguém para pilotar nos trabalhos de levantamento de alvos e para guiar o carro de transbordo nas ações do GTA. Não tem muito risco. Topas?

— Vamos nessa. Vai ser bom para passar o tempo — concordei, sem saber que estava assinando o meu mandado de prisão.

— Porra, como é que a gente faz com um cara do seu tamanho na clandeca? — perguntou Nelson. — Qual é o nome de guerra que você quer usar?

— Machado — respondi sem pensar.

— Sabe, Machado, o retorno ao Brasil foi um choque para muitos companheiros que foram para a Ilha. Quando saíram daqui, em 67 ou 68, a ditadura estava isolada politicamente, a crise econômica comia solta, o movimento estudantil se encontrava no auge, com passeatas por todo o Brasil denunciando a ditadura. Em 1969, quando botaram a cara nesta terra de Pindorama, tudo estava mudado. O movimento popular recuou depois do AI-5. A repressão jogou pesado — interpretou Nelson.

Senti pela conversa que havia um canal de identidade com Nelson. Não costumávamos nos identificar, quando na clandestinidade, mas deu para perceber, pelo sotaque, que ele era de Minas. Pela idade e pela conversa, supus que tinha uma formação muito semelhante à minha. Magro, quieto, com um jeito matreiro, Nelson de fato era de Minas, como soube depois na cadeia. Passara pelas dissidências do Partido Comunista Brasileiro, pelo movimento estudantil e acabara na guerrilha da ALN.

Resolvi confiar nele e contar o que sabia fazer. Até então eu não havia participado de ações armadas; o mais próximo disso eram os esquemas de segurança nas passeatas estudantis de 67 e 68. Tivera, porém, treinamento em armas de fogo, explosivos e inteligência militar: códigos, comunicação, levantamento de objetivos, planejamento de ações. Nelson ficou entusiasmado.

— Parece que a minha intuição estava boa, quando sugeri que você ajudasse no planejamento de ações — concluiu Nelson.

Voltamos a conversar sobre a situação política. Ele me contou que depois da queda do Marighella, em novembro, a direção nacional estava sendo remontada, mas funcionava ainda precariamente. Joaquim Câmara Ferreira, o Velho, outro dirigente da ALN cuja tradição e experiência políticas remontavam a 1937, tinha saído do Brasil depois do seqüestro do embaixador americano em setembro de 1969 e ainda não retornara. Tentei puxar uma conversa, mostrando os riscos do nosso isolamento político, face a ofensiva policial e à propaganda da ditadura.

— A classe média está sendo cooptada pela política econômica da ditadura — argumentei.

Nelson, porém, cortou o meu raciocínio com rapidez, com um jeito meio caga-regras.

— É temporário. É o medo. Mas a classe média é essencialmente democrática e logo vai perceber que a milicada não vai levá-la a lugar nenhum. Temos que fazer como os revolucionários da Comuna de Paris, em 1848. Mesmo derrotados, abriram caminho para vitórias posteriores da Revolução.

Lembrei-o de que Marx, em sua obra *Dezoito Brumário de Luis Bonaparte*, dizia que os "*communards*" franceses tentaram tomar o céu de assalto, sem reconhecer as condições objetivas para fazer a revolução. A conversa não prosperou.

— Essa discussão vai longe. Temos coisas práticas a fazer — voltou Nelson, marcando novo ponto para o dia seguinte, onde começaria a minha primeira missão no GTA. Antes de ir embora, ele me perguntou:

— Quanto você tem de altura?

— Modestos dois metros — respondi.

— Porra, meu, do jeito que você está sendo procurado, a única saída é fazer como o José Ferrer, que para interpretar o papel do Tolouse Lautrec no cinema, andava de joelhos, protegido por um sobretudo que ia até os pés.

— Se eu andar vestido com um sobretudo nessa Biafra que é o Rio, vou chamar ainda mais atenção.

Risos na despedida. Felizmente ainda restava espaço para o humor. Mas não era verdade: faltavam motivos para rir. No dia seguinte, num ponto perto da Praça Saenz Pena, na Tijuca, Nelson me disse que a minha primeira missão seria preparar o levantamento para surpreendermos um carro-forte quando descarregasse a grana num banco da Penha.

— Vou apresentá-lo a um companheiro, o Antenor. Ele está mais adiante, num fusca. Fique com ele.

Andamos mais um pouco, ele me mostrou um Volkswagem marrom e seguiu em frente. Abri a porta e contorci-me para sentar no assento do carona.

— Que que é isso? Nunca vi ninguém tão grande. Acho que nem empurrando o banco todo pra trás você vai caber nesse carro — cumprimentou Antenor.

Deu para perceber que era um carioca bom de chinfra. Bem-humorado, sorridente, com os pequenos bigodes estilo Fu Manchu. Seguimos para a Penha. Antenor mostrou-me o banco, explicou-me que seriam usados três carros e 12 militantes na ação. Disse que as rotas de fuga já tinham sido conferidas e pediu-me que fizesse um levantamento da rotina do carro-forte. Queriam fazer a ação dali a três dias, pois a organização estava curta de grana.

— Nem pensar — recusei. — A agência é muito grande, a rua tem muito movimento. Vou precisar de cinco dias úteis para fazer uma porra de um levantamento competente. Segura as feras — completei.

— Concordo, vou acertar com o Nelson. Não é hora de porra-louquice. Daqui a uma semana, na próxima segunda-feira, você entrega o levantamento — propôs Antenor. — Vamos marcar um ponto para amanhã, aqui mesmo, às dez horas. Tudo bem?

Concordei, desci do carro e comecei a trabalhar. O banco era bem perto da Igreja da Penha, que ficava no alto de um morro. Subi uns quatrocentos degraus, que muitos fiéis, no dia da Padroeira, costumam galgar de joelhos. Suei a camisa, mas lá de cima deu para ter uma visão do bairro, das ruas de acesso. De volta à avenida, parei numa banca e comprei o Guia Rex, com os mapas de todas as ruas do Rio. Numa farmácia, aproveitei para comprar aspirina e pedi para usar a lista telefônica, onde localizei os endereços dos quartéis da PM, do Corpo de Bombeiros e do Distrito Policial. O passo seguinte seria visitar esses locais, marcá-los no mapa e avaliar qual o tamanho das guarnições e quanto tempo demorariam para chegar ao banco, mas isso teria que ficar para o dia seguinte. Aproveitei para entrar na agência e estudar o local.

Voltei para o hotel e pesquisei os classificados, na busca de um quarto para alugar na Zona Norte. Escolhi três opções. Peguei um ônibus e segui para Quintino, rumo ao primeiro endereço, que ficava numa rua de muito movimento, perto de uma delegacia. O segundo era no Estácio, num lugar barra-pesada, onde moravam muitas putas. Nada feito. Gostei da terceira opção, na Rua Marquês de Valença, na Tijuca. Rua tranqüila, residencial. Começava na Conde de Bonfim, perto do Largo da Segunda-feira, e terminava na Mariz e Barros. Só casas. O único ponto comercial era uma churrascaria, que só tinha movimento de noite ou nos fins de semana.

Apertei a campainha. Uma senhora sessentona, muito magra, atendeu. Expliquei que estava ali por causa do quarto. Convidado a entrar, fomos para a sala de jantar, no centro da casa, que dava para uma varanda lateral. Junto a ela, um corredor que ia até o quintal, nos fundos. Muito seca, a dona da casa perguntou se eu tinha referências. Eu precisava amolecer o coração da velha e inventei na hora uma história.

— Olha, eu sou de São Paulo, onde trabalhava na papelaria do meu pai, depois que terminei o colegial. Acontece que meus pais morreram num acidente de automóvel e não agüentei mais ficar por lá. A papelaria ficou com a minha irmã e resolvi mudar de ares. Vim para o Rio trabalhar e voltar a estudar. Não tenho referências, pois sempre morei com meus pais. Se a senhora quiser, pode ligar para a minha irmã.

Foi o suficiente para dobrar a dona da casa, que me convidou para ver o quarto. Fomos até o quintal, onde havia um banheiro acanhado e três pequenos quartos, dois deles já ocupados. O que sobrou tinha um guarda-roupa e uma cama, com uma porta e uma janela dando para o quintal. Muito limpo e sem qualquer luxo. Acertamos o preço: NCR$ 150,00 mensais. Paguei dois meses adiantados e disse que mudaria no dia seguinte, pela manhã. Já tinha onde morar.

No dia seguinte, fechei a conta no hotel. Mala na mão, cheguei na casa às 7 da manhã. Aceitei o convite para o café e conheci Seu Pepe, o marido espanhol. Deixei a mala no quarto e segui para o ponto com Antenor.

Antes do encontro, da praça em frente ao banco, vi chegar o carro-forte, que parou num estacionamento lateral, às 8:45. Dois guardas desceram, entraram com os malotes e saíram em dez minutos. Quando Antenor chegou, no fusca, fomos cronometrar o tempo que um carro levaria para ir do Distrito até a agência. Durante mais três dias conferi a rotina diária do descarregamento do dinheiro no banco. Quase sempre no mesmo horário e o mesmo ritual. Aproveitei para entrar na agência e conferir quantos guardas ficavam na parte de dentro. Apenas um.

Na segunda-feira seguinte, novo ponto com Nelson e Antenor, no morro da Igreja da Penha. Passei meu relatório verbal. Nelson explicou que fariam a ação na quarta-feira, com três carros e 12 militantes do GTA. Ficou combinado que dois automóveis estacionariam na avenida, antes e depois da agência, com um motorista e um militante armado com uma metranca. Assim que o alvo chegasse, outro carro pararia logo atrás, impedindo o seu recuo. Seis guerrilheiros abafariam os dois guardas, assim que saíssem do carro-forte, enquanto outro apontaria a metralhadora para o motorista. Pegariam os malotes, desarmariam os guardas e entrariam no carro, que seguiria, com a cobertura dos outros veículos, até o local de transbordo, onde dinheiro e armas pesadas seriam colocados num carro totalmente legal. Como estava faltando um motorista, Nelson quis saber se eu toparia guiar um dos automóveis da cobertura.

Aceitei, sem esconder o meu espanto por confiarem em alguém tão inexperiente. Marcamos um ponto para a quarta-feira às 7:30 da manhã, quando eu conheceria os companheiros que iriam comigo no carro. De volta para o quarto na Marquês de Valença, encontrei Dona Ida, a proprietária, na varanda. Expliquei que ia fazer matrícula numa escola técnica noturna e mostrei os classificados de emprego. Disse que ia trocar de roupa para fazer uma primeira entrevista. Minha cobertura estava montada. Logo depois, com um paletó no ombro, saí para fazer hora até de noite, aproveitando para conhecer um pouco mais a Zona Norte do Rio. Enquanto zanzava pelas ruas, os pensamentos estavam fixos na ação da quarta. Não conseguia afastar o medo e a preocupação com o meu batismo de fogo.

Na quarta, na hora marcada, encontrei Nelson que me apresentou aos companheiros, Bira, Giba e Nonato. Eles iriam no meu carro, um Corcel do ano, que parecia em grande forma. Entramos no carro. Antes, perguntei ao Aldo onde estava a minha arma.

— Você não tem um revólver? — estranhou.

— Claro que não. Acabei de chegar e não poderia viajar de ônibus com um três oitão.

— Eu tinha certeza que você estava armado — rebateu Nelson. — Vai ter que ser na galega. Siga para o banco e estacione no local combinado. Nonato e Giba devem descer antes e seguir a pé. Bira fica com você, pois está com a metranca. Aguardem o meu sinal. Se eu tirar os óculos escuros, comecem a ação. Se eu passar a mão na cabeça, abortem o plano e dêem no pé.

Muito preocupado, tomei a direção do banco. Tinha que confiar na metranca do Bira. Na hora marcada, estava no local combinado. O carro-forte chegou, os guardas desceram e nada de aparecer o carro do GTA que deveria fechá-lo por trás. De olho no Nelson, vi-o coçar a cabeça. Bira escondeu a metranca atrás do banco, Giba e Nonato entraram e tratamos de fugir. Dinheiro, nem pensar. Quinze minutos depois, encontramos Nelson num ponto de segurança previamente combinado.

— Puta azar — lamentou. — O carro principal ficou no caminho. O motor morreu na hora agá e nada de funcionar. Fodeu.

Não foi um batismo de fogo muito animador.

Capítulo 9

A prova dos noves

1° Batalhão de Polícia do Exército
Rio de Janeiro
Começo de setembro de 1970

O inconsciente coletivo dos guerrilheiros parece conter uma memória das experiências de outros revolucionários na prisão; lembranças adquiridas na literatura revolucionária ou de capa-e-espada e armazenada em estranhos recantos do cérebro. Só isso podia explicar a facilidade de adaptação aos rituais da prisão. No segundo dia na PE comecei a prestar atenção nos detalhes do quotidiano: o percurso dos guardas que vigiavam o primeiro andar, o tempo que durava cada roteiro, o intervalo entre cada passagem em frente à cela.

Afastado o medo da morte na tortura, começava a adaptação à vida no cárcere. Depois de contatar meu vizinho de cela, queria bater papo. Fazia quase uma semana que só falava com guardas, com gente da repressão, fora a curta conversa com Antenor. Sérgio estava preso há dez dias. Já saíra da fase da tortura. De vez em quando era levado para uma acareação com pessoas do MR-8 que tinham sido presas e levava alguns cascudos. Esperávamos que o guarda passasse em frente à cela e dávamos alguns segundos para que se afastasse. Cautelosamente. Guardas mais espertos costumavam virar a curva do corredor e voltar na ponta dos pés, para ver se pegavam alguma conversa. Tínhamos que falar baixo e ficar ligados em qualquer ruído que assinalasse a presença de um guarda mais matreiro.

Mesmo assim, tomava muito cuidado com o que dizia. Era bem provável que existisse um microfone embutido em algum canto da cela. Neste caso, não iriam se importar com conversas banais. Não iriam dar uma pista de que tinham um microfone oculto apenas para flagrar uma violação nas normas disciplinares. Microfones ocultos serviam para garimpar informações valiosas, que pudessem levar a novas prisões, dar pistas de mentiras contadas durante os interrogatórios.

Ligado nessa possibilidade, não relaxava um minuto nas minhas conversas com Sérgio. Assim que o barulho das passadas do guarda desvanecia no corredor, batia na parede da cela para chamá-lo. Ficávamos bem junto às grades, colados na parede que nos separava. Não falávamos, murmurávamos. Trocamos os endereços de nossos pais e informações sobre a maneira como tínhamos sido presos. Quem saísse da incomunicabilidade primeiro deveria passar as informações.

Os primeiros dias na PE foram de muita porrada. Descia duas vezes por dia para a sala de interrogatório e tortura. Uma delas durante a madrugada. Cada vez que o guarda me chamava para sair da cela era uma surpresa. Tanto podia ser uma sessão de porradas como uma visita. Era um dos rituais básicos da prisão. O permanente exercício do poder dos carcereiros e torturadores. Somente eles deveriam saber do nosso destino imediato. Dominavam nossos desígnios.

Depois de passar todo o quinto dia na cela estava mais aliviado. Achava que o pior já tinha passado. Tratava de lamber minhas feridas. Prestei atenção nos ferimentos e cuidei de mantê-los limpos, usando água do chuveiro. Lavei minhas roupas e o cobertor malcheiroso e todo manchado que haviam me dado.

Na manhã do sexto dia, uma escolta, com o sargento Adalberto no comando, veio buscar-me. Desci as escadas encolhido de tensão. Deveria ser mais um interrogatório. Contudo, levaram-me para uma pequena sala, repleta de armários fechados. No centro da parede oposta à porta pela qual entrei havia um espelho. Uma mesa e duas cadeiras mobiliavam a sala. A escolta colocou-me lá dentro e saiu. Fiquei sozinho. Estranho. Tratei de prestar atenção no entorno. Sentia-me vigiado, apesar de a porta estar fechada. Observei o espelho e logo imaginei que era de uma face só. Devia haver um compartimento do outro lado, de onde alguém podia ver tudo o que se passava na salinha onde eu me encontrava.

Cinco minutos depois a porta se abriu e um homem à paisana entrou. Deveria ter uns 35 anos. Meio para gordinho, cabelos pretos, um fino bigode emoldurando uma boca de lábios maldosos. Protegi-me, crispando os músculos das costas e do pescoço, aguardando uma porrada. Em vez disso, uma saudação:

— Como vai, Fernandes? Meu nome é capitão Timóteo.

Não tinha cara de militar. A postura era muito civil. Por baixo da camisa folgada dava para vislumbrar uma barriga de cerveja. Mais tarde descobri que era um investigador do Dops da Guanabara, que trabalhava em estreito contato com a PE.

— Parece que a sua vida vai melhorar — ele disse.

— Até agora não deu para perceber. Estou preso ilegalmente, incomunicável e fui submetido a torturas — revelei, tentando controlar a emoção.

— O que é isso, Fernandes? Pode ser que alguém tenha exagerado, mas daqui para a frente vai ser tudo nos conformes. Mas temos que conversar. Estava vendo a sua ficha. Você parece ter entrado de anu nessa história. Acho que o pessoal da ALN te enrolou. Prometeu que ia mandá-lo para o bem-bom em Cuba e jogou-o na cova dos leões.

Timóteo estava cumprindo o seu papel. Era a vez do bonzinho, no maniqueísta esquema dos torturadores. Conversa mole, acenando com promessas. Tratava-se de um tira treinado em interrogatório. De cara, jogava uma afirmação diferente do que eu dissera até então. Abri para o Fleury e, depois, nas sessões de porrada na PE, declarei que ia ser enviado para o Chile e não para Cuba.

Se concordasse, estaria abrindo a guarda. Por outro lado, Timóteo também jogava com a hipótese de que eu, de fato, tinha sido deslocado para o GTA, em vez de ser mandado para fora do país. Se não fosse um militante comprometido, poderia estar puto com a mudança de planos, que acabara me conduzindo para a prisão. Com certeza eles nada sabiam, do meu passado, antes de chegar no Rio. Timóteo estava jogando verde para colher maduro. Quem sabe eu não estaria puto com a ALN?

Achei que não dava para seguir nesse rumo. Se eu desse a Timóteo esperança de que poderia colaborar e depois não entregasse a mercadoria, ele poderia ficar puto e resolver descontar na porrada.

— O senhor me desculpe, mas não foi bem assim — cortei com educação. — Minha rota era o Chile, onde pretendia ficar e estudar. Estava tudo certo. O que faltou foi grana e um esquema para me tirar do país, pois a organização estava mal das pernas. Além disso, fui eu que me ofereci para ajudar, como motorista. Queria merecer o dinheiro que estavam me dando.

Escolhi uma linha neutra. Sem criticar a ALN, mas sem demonstrar muito tesão, ou seja, mantendo o roteiro que havia estabelecido, de que era apenas um simpatizante. É claro que, ao admitir para o Fleury que participara de ações, tive que adaptar a história. Minha maior preocupação era saber como tinha caído e o que sabiam a meu respeito.

— Porra, meu. Para alguém que nunca tinha metido bronca até que você aprendeu depressa — disse Timóteo, abrindo uma pasta que colocara sobre a mesa.

A essas alturas, ele estava sentado na outra cadeira, de costas para o espelho, do lado oposto da mesa, folheando papéis dentro da pasta.

— Olha só. Cinco bancos, dez carros faturados, uma garagem, duas farmácias, um roubo de armas na fábrica do Exército no Grajaú, outros carros, mais um banco na Penha. Um belo currículo para alguém tão inexperiente.

Timóteo estava me testando. Juntava todas as ações recentes da ALN, inclusive algumas com as quais eu nada tinha a ver.

— Acho que o senhor pegou o prontuário errado. Só participei de dois assaltos a bancos e uma expropriação de carro — observei.

— Expropriação? Como é que é isso? Você faz parte do Judiciário, por acaso? Decide pela expropriação de bens de quem não cumpriu a lei? — provocou Timóteo. — Foi roubo mesmo, já que foi feito com violência.

— Não é bem assim. Trata-se de expropriação, porque os

revolucionários assumem as ações em nome do povo oprimido, em nome de uma democracia que deixou de existir.

— Que merda é essa? Que povo lhes deu procuração? Tá todo mundo contente, trabalhando, vibrando com a Seleção Canarinho. Vocês é que são uns porras-loucas.

Resolvi não entrar nesse papo. Não ia dar em nada. O cara não era um ideólogo do regime. Era apenas um bate-pau metido a sabido.

— É o seu ponto de vista — concluí. — Eu penso de maneira diferente.

— É o seguinte, Fernandes: você não está colaborando. Se continuar assim, ninguém vai te aliviar a barra. Tem gente que adora sangue neste prédio. Mas vou te dar mais uma chance. Tem um pessoal que quer conversar contigo. São uns cascas-grossas. Dependendo do papo as coisas podem melhorar pra você.

E saiu da sala. Esperei. Como não tinha muito o que olhar, mergulhei em pensamentos. A mesma questão sempre voltava à minha mente: "De que jeito fui descoberto?" Ainda demoraria dois anos para que eu soubesse de todos os detalhes. Então, um sargento entrou na sala, inspecionou o local e saiu. Logo depois, o mesmo sargento abriu a porta e dois militares fardados entraram na sala.

— Bom dia — cumprimentou-me o mais velho. Tinha uns cinqüenta anos. Ostentava na gola da camisa as estrelas de coronel. Seco de banhas, rosto moreno, cabelo branco cortado rente.

Retribuí o cumprimento. Atrás de mim, o sargento puxou minha cadeira, tentando fazer com que eu levantasse em saudação ao oficial superior. Permaneci sentado. O outro militar

— com a patente de major, quarenta anos de idade, pele clara — fez um sinal para o sargento deixar-me à vontade. Os dois sentaram-se do outro lado da mesa. O coronel puxou a conversa. Não disse o seu nome e trazia a identificação na camisa tapada.

— Fernandes, você parece um rapaz inteligente, de boa família, que estudou em boas escolas. Gostaria que me explicasse aonde vocês querem chegar com toda essa loucura de guerrilha. Assaltos, mortes, bombas. Vocês só estão levando água para o moinho dos radicais, que querem levar o Brasil ao caos. Também temos gente do nosso lado querendo ver o império do caos.

Deu para perceber que ele era de outro nível. Provavelmente um oficial da área de inteligência, encarregado de montar cenários. Resolvi não passar o recibo de que conhecia as insígnias das patentes militares. Respondi secamente.

— O que eu quero é apenas que a democracia volte a imperar no país, que as liberdades individuais voltem a ser respeitadas, que cessem as torturas, as prisões ilegais, a censura, os atos institucionais. E que meus direitos como cidadão sejam respeitados.

— Isso queremos todos nesta sala — adiantou o coronel. — Mas não é com violência que iremos alcançar nossos ideais. Veja bem, a sua organização, a exemplo de outras, entrou num caminho suicida, alheio à realidade do país. Não é apoiada sequer pelas pessoas que são contra o AI-5. Parece coisa de alguns dirigentes da velha guarda comunista: querem uma grande revanche das derrotas que sofreram desde 1935, sem se importar com o que vem pela frente, usando o idealismo de jovens como você.

O coronel sabia provocar com categoria. Entretanto, não

podia deixar que criasse expectativas de que eu poderia virar um colaborador.

— Não sei o que se passa lá fora. Estou incomunicável. Nem sei o que se passa na cabeça de todos os brasileiros. O que eu sei é que as pessoas não têm liberdade de expressar o seu descontentamento, suas frustrações, com medo da prisão e da tortura. Enquanto estava aberto o caminho democrático, nos expressamos democraticamente, tentando mobilizar a população, fazer triunfar a democracia. Era assim que eu fazia quando era um dirigente estudantil. O AI-5 e a posterior escalada repressiva não nos deixaram outro caminho, senão pegar em armas.

— O idealismo juvenil. Mas o preço é alto — alertou o coronel.

— De fato, sofri muito ultimamente. Estou sendo torturado há dez dias. Estou incomunicável. Não tenho o direito de constituir um advogado. No entanto, se o senhor me permite, tenho princípios bem estabelecidos. Aprendi em casa, na escola, a respeitar a opinião dos outros, a defender aquilo em que acredito, a argumentar, insistir. Sinto, porém, que tudo o que aprendi não vale mais neste país.

— Fernandes, você parece ser um rapaz de princípios, mas essencialmente idealista. Suas vontades acabam sendo manipuladas. A realidade é diferente. Não veja as pessoas como categorias idealizadas. O mundo é como ele é. Cupidez, mesquinharia, individualismo. Deve ter muita gente achando que as coisas estão erradas no país, mas ficam caladas. Têm emprego, a produção está aumentando. Ficou fácil comprar um carro. Tem um crediário que funciona. O futebol anestesia os ideais. Vocês estão pregando no deserto. Vão morrer à míngua.

A minha tentação era polemizar e afirmar princípios. No fundo do cérebro, porém, sabia que o coronel tinha razão. Estávamos completamente isolados politicamente. Mesmo os setores de classe média que nos apoiavam estavam se deixando seduzir pelos prazeres do milagre econômico. Mas não era só isso. A verdade era que a esquerda armada estava na rota errada. O voluntarismo, o desejo de fazer triunfar um novo mundo, sem opressão, mais justo, nos ocultava a realidade. Perdíamos a capacidade de analisar o mundo real. A política cedia lugar à ideologia. Não éramos capazes de interpretar a conjuntura, a situação real das forças políticas, representativas dos interesses das classes sociais, como tínhamos aprendido nos manuais de materialismo histórico. O mundo lá fora aconselhava que parássemos com a guerrilha urbana e rural e tentássemos reagrupar nossas forças, lamber as feridas — mesmo que fosse necessário tirar todo mundo que estava queimado do país para tentar rediscutir a tática. Todas essas reflexões eu guardava a sete chaves. Nunca poderia admitir minhas dúvidas para a gente da repressão. Na verdade, ainda não dava sequer para dividi-las com outros companheiros.

O coronel parecia ter lido meus pensamentos, compreendido o meu silêncio. Percebi que ele não estava ali com interesses imediatos. Não queria apenas enfraquecer minha vontade para facilitar o trabalho dos interrogadores; queria testar os seus argumentos (ver se colavam), medir a temperatura ideológica de um militante preso, captar alguma dúvida. Deixava entender que queria algo maior, mas eu não era o tipo adequado. Ele se levantou e se despediu com um adeus. Acho que não despertei o interesse do coronel. Tinha passado pela prova dos noves.

Mais tarde, relatei parcialmente o encontro para o Sérgio. Com a sutileza de um psicanalista ele concluiu que o coronel deveria fazer parte de um grupo ligado à chamada guerra psicológica. Ele já ouvira falar da Quinta Seção do Estado-Maior do

Exército, voltada para este tipo de tática: seu objetivo era montar perfis psicológicos dos militantes, para ajudar no trabalho de interrogatório, e cooptar militantes presos, para que passassem a colaborar de maneira ativa, indo aos meios de comunicação, declarando seu rompimento com a guerrilha, condenando os seus métodos.

Eu também já tinha ouvido falar desse trabalho. Em maio de 1970 eles colheram um sucesso em São Paulo: convenceram um grupo de jovens militantes da VPR a ir à televisão e renegar o que haviam feito, para acusar a guerrilha e manchar a reputação das organizações de luta armada. Um deles foi Massafumi, um jovem nissei de 17 anos. Conheci o Massa, como era chamado, em 1968. Era amigo de minha namorada, Tânia, e fazia parte da União Paulista dos Estudantes Secundários (UPES). Estudava no Fernão Dias, um colégio estadual de Pinheiros, na capital paulista, e era assíduo em todas as passeatas estudantis. Logo passou a fazer parte da segurança. Como era filho de japoneses, o pessoal da organização imaginou que ele era mestre nas artes marciais, o que não era verdade. Convivi mais de perto com Massafumi durante a ocupação da Faculdade de Filosofia, em São Paulo, no segundo semestre de 1968. A essas alturas, Massa já era um militante.

Uma noite, durante a vigília num dos salões da faculdade, na Rua Maria Antônia, puxei conversa com Massa. Estávamos ali para prevenir uma invasão pelo pessoal do Comando de Caça aos Comunistas (CCC), uma organização direitista, manipulada pelos órgãos de segurança. Naquele época, eu já estava totalmente decidido a largar o movimento estudantil. Percebia que a nossa tática — mobilizar os estudantes a partir de reivindicações específicas (contra o ensino pago, pela melhoria da qualidade de ensino, por oportunidades de emprego) e levar a categoria a lutar contra a ditadura, de forma a alcançar essas conquistas — levava a um beco sem saída.

A tendência do regime era pela radicalização, fechando todos os espaços democráticos que ainda restavam. O jeito era partir para o pau. Pegar em armas e tentar derrubar o regime. Não sabia qual era o grau de organização do Massa. Queria testar a temperatura da água e ver se dava para recrutá-lo. Ouvi de volta uma resposta muito emocional, de alguém que via a política pela ótica da moral, cheia de chavões. Estava puto com os milicos. Queria explodir tudo. Achava que a direção do movimento estudantil estava conciliando. Que eram uns bundas-moles. Deveríamos colocar uma bomba no Mackenzie, onde ficavam os caras do CCC.

Achei que não era alguém ideal para ser recrutado. A conversa morreu. Logo chegou a turma do pôquer — Viet, Jaime e outros — e iniciamos uma rodada que varou a noite. Massa não gostou de ver a gente jogando um jogo burguês e ainda por cima a dinheiro. Deixou a sala. Dava para perceber que era um sectário. Imaturo e refratário a uma análise racional.

Massa acabou recrutado pela VPR, que não tinha nenhum programa de ação para o movimento estudantil. Nem mesmo tentavam construir novas bases neste setor, que era usado apenas para o recrutamento de quadros. Sem nenhuma maturidade emocional ou política, acabou na ação armada e na clandestinidade. Tânia chegou a encontrá-lo quando já se encontrava clandestino. Narrou-me que o achou totalmente acabrunhado e solitário, com medo de ser preso, e sem poder encontrar os velhos amigos.

Foi preso logo depois. Torturado, não resistiu e entregou outros companheiros. Seu moral foi por água abaixo. Era um dos que haviam idealizado o comportamento revolucionário de nada falar. Rompido o modelo idealizado, atravessou a estreita pinguela e passou a colaborar. Foi contatado pelo pessoal da guerra psicológica e fez parte do primeiro grupo de ex-militantes que foi à televisão renegar a guerrilha. Como parte do acordo, foi solto logo depois, sem acusações. Caiu na mais absoluta solidão. Para os tiras, era um oportunista; para a guerrilha, um traidor. Para os antigos amigos, mesmo os que não era militantes, era alguém em quem não era possível confiar. Virou um pária. Não conseguiu assimilar a nova realidade. Suicidou-se logo depois. Acho que não foi pranteado sequer pela equipe de guerra psicológica que o recrutou.

Sérgio e eu encerramos o papo ao ouvir o barulho do guarda que se aproximava. Mergulhei nos pensamentos, lembrando da Tânia. Bateu uma saudade enorme. Veio a sensação de como, em 1968 e 1969, abrira mão da vida em nome da revolução. Estava criando um ambiente estéril em torno de mim. Gostava de uma mulher com todas as minhas forças, mas, com medo da perda, não levava o caso adiante, mesmo sendo entusiasticamente correspondido. Não podia dispersar as minhas energias emocionais. Tinha que estar sempre alerta. Na época, pensava que levar uma relação adiante, mergulhar num caso apaixonado, só tornaria mais dolorosa a inevitável separação, quando tivesse de cair na clandestinidade.

Era verdade, mas pelo menos a dor da separação ocorreria depois de ter vivido muito prazer na relação. Pelo menos teria vivido a emoção, o encontro. Em vez disso, sobrou a solidão. À noite, na cela da PE, deixava voar minhas fantasias, as lembranças do passado. E só vinha à memória a mágoa de não haver tentado, de não ter uma companheira, da falta de lembranças consoladoras de encontro e prazer. O jeito era reforçar a razão, para não cair na depressão.

No meio do pau, no ambiente para lá de hostil da PE, não dava para abrir a guarda. Era preciso racionalizar para sobreviver. No sétimo dia, mandaram que saísse da cela. Como sempre, não revelaram o meu destino. Era a costumeira loteria. Desci as escadas, passei pelo corredor das salas de tortura e logo estava no pátio. Fui colocado num camburão. Vinte minutos depois chegava ao 1º Distrito Naval. A lancha levou-me de volta para a Ilha das Flores. Torcia para que a tortura tivesse acabado de vez.

Capítulo 10

A memória dissolvida

Rio de Janeiro e São Paulo
Fevereiro de 1970

Chovia forte quando cheguei ao Rio de Janeiro pela primeira vez, no começo de fevereiro de 1970. Depois de três meses escondido em São Paulo, mudando de um aparelho para outro, o tempo chuvoso era uma bênção. Ninguém prestava atenção em ninguém com aquele aguaceiro. Cheguei ao Rio de trem, pelo expresso noturno Santa Cruz. Tinha viajado numa cabine individual. Era mais caro, mas valia a pena. Não corria o risco de ser reconhecido por ninguém. Não tinha pressa. Nem pensei em viajar pela Ponte Aérea, pois os aeroportos eram muito policiados. Exigiam a identificação de todos que embarcavam e a polícia rondava perto dos balcões de passagens. Desembarquei na estação da Central do Brasil e peguei um táxi até a Glória. Conhecia um hotel barato na Rua Cândido Mendes. Não faziam muitas perguntas. Preenchi a ficha, passando por um vendedor. Não carregava muita bagagem, apenas uma mala pequena. Depois de um banho, mudei de roupa e saí do hotel. Tinha um ponto na Tijuca, onde faria o meu contato com a ALN da Guanabara. Estava marcado para as duas da tarde. Havia tempo de sobra. Aproveitei para ler *O Globo* e o *Jornal do Brasil*. Passei para os classificados, procurando anúncios de quartos para alugar.

Saí do hotel ao meio-dia. O encontro era na Rua Conde de Bonfim, na altura do número 2.000. Peguei uma condução até a Praça da Bandeira. Tinha parado de chover. Perguntei que ônibus seguia pela Conde de Bonfim. Escolhi um que ia até a Usina. No caminho fui acompanhando a numeração da rua. Algo não ia bem. A Conde de Bonfim acabava na altura do número 1.500. Desci no ponto final e voltei. De fato, a rua acabava bem antes do número 2.000. O companheiro que marcara o ponto em São Paulo desconhecia que na Guanabara os prédios eram numerados em seqüência. Assim, se um prédio era nº 300, o seguinte seria nº 302, independentemente da largura do terreno. Em São Paulo a numeração das ruas dependia do tamanho do terreno: ao nº 31 podia seguir-se o 131, se a distância entre os dois fosse de 100 metros. Fiquei sem referência, preocupado com a falta de cuidado de quem marcara o ponto.

Às duas horas, postei-me no último ponto de ônibus do lado par da Conde de Bonfim. Esperei que o companheiro que fosse me encontrar raciocinasse da mesma forma. Se não havia o nº 2.000, o encontro deveria acontecer no fim da numeração. Fiquei parado no local durante uns 15 minutos, como se esperasse um ônibus. A revista *O Cruzeiro* debaixo do braço estava bem visível. Era o meu sinal de identificação. O contato deveria abordar-me e perguntar onde ficava o estádio do Maracanã, pois queria comprar um ingresso para o jogo do América. Ninguém apareceu.

Voltei para o hotel. No dia seguinte tinha um outro ponto, no mesmo horário, no mesmo local inexistente. Ninguém apareceu. As coisas estavam ficando pretas. Não possuía mais nenhum contato no Rio e não marcara nenhuma alternativa em São Paulo. Ainda assim, achei melhor voltar para São Paulo. O dinheiro estava escasseando. Fechei a conta no hotel e, na Rodoviária, comprei uma passagem num ônibus do Expresso Brasileiro. Noturno. Não preguei os olhos durante a viagem. Não ia ser fácil retomar o contato (em São Paulo).

De manhã, ao chegar em São Paulo, pedi para descer no Bom Retiro, antes da Rodoviária, um local visado pela repressão, a apenas 200 metros da sede do Dops, no Largo General Osório. Como estava com a bagagem na mão, o motorista aceitou parar na Avenida Tiradentes. Entrei numa padaria e pedi um café com leite e pão com manteiga. Perguntei se podia usar o telefone e liguei para a casa da Bebel. Tinha combinado com ela que, se precisasse, telefonaria usando o nome de Leonardo. Também havíamos acertado um local e um horário para um encontro. Bebel era minha melhor amiga. Tínhamos acabado juntos na ALN. O telefone tocou cinco vezes e foi atendido. Reconheci a voz do pai dela, seu José. Perguntei por Bebel, disse que era o Leonardo. Ele respondeu que ela não estava, com uma voz embargada. Antes que pudesse perguntar o que havia acontecido, ele desligou.

Alguma coisa estava errada.

Não tinha para onde ir. Resolvi ligar para o Ronaldo, que me escondera durante dois meses. Apesar de não ter nada a ver com a ALN, era um grande amigo, que aceitou a perigosa missão de esconder-me. Encontrei-o no trabalho. Expliquei que estava de volta a São Paulo, sem ter onde ficar. Uma hora depois, ele me apanhou na Rua Augusta. Foi um encontro carregado de emoção. Tínhamos nos despedido dias atrás e ele achava que eu já estava a caminho do Chile. Narrei todos os desencontros.

— Acho melhor você desistir desse encontro com a ALN. Ocorreram muitas prisões nos últimos dias. É muito perigoso.

Se você quiser eu pego um carro emprestado e levo você até o Rio Grande do Sul.

Recusei o convite.

— Ronaldo, eu nunca saí do Brasil. Não conheço a Argentina, não conheço ninguém por lá e não sei como é o esquema no Chile. Acho melhor tentar retomar o contato com a ALN.

Ronaldo tinha atuado como apoio da ALN e tirou vários militantes do Brasil. Fizera diversas viagens para Porto Alegre, varando a noite no volante, entre setembro e outubro de 1969. Quando levava alguém muito procurado, usavam dois carros. O da frente seguia com uma dianteira de vinte minutos, apenas com um motorista, sem qualquer problema com a repressão. Se detectasse alguma barreira, deveria retornar e avisar o carro que vinha atrás. Então seguiriam por uma rota alternativa, por estradas secundárias. Em Porto Alegre, entregavam o companheiro para o esquema de apoio da ALN, ligado a um grupo de padres católicos. O militante que estava sendo tirado do país era colocado num convento em São Leopoldo, como se fosse um seminarista visitante. Em seguida era levado até a fronteira com o Uruguai ou a Argentina e dali, para o Chile, com encontros previamente marcados.

Embora Ronaldo conhecesse a rota até Porto Alegre, o restante do percurso era só adivinhação. O esquema de apoio gaúcho fora desmontado pela repressão em novembro de 1969, um pouco antes da morte de Marighella. Nem eu, nem Ronaldo conhecíamos os melhores locais para atravessar a fronteira.

— Você tem que sair do Brasil. Não vai demorar para ser preso. A família do seu pai não é de Uruguaiana, na fronteira com a Argentina? — indagou Ronaldo.

— Sim, e daí? Se eles estão atrás de mim, podem ter montado algum esquema de vigilância por lá. Não posso bater na porta da casa do meu avô e pedir que ele me ajude a passar a fronteira — retruquei.

Resolvemos que era melhor esfriar a cabeça. Levou-me para a casa de um parente, no Brooklin, que estava vazia. No dia seguinte, liguei para um amigo, muito chegado a Bebel, e soube que ela havia sido presa e estava no Presídio Tiradentes. Boa parte do esquema de apoio logístico da ALN de São Paulo tinha ido de roldão. Dois dias depois, consegui um contato com Geraldo, que sabia ser da coordenação da ALN paulista. Expliquei o que acontecera e pedi que remarcasse o ponto no Rio de Janeiro. Passaram-se mais dois dias e a resposta veio através de Geraldo: continuava de pé o esquema para mandar-me para Cuba, via Chile. Só que desta vez foram mais cuidadosos. O ponto foi marcado num pequeno restaurante do Méier, em local certo e determinado, com senhas e contra-senhas.

Cada despedida era um adeus.

— Até a vitória, sempre — despediu-se Geraldo, à moda dos revolucionários cubanos. Não estava tão certo disso, mas não ficava bem uma despedida com um "até a cadeia, com certeza", ou "até a morte após a tortura". Geraldo caiu preso vinte dias depois dessa melancólica despedida. Durei um pouco mais.

De volta ao Rio, de ônibus, outra noite sem sono. Reuni as informações que colhera nos contatos em São Paulo: a ALN e outras organizações da resistência armada à ditadura ruíam como castelos de cartas, a repressão estava cada vez mais articulada e não atuava às cegas. Em 1968, quando as organizações que optaram pela luta armada deram início às ações — para capturar armas e levantar dinheiro para preparar a guerrilha rural — os órgãos de segurança da ditadura militar foram pegos de surpresa. No começo, os guerrilheiros não deixavam mensagens revolucionárias, queriam que pensassem que os assaltos eram praticados por criminosos comuns.

Na época, o mais eficiente organismo de repressão política era o Cenimar, que já existia antes do golpe militar de 1964. Logo depois da derrubada do governo de João Goulart, em março de 1964, foi criado o Serviço Nacional de Informações. Em tese, o SNI deveria funcionar como um órgão de inteligência, nos moldes da Agência de Segurança Nacional norte-americana, fornecendo informações de caráter estratégico para a cúpula da ditadura militar. Na prática, tornou-se um órgão de bisbilhotice política, apoiado em informantes, na escuta sistemática de ligações telefônicas e na violação de correspondência.

Em 1967, foi criado o Centro de Informações do Exército (CIE), com a missão de rastrear tentativas de implantação da guerrilha rural no Brasil sob a influência de Cuba. Estava integrado num esquema de troca de informações com os órgãos de segurança militar dos Estados Unidos e de outros países da América Latina.

No Brasil, no entanto, a luta armada guerrilheira contra a ditadura militar surgiu nas grandes metrópoles. Em 1969, as organizações de luta armada passaram a assumir as operações para obtenção de armas e dinheiro. O objetivo era manter acesa a chama do descontentamento contra o regime, exaltar o exemplo de Cuba e do Vietnã, na luta contra os governos ditatoriais e o imperialismo norte-americano. A opção por assumir as ações de propaganda armada nas cidades era um reconhecimento de que não seria fácil fazer a Revolução propagar-se a partir de focos guerrilheiros no campo.

O assassinato de Ernesto Che Guevara, na selva da Bolívia, em outubro de 1967, indicava que a empreitada de criar focos revolucionários na zona rural seria difícil. Apesar de sua experiência, como o segundo homem da Revolução Cubana, e do apoio de Fidel Castro, o agrupamento guerrilheiro chefiado por Che Guevara não conseguiu incendiar a revolta dos camponeses e mineiros bolivianos. Numa operação em conjunto com a Central Intelligence Agency (CIA), dos Estados Unidos, Che Guevara foi capturado e assassinado na pequena aldeia de Camiri, no nordeste da Bolívia.

No Brasil, todo o suporte político das organizações compromissadas com a luta armada estava nas cidades, junto a parcelas da classe média — especialmente estudantes e intelectuais — e a vanguarda de operários. A base mais importante ficava em São Paulo. Não foi por outra razão que o primeiro órgão de coordenação da repressão política surgiu em São Paulo. A Operação Bandeirantes (OBAN) nasceu sob a inspiração do Comandante do II Exército, General Canavarro Pereira. Funcionava informalmente, reunindo militares do Exército, Aeronáutica e Marinha, delegados e agentes da Secretaria de Segurança Pública e militares da Força Pública de São Paulo. Verbas oficiais e dinheiro fornecido por empresários paulistas sustentavam a OBAN, cuja sede foi montada no 36º Distrito Policial, localizado na Rua Tutóia, no bairro do Paraíso, em São Paulo, bem próximo do Quartel-General do II Exército. Logo tornou-se um dos mais temidos centros de tortura.

Funcionou como experiência piloto. A tortura de militantes da resistência armada tornou-se sistemática. Reunindo informações colhidas pelos diversos órgãos policiais e militares, já conseguiam, no começo de 1970, catalogar com precisão todas as organizações que lutavam contra o regime militar: seus principais dirigentes, suas áreas de atuação geográfica e social.

Não havia perdão para quem caísse nas malhas da repressão. A ordem era quebrar a resistência do militante sob tortura, para que fornecesse o maior volume possível de informações, que levassem a novas prisões. O pistolão não funcionava mais:

estudantes, operários, padres, freiras, intelectuais — todos tinham o mesmo direito à tortura, independentemente de o pai ser alto oficial do Exército ou amigo do governador do estado.

Até setembro de 1969, quando o embaixador norte-americano foi seqüestrado, as denúncias de tortura contra militantes políticos ainda conseguiam ser noticiadas na imprensa. Mas a decretação de uma nova Lei de Segurança pela Junta Militar que tutelava os destinos do Estado impôs censura sobre toda a imprensa. Sem a divulgação das prisões e dos casos de tortura, os órgãos de repressão tinham tempo para massacrar os militantes. Metodicamente, concentravam-se, nas primeiras horas após a prisão, a extrair sob tortura os horários e locais de encontros com outros militantes. Assim, podiam fazer novas prisões. Mais tarde, procuravam rastrear os simpatizantes, que davam guarida, forneciam informações e transporte. O passo seguinte seria mapear o organograma das organizações. Não havia mais amadorismo na repressão.

Vinha refletindo sobre isso enquanto seguia para o Rio, viajando insone num ônibus da Viação Cometa. A razão aconselhava que eu saísse do país, pois era procuradíssimo pela repressão e podia ser facilmente identificado pelos meus dois metros de altura. Mas não podia trair a confiança de meus companheiros. Arantes e Benê tinham ido para Cuba. Jeová, Fleury e tantos outros estavam presos em São Paulo. Bebel devia (ainda) estar sendo torturada. Não era possível traí-los. Apesar do esfacelamento de toda a direção da ALN por mim conhecida — naquele momento presa ou no exílio — precisava confiar na organização e na luta revolucionária.

Ao chegar no Rio, voltei para o hotel da Glória. Tinha dois dias até o novo encontro. Vaguei pela cidade, no calor úmido de fevereiro, pensando em meu destino. A lembrança das pessoas queridas rodava em minha cabeça. Não eram apenas companheiros. Eram irmãos. Tínhamos dividido tantos sonhos, tantas alegrias. Era o que me animava a prosseguir, continuar no Brasil, manter acesa a resistência. Por outro lado, ao escolher este caminho, tinha que expurgar da minha memória qualquer lembrança que, sob tortura, pudesse ser usada contra os meus amigos e companheiros.

Tentava esquecer os nomes das pessoas que haviam me abrigado. Os detalhes de reuniões. As decisões tomadas. Obstinadamente, privava-me das lembranças afetivas, que poderiam ajudar a enfrentar a solidão de um clandestino. Aos poucos, até mesmo os traços de pessoas queridas foram se dissolvendo. Era mais recomendável. Não queria carregar o peso dessas memórias. No entanto, junto com elas, perdia substância, a parte mais rica de minhas vivências.

Capítulo 11

O teste da invisibilidade

Ilha das Flores
Rio de Janeiro
Setembro, outubro e novembro de 1970

Voltar para o isolamento na Ilha das Flores, depois da semana no Batalhão da Polícia do Exército, foi um alívio, mesmo sem ninguém para conversar, sem poder ler jornais e saber o que ocorria no mundo. Estava aprendendo mais um princípio da relatividade da vida no cárcere: quanto mais longe dos torturadores melhor. Na prisão, tudo ganha dimensões diferentes. Objetos corriqueiros assumem inusitada importância. Nos primeiros momentos, estranhei ter de comer em pratos de plástico, usando talheres também de plástico. Os pratos riscados e impregnados de gordura tornavam a comida ainda pior. A segurança não permitia o uso de talheres metálicos, ou pratos de louça, que poderiam ser transformados em armas.

Sabia que logo seria transferido para o outro lado do presídio, onde ficavam os presos comunicáveis, com as promessas de convívio humano e de visita dos meus parentes. Vivia angustiado com o sofrimento dos meus pais, temendo pela saúde deles. Alguns dias depois, o cabo encarregado da guarda abriu a porta da cela e avisou que eu estava sendo transferido para a ala dos comunicáveis. Saí pelo corredor, passei pela casa da guarda. Enquanto esperava que abrissem a grade, começou uma agitação no corredor: gente saía das celas para saudar o companheiro que chegava do isolamento. Era mais um pequeno ganho, no restrito mundo em que estava obrigado a viver. Mais um princípio da relatividade da vida no cárcere.

O primeiro a saudar-me foi um homem forte, com uma cabeça poderosa. Era Jorge, também conhecido pela alcunha de "O Bom Burguês". Jorge tinha sido gerente de uma agência do Banco do Brasil em Ipanema, no Rio de Janeiro. Gênio das finanças, montara uma operação de desvio de fundos bancários, que abasteceu a tentativa do MR-8 de montar uma base de guerrilha rural no oeste do Paraná.

Jorge acolheu-me com um abraço e levou-me para sua cela, a primeira do corredor, junto à casa da guarda. Pensei que não conhecia ninguém no presídio, exceto Guarany, transferido para a ala dos comunicáveis alguns dias antes. No entanto, para minha surpresa, lá estava um velho amigo de Campinas, Celso. Tínhamos estudado no mesmo colégio, o velho Culto a Ciência, mas o contato se perdera depois de sua formatura. Emocionado, abracei-o. Contou-me que já havia avisado a minha família sobre a minha presença na Ilha e que meus pais, que estavam tentando visitar-me, haviam contratado um advogado para defender-me.

Logo depois, Guarany entrou na cela. Um abraço apertado selou nosso reencontro. Para todos os efeitos, Guarany e eu tínhamos nos conhecido na prisão. Resolvemos manter esta cobertura. Não era bom que mostrássemos grande intimidade, pois os guardas observavam todos os movimentos e sempre poderia haver algum prisioneiro mais indiscreto levando notícias a nosso respeito para os carcereiros e, daí, para o Cenimar.

Acabei ficando na cela do Jorge, onde havia uma vaga. Éramos oito, dormindo em quatro beliches metálicos. As grades ficavam abertas durante todo o dia e eram fechadas no toque de recolher. Daí em diante, quem quisesse ir ao banheiro no fundo do corredor tinha que chamar o guarda.

Todos queriam saber as novidades. Como havia sido preso, onde fora torturado, quais as novidades do mundo exterior? Por precaução, na medida em que não conhecia os companheiros de prisão, contei a mesma história que a repressão conhecia: líder estudantil, era simpatizante da ALN até que minha participação chegou ao conhecimento dos órgãos de segurança, com a morte de Marighella; preparava-me para ser mandado para o exílio, depois de ter participado de algumas ações armadas no Rio, quando fui preso.

Minha primeira preocupação era saber da minha família. Soube, pelo Celso, que estavam bem de saúde, mobilizados para tentar ajudar-me. No primeiro fim de semana fui chamado para a visita. Uma escolta nos levou para um galpão, fora do presídio e perto do cais. O salão, com 30 metros de comprimento, era dividido ao meio por uma tela de arame quadriculada. Ao entrar, estiquei o pescoço e logo avistei meu pai, com a cabeça empinada, do alto de seus 1,90 m, tentando localizar-me. Ao seu lado, minha mãe chorava. Papai disfarçava a emoção. Chegamos perto da grade. Contatos físicos somente com os dedos. Mais tarde, descobri que era possível, através das grades, dar um beijo de bico na companheira. E mais: servia ainda para passar pequenas mensagens, em papel enrolado em forma de canudo, transferidas de uma boca para outra com o auxílio de uma língua esperta.

— Meu filho, você está muito magro — lamentou minha mãe, me olhando de cima a baixo. — Você foi muito maltratado?

Não dava para esconder a magreza e o abatimento, mas disse que me sentia bem de saúde e pedi notícias de meu irmão. Ele tinha sido solto em junho e estava em Curitiba, onde conseguira emprego numa firma de engenharia. Muito prático, papai contou que tinham constituído um advogado para defender-me. Era Técio Lins e Silva, de uma família de juristas, cujo tio havia sido ministro do Supremo Tribunal Federal. Aprovei a escolha, pois o pessoal que já estava em fase de julgamento apontara Técio como uma das melhores alternativas.

Não se tratava de uma escolha meramente técnica, pois não era tarefa fácil defender presos políticos. A Lei de Segurança, decretada em 1969 pela Junta Militar que comandava o Brasil, rompera com princípios básicos da Justiça. Acusados de crimes políticos eram julgados por tribunais militares, nas Auditorias Militares, formados por quatro oficiais e um juiz militar, com poder de decretar até a pena de morte. O instituto do *habeas corpus*, que protegia os presos da violência policial, fora abolido. O direito de defesa estava cerceado. Além disso, advogados que aceitavam defender presos políticos eram colocados na lista negra dos órgãos de segurança.

O meu caso era ainda mais complicado, pois corria o risco de ser condenado à pena de morte, uma vez que um guarda havia sido morto em uma das ações de que eu participara. Concordei que Técio era a melhor opção, não somente pela sua competência profissional, como pela coragem que manifestara em outros casos, enfrentando a ira dos militares, em defesa dos seus clientes.

Contei para os velhos como tinha sido a minha prisão e por onde andara depois de preso, poupando-os de detalhes sobre as torturas que sofrera. Combinamos que meus pais viriam visitar-me a cada duas semanas. Como os pais do Celso também eram de Campinas, acertamos que eles intercalariam as visitas. Numa semana viriam os pais do Celso, na outra, os meus. Tentei transmitir-lhes um pouco de confiança. Disse que sabia que a cadeia era uma possibilidade no roteiro de vida que escolhera e que saberia agüentar o tranco. Mas a despedida foi plena de insegurança. No fim da tarde, os carcereiros liberaram o material que haviam enviado, depois de uma severa revista: roupas, livros, comida, especialmente doces. Muitos doces. Mamãe era uma cozinheira de mão cheia. Ficou famosa na Ilha das Flores pelas esquadrilhas de brigadeiros, caixas de bombocados, doces de abóbora em calda que desmanchavam na boca. Nos dias em que recebia visitas, minha cela era assaltada por companheiros ávidos pelos quitutes de dona Marina.

Aos poucos, fui entrando na rotina pachorrenta da cadeia. Muita conversa, alguma leitura, animadas partidas de baralho. O banho de sol de uma hora, na quadra de futebol de salão cercada de arame farpado e por fuzileiros navais armados, era um dos momentos mais aguardados, mesmo quando o tempo estava nublado. Quem quisesse tomar sol fazia fila junto à grade. Depois de aberta, descíamos a escada e tomávamos o rumo da quadra, escoltados pelos fuzileiros. No final da fila, dois soldados conduziam cães Doberman.

Nos primeiros dias, não participei de nenhuma atividade esportiva — animadas partidas de futebol de salão ou basquete —, já que minhas costelas ainda estavam muito doloridas. Aproveitei para curtir o sol e boas conversas. Num desses papos, Guarany contou-me como tinha sido capturado. Na noite do dia em que Bacuri e eu fomos presos, ele pegou o fusca do pai e foi até a pensão em São Cristóvão, onde moravam Nelson e Maria. Levou-os para um apartamento que havia alugado em Copacabana, onde já se encontrava o Antônio Sérgio.

Guarany estava de saída do Rio, a caminho do norte do país. Na sexta-feira, 21 de agosto, pôs um anúncio no jornal para vender o seu fusca marrom, dando o endereço da farmácia do pai para contato. No sábado, apareceram dois interessados. Olharam o carro e disseram que topavam comprá-lo, propondo uma ida até um bairro suburbano, onde pagariam com dinheiro vivo. Guarany respondeu que estava com pressa: se quisessem fechar o negócio deveriam trazer o dinheiro. Não voltaram como compradores. No domingo pela manhã, quando Guarany se preparava para sair da farmácia do pai, no Leme, onde era gerente, entrou um cliente conhecido e comentou:

— Faz mais de uma hora que não entra nenhum carro na Gustavo Sampaio.

O Leme fica encravado na encosta do Morro de São João, ao norte da praia de Copacabana. Apenas duas vias dão acesso ao bairro, a Rua Gustavo Sampaio e a Avenida Atlântica. Guarany não deu muita atenção ao comentário, preocupado em não chegar tarde ao encontro. Saiu da farmácia, entrou num táxi estacionado na Gustavo Sampaio. Rodou poucos metros. O táxi foi fechado por um carro e um grupo de policiais armados cercou-o, retirando Guarany e colocando-o num Corcel. Os dois homens que queriam comprar o fusca faziam parte da equipe de captores.

Narrei para Guarany os detalhes da minha prisão. Concluímos que estávamos sendo seguidos há vários dias, antes de sermos presos. Era inevitável admitir que havia alguém infiltrado na ALN da Guanabara. Alguém que fornecera pistas suficientes para que nos seguissem. Fixamos nossas suspeitas em três pessoas que haviam aderido à ALN no primeiro semestre. Giba, que viera da VPR, alegando que perdera o contato com sua organização de origem, depois da queda do esquema de treinamento do Vale da Ribeira. Artur e Tio, que alegaram ter sido militantes da Frente de Libertação Nacional, uma organização que nascera no sul do Brasil formada por ex-militares cassados depois do golpe de 64.

A FLN fora praticamente dizimada pela repressão no começo de 1970. Artur e Paulo contaram ter escapado das prisões e aderido à VAR-Palmares da Guanabara. Logo depois, todo o comando dessa organização foi preso. Artur e Tio teriam escapado. Em seguida, contataram uma simpatizante da ALN, muito conhecida pela repressão por seus contatos com a esquerda armada. Retomaram a cantilena de que eram militantes que haviam sobrevivido às quedas da VAR e queriam um contato com alguma organização, para prosseguirem na luta armada. Ofereceram como dote algumas armas, inclusive metralhadoras portáteis, tão necessárias para os combates urbanos, e um aparelho ainda desconhecido pela repressão.

A mensagem chegou até a coordenação regional da ALN em maio de 1970, um momento em que a organização precisava de armas e aparelhos. Tal oferta ofuscou os cuidados elementares de checar o passado dos dois. Feito o contato, Artur passou a atuar como motorista na GTA do Rio e Tio foi destacado para atuar junto com Bacuri, que operava num esquema à parte, preparando o seqüestro de um diplomata.

Depois de esmiuçarmos detalhes sobre a atuação de Artur e Tio, concluímos que eram os mais fortes candidatos a agentes infiltrados responsáveis pela prisões de agosto. Guarany e eu nos comprometemos a usar canais seguros para fazer chegar essas suspeitas aos companheiros da ALN ainda em liberdade. No final de setembro, nossa mensagem chegou ao seu destino e, no retorno, soubemos que a ALN estava preparando um novo seqüestro e que os nomes de Guarany e o meu figurariam na lista dos militantes cuja libertação seria pedida em troca da liberdade do embaixador.

Esperávamos por isso. Nosso comportamento sob tortura tinha sido inatacável. Era apenas questão de tempo. Enquanto não vinha a libertação, tratávamos de aproveitar a cadeia, conhecendo outros companheiros, sentindo o pulso da realidade de outras organizações. Os militantes presos representavam o microcosmo da esquerda brasileira.

Na Ilha das Flores, tomei contato com as diversas vertentes da esquerda brasileira. As idéias mais instigantes e provocativas vinham de Wilson, também conhecido por Negus. Um gigante intelectual. Professor de História na universidade, aderiu à revolta contra a ditadura e acabou optando pelo caminho da luta armada. Um preto culto, brilhante e muito forte. Adepto do halterofilismo, Negus costumava fazer alentadas sessões de exercícios antes de ir para uma ação armada. Com os músculos inchados, colocava uma camiseta dois números menor, que acentuava a sua musculatura. Era uma figura assustadora para bancários sob a mira de uma metralhadora. Costumava alertá-los dizendo que, se fossem interrogados pela polícia, dissessem que tinham visto um homem alto, louro e magro portando a metralhadora. Era convincente. Logo os relatos de assaltos a bancos no Rio eram dominados pela figura desse guerrilheiro alto, louro e forte. Nunca se ouviu falar de um crioulo forte, baixo e atarracado.

A inteligência de Negus era mais poderosa do que seus músculos. Irônico, dizia que os militantes da Ação Popular iam para a fábrica e transformavam-se em simples operários, para fazer penitência de origem pequeno-burguesa. Para ele, os intelectuais da Polop, uma organização baseada entre intelectuais do Rio e São Paulo, eram esquizofrênicos, pois uniram-se a um grupo de ex-militares completamente porras-loucas para criar a VPR (Vanguarda Popular Revolucionária, organização de luta armada), como se quisessem remover o bem cuidado verniz de intelectuais.

A ironia de Negus era fulminante. Um dia, na hora do banho de sol, um grupinho mais chegado estava sentado num canto da quadra, quando Zé Duarte, um ex-marinheiro cassado em 1964 por sua participação no movimento dos marinheiros, propôs solene:

— Tenho um esquema infalível para sairmos daqui. O negócio é trazer um revólver desmontado, em partes...

Antes que detalhasse o plano, Negus cortou:

— Você sabia que tem uns quinhentos fuzileiros aqui na Ilha, cuja única diversão é impedir que fujamos e cuja maior expectativa é meter uma bala no puto de um terrorista que tentar fugir? E você quer abrir caminho até o portão, atravessar a ponte que nos liga ao Continente e fugir por aí. Nem voando. O único jeito é inventar um elixir que nos torne invisíveis.

Tornar-se invisível é uma das fantasias recorrentes de todos os prisioneiros. Muitos sonham com a possibilidade de cobrir-se com o manto da invisibilidade e passar pelos guardas. Nesses sonhos, os mais ousados arriscam fazer gestos obscenos para seus guardiões, enquanto passam pelos portões, rumo à liberdade. A invisibilidade habita os sonhos dos prisioneiros enquanto a transparência domina a vida quotidiana. O convívio forçado, um dia após o outro, anos a fio, torna impossível esconder hábitos, vícios, defeitos e qualidades dos companheiros de prisão.

No caso dos presos políticos, quase todos chegam em seus trajes típicos de revolucionários: ousados, destemidos, vanguardistas, corajosos e desprendidos. Aos poucos, tornam-se transparentes. A imagem idealizada perde o foco. Muitos não conseguem conviver com este despojamento e se isolam. Outros beiram as raias da loucura ao confrontarem-se com suas reais dimensões humanas. Muitos, porém, humanizam-se neste processo.

Capítulo 12

Paraíso tropical

Buenos Aires, Roma, Cuba e São Paulo
Janeiro de 1970, novembro e dezembro de 1969

Todos são iguais diante da tortura. Essa era a lei, originada nos porões do aparelho repressivo, que imperava no Brasil no começo de 1970, reflexo da paranóia institucional anticomunista da ditadura militar. O padre que participava de uma passeata poderia tornar-se o apoio da guerrilha; o intelectual que escrevia um artigo contra a censura à imprensa poderia virar um perigoso assaltante de bancos; o operário que protestava contra o arrocho salarial poderia converter-se num fabricante de bombas. Em nome desse raciocínio, a madre que protegia um perseguido político era considerada como um inimigo do regime e, portanto, poderia ser presa e estuprada por policiais. Todos eram torturados democraticamente.

Fugir do Brasil era a única opção para muitos perseguidos. Logo depois do golpe de 31 de março de 1964, milhares de brasileiros foram para o exílio. Nova leva saiu depois do AI-5, de 13 de dezembro de 1968. No começo, a porta para o exílio era uma embaixada, mas em 1970 já não era tão fácil conseguir asilo.

Mauro militava na Frente de Massas em São Paulo. Logo no começo de janeiro soube que um amigo, que também atuava na ALN, havia sido preso e levado para a OBAN, na Rua Tutóia. Achou que o próximo seria ele. Procurou seu pai, um empresário paulista, e pediu ajuda. Concluíram que Mauro deveria ir para a França e, na mesma noite, ele embarcou para Paris, de onde só voltou em 1982, depois da Anistia. Teve muita sorte, porque estava acostumado a viajar para o exterior e tinha um passaporte válido.

Era uma exceção, pois naquela época a classe média viajava muito pouco para o exterior e o custo das passagens era proibitivo. Passaportes eram emitidos pela Polícia Federal, que tinha a ficha de todas as pessoas procuradas pelos órgãos repressivos. Além disso, os aeroportos eram muito vigiados, cartazes com as fotografias dos "terroristas" presos nas paredes, e havia poucos vôos diretos para o Exterior. Restavam as fronteiras terrestres, especialmente pela Argentina, onde apenas carteira de identidade, documento mais fácil de obter ou falsificar, era exigida nos postos de controle.

Foi este o caminho escolhido por Franklin para sair do Brasil. Era um dos quadros mais procurados pela repressão no final de 1969, pois participara do seqüestro do embaixador Elbrick, em setembro daquele ano. Quase todos os participantes da ação haviam sido presos. Franklin e Toledo tentavam sair do país. Toledo mostrou documentos falsos para os policiais e embarcou de ônibus para Buenos Aires. Franklin tomou uma rota mais tortuosa.

Um simpatizante levou-o de carro até o convento dominicano em São Leopoldo, cidade próxima de Porto Alegre, onde se fez passar por um seminarista carioca. Propuseram-lhe que fosse de ônibus até Montevidéu. Franklin objetou, lembrando que era um dos caras mais procurados no Brasil e não poderia simplesmente tomar um ônibus internacional em Porto Alegre. Ficou combinado que deveria seguir para Uruguaiana, onde procuraria uma noviça, que lhe serviria de apoio para atravessar para a Argentina por terra.

Franklin pegou um ônibus em Porto Alegre e foi recebido na rodoviária de Uruguaiana pela jovem noviça, que o levou para uma casa paroquial. A jovem ainda tinha dúvidas, se deveria ou não aceitar os votos, e queria aconselhar-se com Franklin, mas um telefonema cortou o papo. Ao atender a ligação, a noviça ficou lívida: o Dops gaúcho invadira o convento de São Leopoldo e fizera várias prisões. Se alguém falasse sob tortura, a polícia poderia chegar até os pontos de conexão da rede em Uruguaiana. Não dava para perder tempo.

A noviça lembrou-se de que era amiga da mulher de um tenente do Corpo de Fuzileiros Navais, tropa que guarnecia a fronteira e a ponte para Paso de Los Libres. Convidou-a para fazer compras no lado argentino e atravessaram a ponte no carro do tenente, levando a bordo o seminarista que estava de passagem pela cidade. Passaram sem problemas e, do outro lado, Franklin seguiu para o aeroporto. Por sorte, havia um vôo para Buenos Aires horas depois.

Desceu no Aeroparque, no centro da capital argentina e, no dia seguinte, cobriu um ponto com Matias, militante da ALN, que o encaminhou para Angel, da esquerda peronista. Um alfaiate judeu, ex-militante do Partido Comunista Argentino, o escondeu por um tempo. A solidariedade dos argentinos foi fraternal. Dois deles tiraram passaportes e entregaram-nos para Angel. Removeram as fotos e trocaram-nas cuidadosamente pelas dos militantes da ALN e do MR-8, refazendo os carimbos. Matias e Franklin sairiam com uma semana de intervalo.

Nos dias anteriores, Buenos Aires estivera congestionada com a presença de guerrilheiros brasileiros que tentavam escapar da prisão. Toledo chegou no dia 3 de novembro e imediatamente tomou um avião da Aerolineas Argentinas para Paris. Antes, contatou um grupo, remanescente do GTA da ALN de São Paulo, que esperava o dinheiro destinado à compra de passagens para a Europa. Já tinham os passaportes falsos, mas nada da grana. Como não havia dinheiro suficiente, os seis militantes compraram passagens num vôo da Varig para Santiago do Chile e seqüestraram o Boeing 707 PP-IVIX com 89 passageiros a bordo, forçando os pilotos a seguir para Havana, onde chegaram em 4 de novembro.

Franklin e Matias demoraram mais para chegar à capital cubana. Franklin foi o primeiro a sair e, junto com Angel, seguiu para Ezeiza, onde tomaria o avião da Alitalia para Roma. Como não falava bem espanhol, vestiu um cachecol, apesar do calor úmido de Buenos Aires, fingindo que estava com uma inflamação na garganta. Angel respondia às perguntas. Deu sorte. Embarcou sem problemas e chegou em Roma na véspera do Natal. De Fiumiccino pegou um ônibus até Termini, o grande terminal ferroviário do centro da cidade, e alugou um quarto numa pensão barata.

Saíra de Buenos Aires com 20 dólares no bolso. No avião ofereceram um conhaque. Pensou que era de graça e chegou em Roma com 15 dólares. Pagou o ônibus para Termini e restaram dez. No mesmo dia foi até a embaixada cubana fazer contato, mas estava fechada. Era véspera de Natal.

Franklin resolveu curtir a cidade, sem pompas, a pé. Ao passar por um café na Via Veneto foi surpreendido pelo sorriso de uma linda mulher, elegante em um casaco de peles. "É comigo mesmo", pensou, no calor de seus 22 anos, quase dois metros de altura, porte ereto de lutador de judô. Pegou a mesa ao lado e, numa mistura de espanhol e português, perguntou se poderia sentar-se com a bela romana. Tomaram um café. Franklin sacou que era uma puta de classe. Logo, ela propôs um encontro num hotel próximo. Frustrado, ele contou que tinha acabado de chegar e estava duro. Mereceu um consolo, pois a mulher disse que, se não fosse Natal, um dia muito movimentado, faria apenas por prazer. Despediram-se. Ela, pelo menos, fez questão de pagar os dois cafés, para alívio de Franklin.

De volta para a pensão, viu uma máquina que vendia cigarros e teve que tomar uma dura decisão: jantar um prato de sopa ou comprar a marca mais barata de cigarros, o Nazionale. Por sorte, optou pelo vício. Colocou 300 liras em moedas, apertou o botão e nada do cigarro. Puto da vida, chutou e espancou a máquina. Eis que cai uma moeda de 100 liras. Novas batidas e mais duas. Olhou de lado e continuou batendo. Capturou 600 liras. Passadas duas horas voltou até a máquina e sacou mais 600 liras. Belo presente de Natal. Um prato de sopa à noite foi a recompensa. Com o estômago aquecido, retornou à pensão.

No dia seguinte, retornou à máquina de cigarros para recolher mais uns trocados e viu uma aglomeração no local em volta de dois soldados de licença e um camponês idoso com o neto. O velho reclamava aos berros as moedas engolidas. Franklin chegou perto, pediu licença aos italianos e, com três firmes pancadas, liberou as 300 liras do camponês. Os soldados exultaram. Jogaram os chapéus para o alto. Acabaram todos numa taverna, comemorando o Natal com vinho barato.

A vida melhorou um pouco no dia 26, quando a embaixada cubana reabriu. Franklin encontrou seu contato, recebeu dinheiro e um ponto em Praga, na Checoslováquia. No avião da Alitalia, encontrou Ivan, um militante da ALN já conhecido, que também seguia para a Ilha. Ficaram no luxuoso hotel Internacional. O adido cubano deu-lhes uma preciosa dica:

— Temos um acordo com esses burocratas checos e não pagamos as despesas do hotel com divisas. Aproveitem, comam e bebam à vontade, pois a situação em Cuba é de penúria, devido ao bloqueio ianque. É só assinar as notas.

Franklin e Ivan não precisaram de maior incentivo. Na primeira tentativa de sair, quase congelaram, pois não tinham casaco e o inverno em Praga era terrível. Ficaram quatro dias no Internacional, inclusive durante o *réveillon,* comendo caviar e bebendo champanhe da Armênia. No dia 2 de janeiro de 1970 pegaram um velho turbo-hélice Britania de Cuba rumo a Havana: uma viagem de 28 horas, com escalas em Shanon, na Irlanda, e Halifax, na Terra Nova canadense. Só para começar, passaram oito horas parados dentro do avião, no aeroporto de Praga, enquanto eram feitos reparos. Na escala em Shanon, a aeronave só decolou na segunda tentativa. Dos 90 lugares disponíveis, 60 eram ocupados por uma delegação de disciplinados esportistas da Coréia do Norte.

Franklin e Ivan deram boas risadas em Halifax. Um pouco antes de pousar, uma das comissárias informou em espanhol, pelo sistema de som, a temperatura local. O chefe da delegação esportiva não entendeu corretamente o comunicado, pensou que a temperatura era de 10°C positivos. Os atletas desceram sem sobretudo e foram se perfilando ao lado da escada, para formar o grupo. Tremiam e saltitavam, pois a temperatura era de 25°C abaixo de zero.

Franklin e Ivan desembarcaram no paraíso tropical e socialista cubano no dia 3 de janeiro. Fariam o treinamento avançado de guerrilha com as Forças Armadas Revolucionárias de Cuba (Farc).

Enquanto isso, no Brasil, escondido num barraco na represa de Billings, eu estava preocupado: os estudantes da frente de Massas que me levaram até lá e tinham ficado de me buscar no dia 2 de janeiro, não apareceram. No dia 6 voltei de ônibus para São Paulo. Era muita teimosia, pois depois de perder o contato com a ALN tentava retomá-lo. Disciplinado, queria seguir para Cuba conforme a missão que me fora determinada. Liguei para Ronaldo, amigo do coração, e pedi ajuda. Marcamos um encontro na Avenida Paulista, num ponto de ônibus, perto do Paraíso. Na hora marcada, vi a Kombi velha de guerra que Ronaldo usava para trabalhar. Apesar do trânsito pesado, recebi um abraço carinhoso tão logo entrei.

— Grandão, a essa hora achei que já estavas bem longe do Brasil.

Expliquei que tinha ficado escondido num aparelho indicado pela organização, mas ninguém aparecera para me resgatar. A hipótese mais provável era que meu contato tivesse caído.

— Não posso contar com o apoio da ALN, pois tem havido uma sucessão de prisões. Você tem um lugar em que eu possa ficar?

— Hoje, não, mas daqui a três dias meu irmão vai para a praia com a família. Vou perguntar se podes ficar na casa dele.

Decidimos que, até lá, eu ficaria num hotel que Ronaldo conhecia na Barão de Rio Branco, em Santo Amaro, bem afastado do centro da cidade. Seguimos para o hotel, registrei-me, deixei minha mala e voltei para a Kombi. De um telefone público, liguei para a casa de Bebel. Por sorte, era hora do almoço. Fingimos combinar um cinema e marcamos um encontro na frente do Belas Artes, na Rua da Consolação. Ronaldo deixou-me perto e marcamos um ponto para dali a três dias. Bebel chegou dez minutos atrasada e fomos tomar um chope num bar em frente ao cinema. Emocionada, explicou que chegou a pensar que eu tivesse sido preso. Bebel era do esquema de infra-estrutura da ALN e já sabia de uma nova fornada de prisões.

— Tião foi preso e caiu todo o esquema da fábrica de armas e explosivos. Por isso ninguém foi buscá-lo. Mas você teve muita sorte. O que pretende fazer agora?

— Sou muito teimoso ou muito disciplinado. Você consegue arrumar um novo ponto com a Coordenação Regional? Quero sair do país, mas dentro do esquema da ALN: ir para Cuba participar do treinamento de inteligência, conforme ficou combinado com Toledo.

— Tenho contato com a Coordenação Provisória. Alguém que você conhece muito bem. Vou conversar e amanhã darei uma resposta.

No dia seguinte, o ponto foi numa lanchonete da Rua Sergipe, ao lado do Cemitério da Consolação. Bebel chegou com Geraldo, um estudante de engenharia, meu companheiro na Dissidência Estudantil de São Paulo.

— Porra, Grandão, você escapou por pouco! Os estudantes secundaristas que o levaram para a represa foram presos. Não apanharam muito, porque disseram que eram meros simpatizantes. Já o Tião caiu mesmo e está sendo brutalmente torturado na OBAN.

Saímos do bar e nos despedimos da Bebel, íamos fazer um acerto que ela não precisava saber. Geraldo explicou que a ALN estava sendo desestruturada, desde o seqüestro do embaixador norte-americano. Os dois GTAs de São Paulo tinham sido dizimados. Quase 500 pessoas presas em todo o Brasil, entre militantes e simpatizantes. Minha ida para Cuba continuava de pé, mas eu teria que dar um tempo até que remontassem o esquema de saída do Brasil. Perguntou se eu tinha onde ficar. Diante da minha resposta positiva marcamos um ponto para 31 de janeiro, bem como alternativas, com senhas e contra-senhas, caso ele fosse preso e outra pessoa da direção tivesse de cobrir o ponto. A despedida foi mais emocionada do que o normal, pois pelo andar da carruagem não havia certeza de nada.

Passei dois dias vagueando pela região de Santo Amaro, com idas ao cinema e à biblioteca pública, evitando circular muito pelas ruas. O encontro com Ronaldo foi no Brooklin. Seu irmão já tinha viajado e concordara em ceder-me a casa.

— Está tudo certo. Ele já fez compras e deixou a geladeira e a despensa abastecidas. Colocou a biblioteca à disposição, pois você vai ter muito tempo para ler. Os vizinhos sabem que Cláudio viajou e acham que a casa vai estar vazia. Evite fazer barulho e não deixe que vejam luzes. Você só sairá escondido dentro do meu carro.

Topei sem contestação. Achava que seria a maior moleza. Não foi. Passei 30 dias na casa, sozinho. Era um sobrado geminado, parede a parede com o vizinho, de frente para uma praça. Não podia sair sem ser percebido pelos vizinhos. Fiquei num quarto dos fundos, no lado oposto da casa vizinha. A veneziana permanecia sempre fechada e cobri a janela com cobertores, para que a luz não vazasse. Não dava para ligar a televisão, mas não senti falta, já que nunca tivera um aparelho, nem na casa dos meus pais, nem onde morei em São Paulo. Não era ligado em TV. De vez em quando, na casa da Bebel, via capítulos da novela *Beto Rockefeller*, na Tupi. Achava legal, muito moderna, rompendo com os dramalhões chorosos.

Ouvia o noticiário no rádio, bem baixinho, e devorava a

biblioteca. Duas vezes por semana Ronaldo trazia mantimentos e jornais. As notícias de prisões eram perturbadoras. Uma noite, ouvi barulho no térreo. Coloquei a pistola 45 na cintura, peguei uma granada de mão, retirei o pino e desci a escada sem fazer barulho. Todo cuidado era pouco; se soltasse o gatilho da granada de mão, ela explodiria em segundos. No escuro, sondei o andar inferior. Da cozinha, veio um ruído: era um gato que raspava a lata de lixo no quintal. Com o cu na mão, tive que recolocar o pino da granada, travando novamente o gatilho — tudo no escuro, tateando, suando frio. Levei cinco minutos para conseguir travar o pino, mas estava com os nervos em pandarecos.

No final de janeiro, não agüentava mais ficar escondido, ainda que seguro. Engordara vinte quilos desde novembro, apesar de não comer demais; era a tensão e o fato de não poder fazer exercícios, já que nos últimos vinte dias sequer podia andar na rua. No dia 31 fui encontrar Geraldo. Passou-me uma nova carteira de identidade falsificada em nome de Riccieri Dellova, mas ainda não tinha novidades quanto à viagem para Cuba. Pediu um tempo e marcamos um novo ponto.

Voltei para o sobrado do irmão de Ronaldo, onde fiquei mais quatro dias. Antes de chegar, liguei para Hugo, velho amigo da Física da USP e pedi ajuda. Não vacilou e me ofereceu uma cama em sua casa, apesar de ser casado e ter uma filha de quase dois anos. Pelo menos não estava mais solitário. Curti muito a pequena Daniela e servia de babá enquanto eles iam trabalhar. Jogamos conversa fora, muitas partidas de buraco. Foi a última vez, em muitos anos, que pude conviver com uma família. No dia combinado, Geraldo avisou-me que eu deveria ir para o Rio, onde providenciariam minha saída do país. Passou-me um ponto na Rua Conde de Bonfim, 2.000, na Tijuca, na tarde de 19 de fevereiro. Depois da despedida carinhosa, saí pensando se conseguiria mesmo ir para Cuba. Parecia um destino muito incerto.

Capítulo 13

O sonho acabou

Ilha das Flores, Presídio da Frei Caneca
Rio de Janeiro
Novembro de 1970 a outubro de 1971

Cada um ganha a sua real dimensão na cadeia. Um importante dirigente revolucionário, por exemplo, que tinha comandado o movimento dos camponeses no Nordeste antes de 1964, assumia a postura de líder internacional comunista. Na primeira vez que o encontrei, preocupou-se em contar, com coloridos detalhes, seus encontros com lideres revolucionários — como Patrice Lumumba, do Congo, e Che Guevara — ou a maneira como foi recebido, ao chegar em Moscou, por importantes dirigentes do Comitê Central do Partido Comunista. Logo descobri que era um mitômano, com uma mórbida propensão para a mentira. Os encontros que descrevera eram produtos de sua fantasia, mas ele acabou acreditando naquilo que havia inventado, talvez como forma de fugir à realidade.

Outros companheiros, envergando o fardão de líderes do proletariado mundial, escondiam a comida que recebiam de casa, para saboreá-la sozinhos na calada da noite.

Ninguém mais pequeno-burguês — segundo o clichê revolucionário —, do que Jorge, tanto que recebeu o nome de guerra de Bom Burguês, numa alusão ao dinheiro que transferira para as organizações de esquerda. Jorge gostava de comer bem e de compartilhar esses prazeres. A comida do presídio era horrorosa, mas logo comecei a engordar, abastecido pelas delícias que a mulher de Jorge trazia a cada visita. Rapaz do interior, acostumado ao chamado trivial simples, fui iniciado nos prazeres da boa mesa durante o convívio com Jorge e aprendi a distinguir um queijo Brie de um Port Salut.

Bons queijos exigiam bom vinho, mas, infelizmente, era proibido o ingresso de bebidas alcoólicas no presídio. Logo numa das primeiras visitas, perguntei a papai se seria muito complicado fazer vinho na cadeia. Engenheiro agrônomo, especializado em viticultura e enologia, ele narrou o processo produtivo, enquanto eu fazia adaptações em minha cabeça para a realidade carcerária. Com um pouco de criatividade, dava para produzir vinho na cadeia.

De volta à cela, comentei essa possibilidade com o Jorge e logo fizemos o rol do material necessário: baldes de plástico para a fermentação, recipientes de plástico com tampa. Na visita seguinte encomendamos os equipamentos e a matéria-prima. Nossas famílias trouxeram cargas pesadas de uvas. Depois que a cela foi fechada, no toque de recolher, as uvas foram esmagadas e colocadas em baldes de plástico; uma vez fechados, ganharam lugar no fundo da cela, perto do balde que usamos para fazer xixi à noite. O cheiro da urina dominava as emanações alcoólicas. Deixamos a uva fermentando três dias, coamos a mistura e colocamos as cascas e a borra primeiro num saco de lixo, depois na privada. O líquido, ainda sem teor alcoólico, foi despejado em recipientes de plástico tampados. Deixamos uma pequena parte vazia e fizemos um pequeno furo na tampa, por onde foi passado um estrei-

Arquivo/AE

Ottoni (com o megafone) em uma manifestação do Conjunto Residencial da Universidade de São Paulo, na Cidade Universitária da capital paulista, em 1968.

Carlos Eduardo Pires Fleury, no pátio do Grêmio da Faculdade de Filosofia, Ciências e Letras, em julho de 1968.

Aurora Nascimento Furtado, a Lola (à direita), com seu companheiro José Roberto Arantes de Almeida (à esquerda), na praia de Guarujá, São Paulo, em fevereiro de 1969.

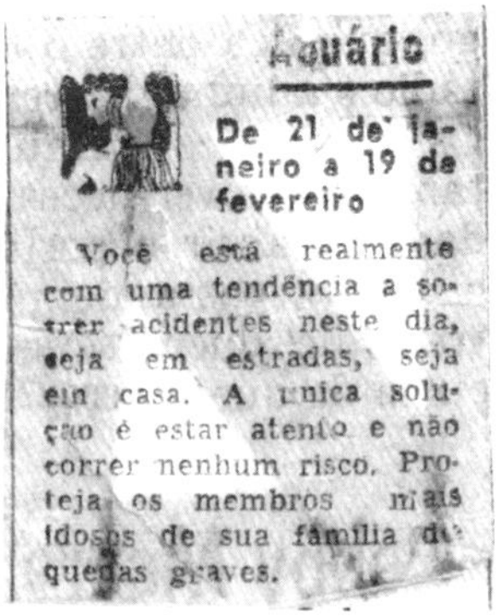

Aquário

De 21 de janeiro a 19 de fevereiro

Você está realmente com uma tendência a sofrer acidentes neste dia, seja em estradas, seja em casa. A única solução é estar atento e não correr nenhum risco. Proteja os membros mais idosos de sua família de quedas graves.

Reprodução de horóscopo de Aquário (o signo de Ottoni), publicado em *O Globo* no dia de sua prisão, 21 de agosto de 1970, recortado de um jornal no dia 25 de agosto de 1970 e guardado desde então.

1° Batalhão de Polícia do Exército, na Rua Barão de Mesquita no Rio de Janeiro, que foi um local de torturas nos anos 70.

Agência O Globo

Interrogatório na Auditoria da Aeronáutica do Rio de Janeiro, dezembro de 1970: da esquerda para a direita, Francisco Roberval Mendes, Reinaldo Guarany Simões e Ottoni Fernandes Júnior.

Interrogatório de subversivo: cinco horas na Auditoria

Durante cinco horas — das 13 às 18 — o Conselho Especial de Justiça da 1.ª Auditoria da Aeronáutica qualificou e interrogou ontem Otoni Guimarães Fernandes Júnior, acusado de participação em dois assaltos a banco, num dos quais morreu um agente de segurança.

Oito estudantes são acusados no mesmo processo, mas apenas três dêles encontram-se detidos. O Juiz-Auditor João Nunes das Neves marcou para o próximo dia 11 os depoimentos dos outros dois, Reinaldo Guimarães Simões e Francisco Roberval Mendes.

Denúncia

Otoni Guimarães afirmou perante o Conselho Especial de Justiça que anteriormente prestara depoimentos sob coação moral e física. Muitas vêzes — afirmou — as respostas já estavam prontas e era obrigado a concordar. Negou qualquer participação tanto no assalto à agência Leblon do Banco Comércio e Indústria de Minas Gerais (a 24-6-70) quanto no assalto à agência Ramos do Banco Nacional de Minas Gerais (a 19-8-70), onde morreu o agente Wagner Lúcio Vitorino Silva. Mesmo declarando não pertencer à Ação Libertadora Nacional, o acusado admitiu simpatizar com seu programa.

O juiz-auditor interrompeu diversas vêzes o acusado, alegando que as suas denúncias de tortura não poderiam constar do processo — o que provocou protestos do pai de Otoni. Êle foi o único dos três enquadrado no artigo 16, parágrafo único, da Lei de Segurança Nacional, que prevê pena de morte. Seus companheiros Reinaldo e Francisco, também detidos na Ilha das Flôres, estão enquadrados em outros artigos da mesma lei. O Promotor José Manes Leitão também denunciou os estudantes Eduardo Leite, Antônio Márcio de Matos, Hélcio Pereira Fortes, Aldo Sá Brito Sousa Melo e Sônia Maria Ferreira. A defesa de Otoni estêve a cargo dos advogados Osvaldo de Mendonça e Técio Lins e Silva.

Formam o Conselho da 1.ª Auditoria da Aeronáutica o Tenente-Aviador Gilberto Teles, e os Majores Carlos Picorelli Figueiredo, Luís Carlos da Silva e Flávio Coimbra Barbosa.

Recorte de matéria publicada no *JB* sobre o interrogatório de Ottoni Fernandes Júnior na Auditoria da Aeronáutica do Rio de Janeiro, em 3 de dezembro de 1970.

A Aeronáutica vai dizer hoje se Ottoni deve viver

A sentença será dada hoje, e Ottoni Guimarães Fernandes Júnior poderá ser condenado à morte ou à prisão perpétua. Êle e Antônio Sérgio de Matos, Hélcio Pereira Fortes e Sônia Maria Ferreira Lima (que estão foragidos) participaram de um assalto à agência Ramos do Banco Nacional de Minas Gerais, ocasião em que foi morto o guarda bancário Wagner Lúcio Vitorino da Silva. O julgamento, que está sendo feito na 1ª Auditoria da Aeronáutica, no Rio, foi muito longo, ontem, e por isso continuará hoje, quando será dada a sentença. A defesa de Ottoni é que êle não foi reconhecido como o homem que atirou no guarda.

Recorte de matéria publicada no *Jornal da Tarde* de São Paulo no dia 19 de setembro de 1971, sobre o resultado do julgamento de Ottoni Fernandes Jr. na Auditoria da Aeronáutica.

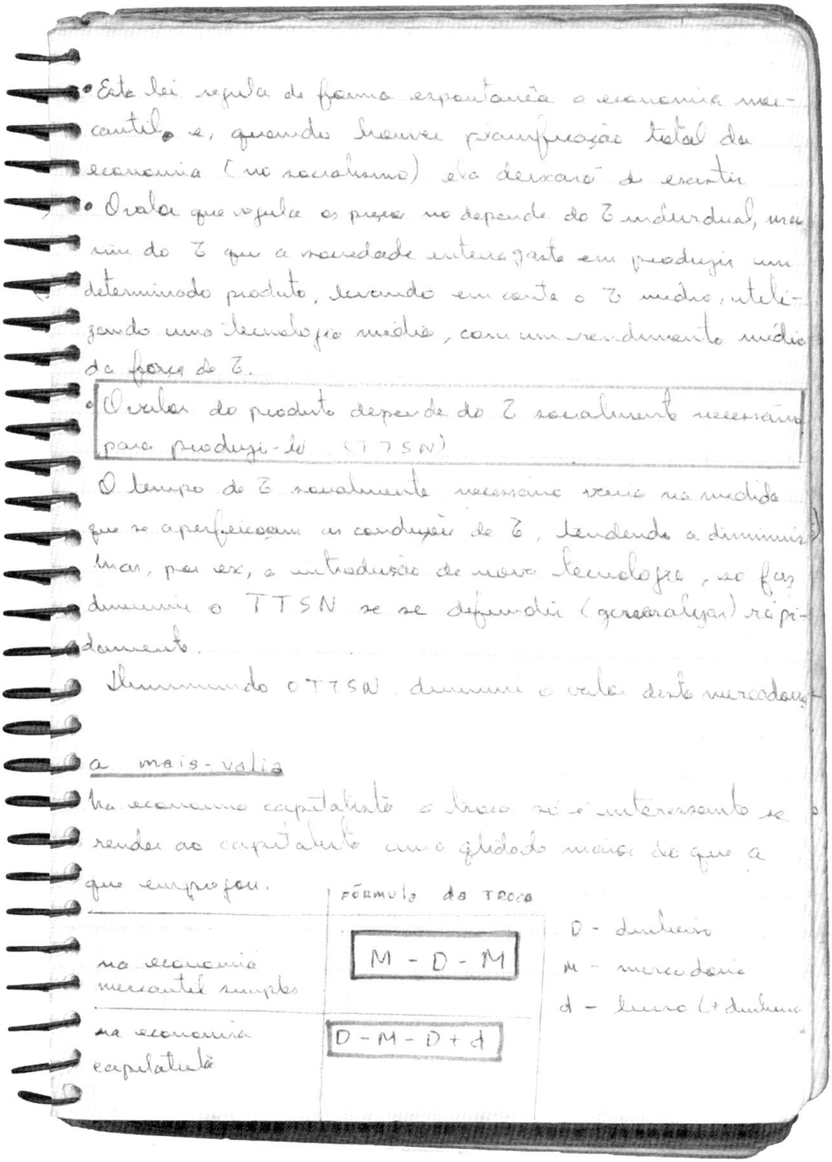

• Esta lei regula de forma espontânea a economia mercantil, e, quando houver planificação total da economia (no socialismo) ela deixará de existir
• O valor que regula os preços não depende do T individual, mas sim do T que a sociedade inteira gasta em produzir um determinado produto, levando em conta o T médio, utilizando uma tecnologia média, com um rendimento médio da força de T.
• O valor do produto depende do T socialmente necessário para produzi-lo (TTSN)

O tempo de T socialmente necessário varia na medida que se aperfeiçoam as condições de T, tendendo a diminuir mas, por ex., a introdução de nova tecnologia, só faz diminuir o TTSN se se difundir (generalizar) rapidamente.

Diminuindo o TTSN diminui o valor desta mercadoria

a mais-valia

Na economia capitalista a troca só é interessante se render ao capitalista uma qtidade maior do que a que empregou.

	fórmula da troca
na economia mercantil simples	M - D - M
na economia capitalista	D - M - D + d

D - dinheiro
M - mercadoria
d - lucro (+ dinheiro)

Reprodução de página do caderno de anotações de Ottoni Fernandes Jr. — Ilha Grande, 1973.

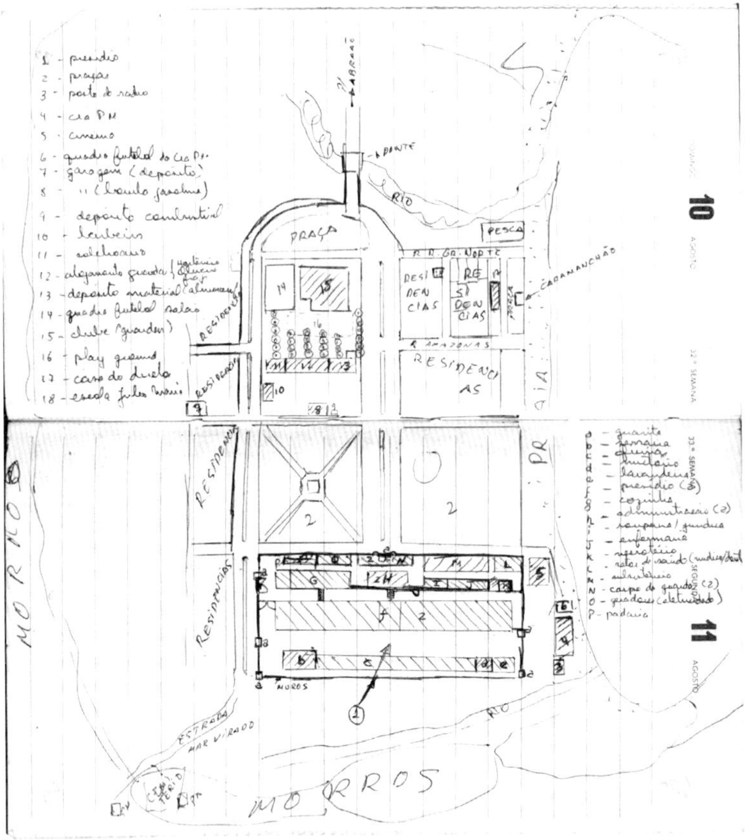

Mapa da Ilha Grande feito por Ottoni Fernandes Jr. em outubro de 1975 e preservado em uma agenda.

RELAÇÃO DOS PRESOS POLÍTICOS

NOME	MATRÍCULA
01) - ACIMAR FERNANDES	nº 11.375
02) - ALEX POLARI DE ALVERGA	nº 12.207
03) - ALÍPIO CRISTIANO DE FREITAS	nº 11.539
04) - CÉLIO DE SOUSA MARQUES	nº 12.417
05) - CÍCERO GOMES DA SILVA	nº 12.596
06) - CLAÚDIO TORRES DA SILVA	nº 12.218
07) - COLOMBO VIEIRA DE SOUZA JÚNIOR	nº 11.678
08) - HERMES MACHADO NETO	nº 12.784
09) - HÉLIO DA SILVA	nº
10) - FERNANDO PALHA FREIRE	nº 11.679
11) - JARBAS SILVA MARQUES	nº 12.415
12) - JOAQUIM AURÉLIO DE OLIVEIRA	nº 12.767
13) - JOACY PEREIRA DE MAGALHÃES	nº 11.525
14) - JOSÉ MICHEL GODOY	nº 9.902
15) - JOSÉ ANDRÉ BORGES	nº 8.620
16) - JOSÉ ROBERTO GONSALVES DE RESENDE	nº 12.856
17) - JORGE SANTOS ODRIA	nº 11.637
18) - JORGE RAYMUNDO JÚNIOR	nº
19) - MANOEL HENRIQUE FERREIRA	nº 12.858
20) - NELSON RODRIGUES FILHO	nº
21) - OTTONI GUIMARÃES FERNANDES JÚNIOR	nº 11.937
22) - PAULO HENRIQUE OLIVEIRA DA ROCHA LINS	nº 11.602
23) - PAULO SÉRGIO GRANDADO PARANHOS	nº 11.923
24) - PAULO ROBERTO JABUR	nº
25) - RÔMULO NORONHA DE ALBUQUERQUE	nº
26) - ZAQUEU JOSÉ BENTO	nº 12.782

Reprodução de documento do Departamento do Sistema Penitenciário com lista de presos políticos da Ilha Grande.

Alex Polari de Alverga (à esquerda) e Ottoni Fernandes Jr., no presídio Esmeraldino Bandeira, em Bangu, Rio de Janeiro, em dezembro de 1975.

Grupo de presos políticos (e um visitante) no presídio político da rua Frei Caneca, no Rio de Janeiro, em março de 1976. Em pé, da esquerda para a direita, Carlos Salles, Zaqueu José Bento, Nelson Rodrigues Filho, Manoel Henrique de Oliveira, Colombo Vieira de Souza, Alex Polari de Alverga, Célio de Souza Marques, visitante, Ottoni Fernandes Júnior, Paulo Roberto Jabur e Jorge dos Santos Odria. Agachados, Paulo Roberto Manes, Fernando Palha Freire, Hélio da Silva e Nilson Venâncio.

to cano de plástico flexível. Uma das extremidades ficava na parte vazia do recipiente, fora do líquido, capturando os gases formados na fermentação; a outra extremidade ficava dentro de um copo de água, permitindo a liberação dos gazes, sem deixar que o ar entrasse em contato com o vinho em preparo.

Após uma semana, a primeira partida estava pronta. Vinícola Tamandaré em ação. Foi degustado com queijos e outros petiscos que vieram na visita, bem tarde da noite. Não era nenhum Bordeaux, mas dava para o gasto, principalmente na cadeia. Aos poucos, fomos melhorando a qualidade. Muitas vezes, Jorge guardava a sua quota para degustá-la de manhã, quando todo mundo ia para o banho de sol e ele ficava trancado, sozinho, na cela. Tomávamos inúmeros cuidados para manter nossa vinícola clandestina em segredo.

Uma noite, porém, o caldo entornou. Literalmente. Acordei de um sono pesado e senti o cheiro de vinho barato revoluteando pelo ar parado da cela. Era uma noite quente de verão. Levantei e percebi a mancha escura de vinho, escorrendo de mansinho dos recipientes, quase chegando na porta. Acordei Jorge, juntamos panos de chão e outras roupas e tratamos de conter a inundação etílica. Por sorte não ventava na noite quente e os guardas, a menos de cinco metros da cela, não sentiram o cheiro do vinho. Alguém havia esbarrado no "tonel", fazendo com que a ponta do tubo de escape dos vapores ficasse dentro do líquido. Como o vapor não escapava, o vinho foi pressionado para fora, através do tubo, espalhando-se pelo chão. Controlada a situação, lavamos o chão com a água que deixávamos em um balde na cela para a higiene íntima. Dali em diante, aumentamos o rigor no controle da qualidade e na segurança de nossa vinícola.

No final das contas, Guarany e eu estávamos meio que curtindo a cadeia, certos de que haveria um seqüestro e que seríamos libertados. Era uma questão de dias. Aproveitávamos para ouvir gente de outras organizações e tentar aprender com suas experiências. A maior parte dos prisioneiros era muito jovem, na faixa dos 24 anos. Compartilhavam convicções revolucionárias e uma forte dose de voluntarismo e arrogância, apesar de pertencerem a diferentes organizações, com formas de luta e objetivos díspares.

Alguns defendiam o socialismo como meta, outros eram favoráveis a uma etapa intermediária, com um governo democrático popular, certos que frações da burguesia e da classe média iriam aderir à luta contra a ditadura e o imperialismo. Havia até um companheiro, um trotskista da ala de J.J. Posadas, um lunático argentino, seguidor de Leon Trotsky, que acreditava em seres extraterrestres e postulava que a Terra seria invadida por criaturas de outros mundos, “os portadores do comunismo”.

As referências externas, à sombra de líderes e países socialistas, eram fundamentais. Um companheiro da Ação Popular, recém-convertido ao maoísmo, entoava citações do líder revolucionário chinês até para justificar uma falta violenta cometida no jogo de futebol. Envolvia-se nesse relicário talvez para se eximir de suas responsabilidades, pois delatou inúmeros companheiros durante o período de torturas.

Entre os jovens que defendiam a luta armada para derrubar a ditadura, Che Guevara e Fidel Castro eram os ícones. Durante a noite, tentávamos sintonizar a rádio de Cuba, para ouvir discursos revolucionários e notícias sobre o que acontecia no Brasil. Obviamente, a rádio cubana edulcorava a realidade da guerrilha brasileira e insistia que a ofensiva revolucionária continuava a todo vapor, com a ditadura na defensiva. Triste ilusão. Entre os companheiros mais velhos, quase todos dirigentes ou ex-dirigentes do PCB, Prestes era ainda um mito, mas os dirigentes soviéticos, portentosos burocratas, não conseguiam empolgar os jovens brasileiros.

As mesmas divisões que existiam na liberdade reproduziam-se na prisão. O pessoal do PCB não queria muito papo com os guerrilheiros. Naquela altura do campeonato, o Partidão murchara bastante. Levas de militantes em todo o Brasil tinham rompido com a linha oficial, que pregava a transição pacífica para o socialismo. Logo depois do Golpe de 64, começou uma intensa discussão sobre o papel do partido antes do golpe militar.

A aliança com o governo Jango Goulart levara o PCB a imobilizar-se, atraído pelo populismo sem substância de um governo fraco e sem diretrizes estratégicas. Goulart assumira a presidência após a renúncia de Jânio Quadros, em agosto de 1961. Na realidade, aceitou desempenhar um papel decorativo, pois os militares só admitiram sua posse após intensa mobilização popular pela legalidade, que forçou o compromisso político da criação do parlamentarismo, sob o comando de uma aliança entre o PSD de Tancredo Neves e o PTB do próprio Jango Goulart.

O governo parlamentarista de compromisso perdurou até 1963, quando um plebiscito fez retornar o sistema presidencialista, com Jango no poder. A partir daí, o PCB e outras forças de esquerda mimetizaram-se com o governo, acreditando ser possível levar Jango a maiores compromissos com as reformas sociais. Este vínculo levou o PCB a desconhecer a realidade política. Na véspera do golpe militar, Luís Carlos Prestes, o principal dirigente do partido, fez um discurso ufanista para uma platéia em São Paulo. Garantiu que os militares não passariam.

Passaram. No dia 31 de março, as tropas do general Mourão moveram-se de Minas Gerais para o Rio, sublevadas contra o governo Goulart. Foram colhendo adesões de outros contingentes militares e de forças políticas conservadoras. Na noite do dia 1º de abril, Goulart voou de Brasília para o exílio, a presidência foi declarada vaga pelo Congresso Nacional, abrindo caminho para a ditadura militar que comandou o país até 1985.

O PCB, tragicamente imbricado com o governo Goulart, foi incapaz de esboçar qualquer resistência organizada. Seus militantes foram presos e torturados. Até 31 de março de 1964, o PCB funcionava, na prática, como um partido legal. Quando os militares e policiais das delegacias políticas invadiram seus escritórios em todo o Brasil, encontraram detalhados arquivos, com nome e endereço de militantes e simpatizantes, facilitando bastante as prisões. Eu era militante do PCB em Campinas. Só não fui preso após o golpe porque minha ficha foi achada na sede da Rua General Osório por um delegado de polícia amigo de papai; tratou de destruí-la e mandou um aviso para que eu tomasse cuidado.

Depois de um bom tempo lambendo as feridas, militantes do PCB começaram a propor uma reavaliação do papel do Partido e uma análise dos erros cometidos antes de 1964. Este processo intensificou-se na segunda metade de 1965 e parte da estrutura do partido colocou-se contra a sua direção central, criticando os erros de 1964 e propondo um caminho de lutas contra a ditadura. Sem espaço dentro do PCB, esses grupos dissidentes deram origem a diversas organizações, entre elas a ALN, as dissidências estudantis e o Partido Comunista Brasileiro Revolucionário, que adotaram o caminho da luta armada contra a ditadura militar.

Na cadeia, as divisões da esquerda reproduziam-se. Entre os militantes da luta armada e os do PCB interpunham-se outras organizações. A Ação Popular, por exemplo, tinha sua origem na Juventude Estudantil Católica. Muito forte no movimento estudantil até 1968, a AP não adotou o caminho da luta armada, dando prioridade à organização dos trabalhadores.

Não era apenas a idade que distinguia as posturas políticas. No lado dos militantes do PCB, havia gente como Marcão, na faixa dos 25 anos, que tinha sido dirigente estudantil na Guanabara e compartilhava dos mesmos valores burocráticos de seus companheiros de agremiação mais velhos.

Ainda assim, o fator etário traçava uma linha divisória entre os militantes de esquerda. Isso começou a ficar evidente para mim em agosto de 1968, quando as tropas soviéticas invadiram a Checoslováquia, para sufocar a chamada Primavera de Praga, um movimento popular, apoiado por parte da direção do PC checo, que pregava um socialismo mais humano e maior independência em relação aos soviéticos. Antecipavam, vinte anos antes, a revolta ocorrida no Leste Europeu no final dos anos 80. O debate sobre a questão checa ferveu dentro da organização. Curiosamente, os militantes mais velhos, acima dos 30 anos ("não confie em ninguém com mais de 30 anos"), quase sempre eram favoráveis à intervenção soviética, enquanto os mais jovens protestavam, alegando que o movimento dos checos era justo.

Os jovens que assumiram o combate à ditadura militar faziam parte de uma matriz semelhante. Nascidos após a derrota do nazi-fascismo na Segunda Guerra Mundial, somavam generosidade e rebeldia a uma reverência aos valores democráticos e libertários. A juventude que desfraldou a bandeira democrática pelo fim da ditadura e pelo ensino gratuito nas passeatas estudantis no Brasil, de 1966 a 1968, tinha muito em comum com os jovens que barricaram Paris em maio de 1968. Também compartilhavam valores com os jovens americanos que se colocavam em oposição à intervenção dos Estados Unidos no Vietnã, que queimavam seus certificados de alistamento militar, emigravam para o Canadá ou se refugiavam em comunidades místicas para fugir ao alistamento.

Em países da África e Ásia, nos anos 50 e 60, prosperaram lutas pela independência para livrar os países do domínio colonial. Foi assim no Congo, na Argélia, ou na Indonésia. Na América Latina, nos anos 60, multiplicaram-se os movimentos de libertação nacional, apoiados em ações de guerrilha urbana e rural, sob a influência da vitória dos revolucionários cubanos em 1º de janeiro de 1959.

Foi neste pano de fundo geopolítico que a geração nascida no pós-guerra, especialmente os jovens de classe média com acesso à educação, foi forjada. Outro fator comum, além de convicções políticas e a generosidade juvenil, pesou na sua formação. Fora precedida por uma geração com valores morais muito conservadores: mulher desquitada era puta, namoro só no portão, sexo apenas depois do casamento. Antes disso, trepar só com as putas, fazendo dos puteiros um lugar alegre e libertário para os jovens que ali se iniciavam sexualmente. Casamento tinha que ser na Igreja. A imagem da família precisava ser preservada a qualquer custo.

No final dos anos 60, todos esses valores faziam parte do altar de velharias conservadoras. As mulheres começavam a pregar sua revolução. Quando cheguei em São Paulo, em 1966, o ambiente da universidade era uma ilha libertária num ambiente de repressão política e moral. As moças começavam a assumir a sua independência sexual, as minissaias eletrizavam a imaginação de tantos jovens, com a vantagem que as mulheres se tornavam mais disponíveis. Músicas como "Satisfaction", dos Rolling Stones, ou "Revolution", dos Beatles, soavam como hinos de guerra contra o conservadorismo.

O mundo estava em transformação, mas não na velocidade que desejávamos. No plano político, nosso voluntarismo não nos permitia ver a realidade brasileira no final dos anos 60: a ditadura militar dava as cartas e parecia dar certo o modelo capitalista, apoiado na concentração do capital, no arrocho salarial, nos fartos créditos estrangeiros e na total exclusão de qualquer oposição. Junto, veio uma ofensiva conservadora, no plano da moral e dos costumes.

A cada dia que passava na cadeia, mais forte se tornava a minha convicção de que a guerrilha brasileira entrara num beco sem saída. Parecia-me que a única alternativa seria abdicar da luta armada, organizar o recuo, limitando a prática à luta política. Não tinha, porém, coragem de externar tais idéias. Não queria ser qualificado de desbundado, perder a confiança dos companheiros e, quem sabe, ser excluído do seqüestro que estava por vir.

No dia 2 de dezembro de 1970, Guarany e eu fomos levados para a 1ª Auditoria Militar da Aeronáutica, na Avenida Churchill, no Centro do Rio de Janeiro. Era o início do processo movido contra nós pela famigerada lei de Segurança Nacional. Fomos transportados de lancha até o cais do 1º Distrito Naval, onde uma escolta dos fuzileiros nos esperava. Ao descermos, após um curto trajeto, ficamos surpreendidos com o aparato de segurança montado pela Aeronáutica em torno do prédio onde ficava a Auditoria, o mesmo do antigo Ministério da Aeronáutica. Veículos militares e soldados fechavam o acesso à rua, no quarteirão em frente. Um cordão de soldados da Polícia da Aeronáutica nos esperava no corredor que dava acesso aos elevadores.

Quando entramos no recinto da Auditoria a platéia estava tomada por jornalistas do Brasil e do exterior, familiares e alguns amigos corajosos e solidários. Todos tinham que se identificar para entrar no prédio. A imprensa estava assanhada: aquele era o primeiro processo, nos termos da Lei de Segurança Nacional, em que alguém poderia ser condenado à morte ou à prisão perpétua.

Meus pais, muito nervosos, ficaram ainda mais quando começaram a tomar o meu depoimento. Em primeiro lugar, pediram minha qualificação.

Aquele era o único momento do processo, todo com cartas marcadas, em que o acusado poderia falar. Mandei ver. Era um bom orador, experimentado na argumentação em assembléias do movimento estudantil.

Portanto, saí para a fala, que combinara previamente com Guarany e Técio, meu advogado. Afirmei que tinha sido líder do movimento estudantil, presidente do Centro Acadêmico da faculdade onde havia estudado e, por isso, fora colocado na mira dos órgãos de segurança, passando a ser procurado. Agentes policiais tinham invadido o apartamento onde eu morava e aprisionado um amigo meu, em setembro de 1969, embora não houvesse contra mim nenhuma acusação formal.

Defendi a opção pela luta armada, como o único caminho que restara para a retomada da liberdade política no Brasil, depois que o AI-5 fechou o Congresso, cassou os direitos políticos de centenas de brasileiros, proibiu o direito de reunião e associação e abriu caminho para uma ofensiva repressora. Até então, insisti, as organizações de esquerda trilhavam o caminho da luta política. Disse que concordava com os princípios e objetivos da ALN, embora nunca tivesse militado na organização.

Denunciei as torturas a que fui submetido na casa para onde havia sido levado. Denunciei a prisão e a tortura de Bacuri, o companheiro Eduardo Leite da ALN, preso no mesmo dia que eu e três meses depois assassinado pela equipe de Fleury em São Paulo. Também acusei o DOI-Codi pelo desaparecimento de Benjamim de Oliveira Torres, o Pato Rouco, visto na Polícia do Exército, sem nunca ter aparecido em nenhum presídio.

A imprensa estrangeira deitou e rolou com o depoimento, que durou duas horas. Matérias foram publicadas nos Estados

Unidos e na Europa. O juiz tentou interromper-me, mas Técio conseguiu fazer valer o meu direito de usar a palavra. A imprensa brasileira, submetida à violenta censura, não entrou em detalhes sobre tudo o que falei e denunciei.

Terminado o meu depoimento, o juiz suspendeu a sessão, sem sequer ter interrogado Guarany. Na saída, permitiram que conversássemos com familiares e amigos. Num desses encontros, Guarany recebeu um recado da ALN da Guanabara, insistindo para que agüentássemos firmes, pois o seqüestro sairia, e pedindo que indicássemos outros companheiros da Ilha das Flores que deveriam ser libertados.

Fomos levados de volta para o 1º Distrito Naval e colocados numa pequena sala do corpo da guarda, enquanto esperávamos a lancha que nos levaria de volta para a Ilha. Guarany pediu para ir ao banheiro e fiquei sozinho com o fuzileiro da escolta, um preto alto e muito forte. Ele me olhava com curiosidade. Depois de alguns momentos de hesitação, falou curto e grosso:

— Você se enganou de bairro. A casa fica em São Conrado.

Foi então que sintonizei minha memória. Aquele era um dos fuzileiros que tinha ido buscar-me na casa onde fora torturado. Na auditoria, denunciara a existência da casa, mas situara-a na Barra da Tijuca. O fuzileiro, tendo escutado o meu depoimento, agora fazia o reparo aparentemente insignificante, mas que espelhava uma forte dose de solidariedade. Na lancha, de volta para o presídio, contei o que havia ocorrido com o fuzileiro e Guarany transmitiu o recado que recebera da ALN na Auditoria: o seqüestro de um embaixador não tardaria e logo seríamos libertados. A partir daí, vivemos na expectativa da libertação.

Não demorou muito. No dia 8 de dezembro, fui levado até a Ilha das Cobras para uma consulta médica, pois tinha uma inflamação no ouvido esquerdo desde a prisão, provocada pelos "telefones" durante a tortura. Dois fuzileiros na escolta. Eu, como sempre, algemado durante todo o trajeto até o cais do 1° Distrito Naval. O que era muito preocupante, pois se a lancha naufragasse na Baía da Guanabara o afogamento era quase certo. Do cais até a Ilha das Cobras atravessamos a curta ponte num camburão da Marinha.

A sala de espera do ambulatório do Hospital da Marinha estava lotada. Ia ser uma longa espera. Nada para ler, nada para fazer. Sentado no outro lado da sala, um homem lia o *Jornal do Brasil*. Dava para ver a primeira página com a manchete: "Seqüestrado embaixador da Suíça". Euforia surda, a cabeça rodando, o sonho da liberdade estava próximo. A longa espera pelo atendimento não incomodou, mas estava ansioso para chegar até a Ilha das Flores e contar a novidade, pois não recebíamos jornais diariamente, apenas nas visitas semanais.

Ao chegar no presídio deu para notar o novo clima. Todas as celas trancadas e os presos confinados. Fui logo contando as novidades, mas o pessoal já sabia. Por volta das dez da manhã, fizeram uma revista em todas as celas, enquanto o pessoal tomava banho de sol. Levaram rádios, livros e tudo que fosse suspeito. Quando os presos retornaram, foram trancados em suas celas e logo perceberam que algo tinha acontecido no vasto mundão da liberdade. Preso tem que ser esperto e atento. Negus havia recebido, escondido na comida, um minúsculo rádio transistor, marca Spica, menor do que um maço de cigarros, que fora cuidadosamente escondido no recheio de um colchão. Ao sintonizá-lo na rádio Globo souberam do seqüestro.

Giovanni Enrico Bucher fumava um Benson Hedges no banco traseiro do Buick da embaixada, chapa diplomática CD 58. A exemplo da maioria das legações diplomáticas, os suíços preferiram ficar na linda cidade do Rio de Janeiro a enfrentar a secura do Planalto Central, onde apenas quatro embaixadas estavam instaladas, apesar de a capital federal ter sido inaugurada há quase dez anos. Às 8:30 da manhã, o carrão seguia pela Conde de Baependi, no Catete, Zona Sul do Rio, quando um Volks azul fechou-o pela frente. Imediatamente, um Aero Willys bege chapa 198106 encostou na traseira do Buick. Cinco guerrilheiros cercaram o carro e retiraram o embaixador, enquanto um policial federal da escolta, que se encontrava no banco da frente, foi baleado ao tentar reagir. Durou três minutos a operação conjunta da ALN e da VPR, comandada pelo capitão Carlos Lamarca e denominada Comando Joaquim Câmara Ferreira e Juarez Guimarães Brito, em homenagem aos dirigentes revolucionários assassinados pela ditadura. O Aero Willys seguiu para Santa Teresa, onde o diplomata foi colocado numa Kombi, seguindo daí para o distante subúrbio de Honório Gurgel.

Depois de três seqüestros bem-sucedidos, dois deles no Rio de Janeiro, a repressão estava mais preparada para tentar conter o prejuízo. Poucos minutos depois da ação, tropas da PM e do Exército começaram a fechar importantes cruzamentos do Rio, revistando todos os carros, na tentativa de deter os seqüestradores. A Kombi já seguia, devagar e sempre, para o subúrbio, distante dos monstruosos congestionamentos do Centro e da Zona Sul da capital carioca.

A nova atitude do governo ditatorial também ficou evidente quando receberam o primeiro comunicado dos guerrilheiros, exigindo a libertação de 70 presos políticos, liberação das catracas dos trens da Central do Brasil, com passagem gratuita por um dia, e a divulgação de um manifesto na televisão de quatro em quatro horas. Era uma tentativa de politizar a ação e fazer propaganda revolucionária. O Ministério da Justiça, comandado por Alfredo Buzaid, de velhas paixões fascistas, sequer respondeu às exigências. A repressão tentava ganhar tempo, enquanto faziam batidas em vários bairros da cidade, tentando localizar a casa que abrigava Bucher e os guerrilheiros urbanos, que passaram a ser cozidos em fogo lento.

Um novo comunicado do comando guerrilheiro foi deixado no dia 9 de dezembro na igreja maronita Nossa Senhora do Líbano, na Rua Conde de Bonfim, na Tijuca, reafirmando a exigência da libertação dos 70 presos e contendo um bilhete manuscrito por Bucher afirmando que passava bem. No dia 20, Buzaid deu nova entrevista à imprensa dizendo que aceitava trocar os 70 presos pela libertação do embaixador, mas impunha que a lista fosse dirigida ao Ministério da Justiça, com todas as páginas rubricadas por Bucher.

A essa altura, passadas quase duas semanas do seqüestro, estávamos muito preocupados na Ilha das Flores, pois continuávamos sem visitas e ninguém havia sido chamado para a libertação. No dia 21, uma lista rubricada pelo embaixador foi entregue no escritório carioca da agência de notícias France Presse. No dia seguinte, o sargento Igrejas, do Corpo de Fuzileiros Navais, chegou até a grade do presídio e me chamou, comunicando que eu, Jorge Vale, Cláudio Torres, Guarany e Wilson Barbosa iríamos até o ambulatório. Não demonstrei nenhuma emoção e voltei para a cela, onde, eufórico, comuniquei que havia chegado a hora da libertação.

No ambulatório da Ilha, fomos submetidos a exames médicos. Tiraram nossas digitais e fotografias de cada um de nós, nus, com os braços abertos, de frente e de costas. Em seguida, fomos levados para o cassino dos oficiais, onde o comandante do Batalhão Tamandaré avisou que tinham pedido a nossa libertação em troca da liberdade do embaixador da Suíça. Alertou que seríamos "banidos" e entregou-nos um documento que deveríamos assinar, aceitando o banimento. Unanimemente, concordamos em assinar o documento, mas colocando uma ressalva de que esta era uma decisão unilateral da ditadura com a qual não concordávamos. Aceita a ressalva, o comandante mandou que uma escolta nos conduzisse para uma cela da ala dos incomunicáveis. Ao entrarmos, tratamos de deixar mensagens revolucionárias escritas nas paredes: "Liberdade ou morte, voltaremos". Da janela, dava para ver o mastro da lancha da Marinha que, com os motores ligados, aguardava no cais para nos levar ao Rio. Também era possível ver, ao longe, o aeroporto do Galeão, de onde deveríamos embarcar em breve para a liberdade.

No começo da tarde, um tenente negro se aproximou da porta da cela e avisou que os documentos teriam que ser assinados novamente no 1° Distrito Naval. Rasgou aqueles que assinamos e percebemos que algo estava errado. No mesmo dia 21 de dezembro, a ditadura comunicara que recebera a lista com os 70 nomes de presos políticos, mas que havia vetado 19 deles por diversos critérios. Eu era o 53° da lista e minha libertação foi negada porque estava sujeito a um processo em que a pena mínima era prisão perpétua; Jorge, porque estava condenado a uma longa pena; Cláudio, porque havia participado de um seqüestro. Guarany e Wilson não foram vetados e passamos a torcer para que pelo menos eles saíssem. Recebemos as informações sobre os vetos, sem detalhes, através do sofisticado sistema de comunicação com os companheiros da outra ala do presídio, que já estavam recebendo visitas. Uma batida na parede do fundo da cela alertou-nos. Colocamos uma caneca de plástico na parede, perto de onde viera o barulho, e, usando-a como amplificador de som ouvimos a mensagem advertindo que nós três continuaríamos em cana.

Passamos o Natal trancados na cela, recebendo uma refeição melhorada. O ano-novo também. Logo no começo de janeiro, Guarany foi levado para o 1° Distrito Naval, onde foi interrogado pelo Cenimar, que, a essa altura, já sabia de seu verdadeiro papel na ALN, a partir de depoimentos sob tortura de militantes presos no final de dezembro. Contudo, já era tarde para vetá-lo, pois o seu nome fora aceito publicamente. No dia 30 de dezembro, o comando que seqüestrou Bucher enviara uma lista com os nomes que deveriam substituir os 19 vetados; para ganhar tempo, a ditadura negou-se a libertar 8 deles. A relação final dos presos políticos que seriam banidos foi fechada no dia 7 de janeiro, depois de intensas pressões dos diplomatas da Suíça. Se dependesse dos órgãos de segurança, ninguém seria libertado, mas os investimentos suíços no Brasil eram muito importantes e incluíam gigantes empresariais como a Nestlé.

O governo do Chile, presidido pelo socialista Salvador Allende, concordou em dar asilo a todos os 70 presos. Aos cinco minutos do dia 14 de janeiro, os revolucionários embarcaram no Boeing 727 PP-VEJA da Varig com destino a Santiago do Chile. Guarany e Wilson lá estavam, juntos com Reinaldo de Melo, Jaime Cardoso, Francisco Mendes, Pedro Viegas e José Duarte, presos na Ilha das Flores, que entraram na repescagem. O avião era comandado por Cláudio Homrich, um dos mais experientes pilotos da Varig, que também esteva no manche do avião que conduziu 40 presos políticos para a Argélia, em julho de 1970. Os militantes seguiram algemados, escoltados por 36 agentes de segurança, que foram impedidos de desembarcar no Chile. O avião chegou em Santiago às 4:22 da madrugada, saudado pelo hino nacional chileno e por uma multidão. Os revolucionários brasileiros desembarcaram e perfilaram-se na frente do avião entoando “A Internacional”, o célebre hino comunista.

Bucher foi solto dois dias depois, devido aos problemas encontrados pelos guerrilheiros para escapar do cerco repressivo. Durante os 50 dias em que permaneceu na pequena casa de Honório Gurgel foi bem tratado e conversou muito com os militantes. Sua libertação foi garantida por Lamarca, pois alguns dos revolucionários pensaram em executá-lo quando os primeiros 19 nomes da lista foram vetados. Eles acreditavam que só assim mostrariam a disposição da guerrilha e deixariam o caminho aberto para outros seqüestros. Lamarca, provavelmente, teve o bom senso de perceber que a guerrilha já não teria condições de praticar novas ações deste tipo e, se tivesse, acabaria bloqueada pela postura ofensiva da reação.

Na Ilha das Flores, de volta ao coletivo, Cláudio, Jorge e eu lambíamos nossas feridas, com o apoio da solidariedade dos companheiros. Mentalmente, começava a preparar-me para um longo período no cárcere. As férias e o sonho tinham acabado. Dias depois, recebi a visita de meus pais. Tentei dar uma de durão e fui logo dizendo:

— Foi uma pena, não deu certo, mas não se preocupem, vou segurar a barra e tenho certeza de que não serei condenado à morte. Dentro de poucos anos sairei da cadeia.

Mamãe, na época com 59 anos, era uma mulher muito religiosa, inteligente e perceptiva. Sua resposta deixou-me desarvorado.

— Meu filho, que bom que você está com boa saúde. Mas vou lhe confessar uma coisa: eu rezei muito para que você não saísse no seqüestro. Aqui pelo menos você está vivo. Se fosse para o Chile, acabaria voltando para o Brasil e sendo morto.

Fiquei muito irritado e engoli uma grosseria. Durante os dias em que fiquei isolado, aguardando a libertação, pensei muito no que faria quando chegasse a Cuba. Minha intenção era unirme ao grupo de companheiros com os quais tinha militado na Dissidência e na ALN de São Paulo, e fazer uma autocrítica da tática guerrilheira, organizar um recuo e concentrar as forças na luta política contra a ditadura. Demorei dois anos para compreender que mamãe estava absolutamente certa.

Ainda permaneci na Ilha das Flores por dez meses. Já não

era uma temporada de férias. Tratava de passar o tempo, sem disciplina para estudar — até porque a vida nas celas coletivas era muito dispersiva — e entre muitas partidas de buraco com os companheiros. Os carcereiros estavam cada vez mais duros. As tentativas dos familiares e advogados para que fosse removida a tela metálica que impedia o contato com as visitas deram em nada. As famílias chegavam primeiro, ocupavam seu espaço, para que depois entrássemos, por outro caminho. Um dia, no final da visita, uma menina de 3 anos, filha de um preso político, ficou do lado de fora do pavilhão de visitas e conseguiu correr na direção do pai, quando era levado de volta para o presídio, agarrando-se carinhosamente em suas pernas. Foi removida com violência por um fuzileiro.

Depois do seqüestro, Técio, meu advogado, alertou-me de que a ditadura estava usando meu processo para fazer propaganda e mostrar o rigor da legislação discricionária. Apesar dos depoimentos arrancados sob tortura e da falta de provas, eu deveria ser condenado a uma pena muito longa. O tribunal de exceção era composto por um juiz togado e três oficiais da Aeronáutica. No dia 20 de setembro de 1971, um ano depois da prisão, fui finalmente julgado pela 1ª Auditoria da Aeronáutica do Rio. O aparato de segurança era ainda mais pesado. O número de pessoas que poderiam assistir a audiência — inclusive jornalistas — foi limitado. Conversei com meus pais e com o Técio, que fora informado sobre a existência de uma câmara de vídeo na sala da auditoria transmitindo tudo ao vivo para a sala do Ministro da Aeronáutica, Márcio de Souza Melo, num andar superior. Provavelmente ele queria manter pressão sobre os militares do tribunal e ter a certeza de que a sentença previamente combinada seria aplicada. Não deu outra. Fui condenado à prisão perpétua — mas deram uma colher de chá e reduziram a pena para 30 anos de prisão.

Uma vez condenado, a temporada na Ilha das Flores terminou. No dia 13 de outubro, fui transferido para o presídio Hélio Gomes, no complexo penitenciário da Rua Frei Caneca, no Rio. O presídio estadual, administrado pelo Departamento do Sistema Penitenciário (Desipe), era, teoricamente, um local de passagem, destinado a abrigar presos deslocados de uma unidade para outra, e aqueles que vinham prestar depoimento ou ser interrogados. No entanto, tinha gente que lá estava há anos, em horríveis condições carcerárias. Os presos políticos ficavam isolados em celas separadas dos presos comuns. Embora só houvesse espaço para oito pessoas, chegava a abrigar 30, dormindo em colchonetes no chão, com uma torneira e uma privada turca.

Um pouco antes de minha chegada, o diretor do presídio forçara os presos políticos de passagem a usar o uniforme cinza, confiscando suas roupas civis. Em protesto, o pessoal ficou de cuecas, mas o diretor não deu o braço a torcer e, no inverno, os presos políticos tiveram que vestir os uniformes. Mas durou pouco. Dois companheiros foram levados em outubro para uma das auditorias do Exército, onde seriam julgados. Saíram de uniforme e foram colocados num camburão algemados. Quando a escolta da PM abriu a porta, os dois militantes tinham tirado as calças e a camisa ficara presa nas algemas. Um dos PMs tentou explicar a situação e recebeu a ordem do juiz de levá-los de volta ao presídio, para que vestissem roupas civis. Foi o fim do uniforme para os presos políticos do PP.

Depois da formalidade da leitura da sentença na auditoria, em 20 de outubro, fui transferido para o Instituto Penal Cândido Mendes, na Ilha Grande. A colônia penal era chamada de Ilha do Diabo e já abrigara presos políticos em 1935, durante a ditadura Vargas. Entre eles, o escritor Graciliano Ramos, que narrou sua saga em *Memórias do cárcere*.

Capítulo 14

Caminhada na escuridão

São Paulo
Novembro de 1969 a janeiro de 1970

O tabu tinha sido quebrado — e com uma vitória esplendorosa. Vibrei a cada momento. Havia uma estranha cumplicidade unindo as pessoas. Pela primeira vez em 11 anos o Corinthians vencia o Santos por 4 x 1. Era uma noite de terça-feira, 4 de novembro de 1969. O estádio do Pacaembu estava abarrotado de gente. Quando o jogo terminou, não conseguia focar meus pensamentos. Algo estava estranho. Uma angústia profunda dominava a euforia pelo sucesso do meu time de coração. Saí pelos portões monumentais. Virei à direita na Praça Charles Miller, subi a ladeira na direção do bairro de Higienópolis e peguei a avenida principal. Fazia muito calor, mas não chovia. O ar estava estranhamente seco para um começo de novembro em São Paulo.

Na encruzilhada, em frente ao aristocrático Clube São Paulo, evitei a Major Sertório e tomei a direção da Maria Antonia, rua onde ficava o prédio vazio da Faculdade de Filosofia, Ciências e Letras da Universidade de São Paulo. O mesmo que, um ano antes, havia sido invadido pela repressão, depois de um choque entre a turma de esquerda que ocupava a Filosofia e os direitistas do Mackenzie, que ficavam do outro lado da rua.

Ainda dava para ver as cicatrizes na fachada da Maria Antonia: buracos de balas, pintura queimada pela explosão de coquetéis Molotov, vidros quebrados. Não fazia nem um ano. Eu estava dentro do prédio quando o combate esquentou. Desarmado, observando o poderio de fogo da turma do Comando de Caça aos Comunistas, pensei em ir até meu apartamento e pegar um fuzil ou uma metralhadora. A razão prevaleceu, não podia dar uma bandola dessas. Eu tentava assumir a feição de um desbundado, preocupado apenas com minha vida. Apresentar-me com uma metranca derrubaria minha cobertura.

A visão do prédio fechado, cheio de lembranças vivas e dolorosas, esfriou meu entusiasmo com a vitória do Timão. Apertei o passo, passei na frente dos bares: Universitário, Fon Fon, Bar do Zé. Todos fechados. Na memória ecoavam lembranças do passado: a cacofonia dos debates acalorados sobre política, literatura, sexo. Os conchavos preparatórios das assembléias do Grêmio da Filosofia. As tímidas cantadas nas garotas mais desejadas.

Era tudo memória. Lembranças que faziam doer a solidão de quem vivia na semiclandestinidade. Logo estava na Rua da Consolação. Grupinhos isolados de torcedores, vestindo roupas com as cores do Corinthians, tomavam o rumo da Zona Norte e Leste, numa cidade em que ainda não havia metrô e os ônibus paravam de circular cedo na noite.

Logo estava no Viaduto Jacareí, em frente à Câmara Municipal. Dobrei à direita para entrar no prédio em que morava.

Antes, parei na banca de jornais que ficava aberta até tarde para ver se já havia alguma edição de jornal entoando loas ao triunfo corintiano. Ainda não tinha chegado nenhuma. Paquerei as revistas. Súbito, o rádio do dono da banca trouxe o refrão de uma edição extra do noticiário. Fiquei atento.

As palavras rolaram como uma avalanche de rochas, como chuva em céu de brigadeiro. "Carlos Marighella foi morto hoje à noite em choque com a polícia." Não consegui fixar os detalhes da fala, mas o impacto da notícia deixou-me pasmo. Mirava no vazio, até que o dono da banca, que me conhecia, perguntou se eu tinha ido ao jogo. Também não me recordo do que respondi. Segui feito um zumbi para a entrada do prédio. Abri a porta da quitinete e joguei-me na cama, após uma rápida passagem pelo banheiro. Tentei fazer de conta que era um pesadelo.

Bem cedo, acordei suando frio. Lembrei-me da notícia da morte de Marighella. Não parecia ter sido um sonho. Desci apressado, temeroso das manchetes dos jornais. Não tinha escapatória. As primeiras páginas estampavam a foto do Preto morto no banco de trás de um fusca, com a peruca caída para a frente, desnudando sua calva, acima da fronte poderosa. Comprei todos os jornais e subi para o apartamento.

Tinha um ponto com o Tião às dez da manhã, na Rua Oriente, no Brás. Ele era da direção da ALN e meu contato desde setembro. Saí com bastante antecedência. Sabia que ele tinha contatos diários com Mariga. Chequei os arredores do ponto, tentando localizar alguma armadilha. Tião chegou na hora. Estava com pressa, muito tenso também. Sem rodeios, alertou-me:

— Você tem que sair de circulação e cair na clandeca. O bilhete que você me deu, com o nome e endereço do seu irmão, deve ter caído no bolso do Preto.

Em outubro, Tião me contara que estavam montando uma rede de apoio no Sul, para tirar do país companheiros queimados procurados pela repressão. Indagou se eu tinha algum esquema.

— Vou ver — respondi.

Alguns dias depois encontrei meu irmão, que também participara do movimento estudantil em Curitiba, onde estudava engenharia. Perguntei se ele poderia colaborar com a nossa missão, oferecendo algum tipo de ajuda humanitária, como esconder gente perseguida pela repressão. Ele havia montado um apartamento em Curitiba e fazia apenas um mês que estava casado. Sem hesitar, respondeu que sim. Passei-lhe uma senha que seria usada pela pessoa que iria procurá-lo. No finalzinho de outubro, entreguei para Tião um papel com o nome de meu irmão, endereço e a senha de reconhecimento — o mesmo que ele entregou para Marighella na tarde do dia 4 de novembro de 1969.

Meu destino estava selado. Tião marcou novo encontro para 7 de novembro, dois dias depois, e disse que tomaria providências para garantir minha segurança. Não perguntou, no entanto, se eu tinha onde me esconder. Mesmo se oferecesse, eu daria um não como resposta. A organização estava mais furada do que queijo suíço: muita gente sendo presa, sem conseguir resistir à tortura. Simpatizantes caíam de roldão. Alguns companheiros desenvolveram a seguinte racionalização: na tortura, era melhor abrir um simpatizante ou apoio, dando carne aos leões, do que entregar um militante. E assim a repressão fazia a festa, passando um arrastão. Pegava peixes miúdos que acabavam levando a outros mais graúdos.

Voltei ao apartamento no edifício Conde de Japurá. Era muito cuidadoso. Tirando os produtos químicos usados para fabricar bombas e alguns documentos, não havia nada de incriminador. Queimei no vaso sanitário todos os documentos políticos, joguei no ralo o ácido sulfúrico, o nitrato de amônio, o mercúrio, o ácido nítrico. Quebrei os frascos de laboratório e joguei na lixeira. Fiz uma pequena mala — com duas mudas de roupa e uma pistola Colt 45 — e abandonei o apartamento.

Antes de fechar a porta olhei o cenário: uma cama de solteiro que eu mesmo construíra e que me acompanhava desde a minha chegada em São Paulo, em 1966; uma escrivaninha bem modesta, que ganhara de meus pais quando entrei no colegial, um banco feito com peças de concreto que eu carregara do pátio da Faculdade de Geografia e História na Cidade Universitária.

Era um dia ensolarado. Da janela do 15° andar do prédio dava para ver os contornos dos prédios do centro velho de São Paulo cobertos de névoa. Estava com medo quando fechei a porta e desci pelo elevador. Procurei meu amigo Ronaldo no trabalho. Marquei um encontro, narrei o acontecido e pedi que arranjasse um lugar para esconder-me por alguns dias. Ele colocou a mão calejada em meu ombro e apertou-o com suavidade, como que dizendo que estava comigo para o que desse e viesse.

No dia 7, encontrei-me com Tião.Tinha arranjado um lugar para esconder-me até que a organização conseguisse remontar o esquema para tirar gente queimada do país. Eu deveria sair via Argentina, e daí para Cuba, através da Checoslováquia, mas precisaria ter paciência. Fiquei meio puto com a precariedade da situação, mas compreendi que a maré não estava para peixe, pois a ALN vinha sofrendo perdas importantes desde setembro. Mal uma coordenação provisória se estabelecia, alguns de seus componentes caíam presos.

Marcamos um ponto para a noite do dia seguinte. Aproveitei a folga e resolvi ir para Campinas despedir-me de meus pais. No dia 5, quando ligara para eles de um telefone público, soube que meu irmão havia sido preso na madrugada daquele mesmo dia, em Curitiba, horas depois do assassinato de Marighella. Foi trazido de avião para São Paulo, e interrogado pelo delegado Fleury, no Dops do Largo General Osório. Logo Fleury percebeu que o jovem engenheiro, cujo nome encontrara no bolso de Marighella, era meu irmão e dirigiu a tortura para saber do meu paradeiro. Desde setembro de 1969, quando começaram a cair os militantes da ALN que participaram do movimento estudantil, a equipe de Fleury quis saber onde se encontravam os outros líderes que haviam sumido da universidade. Foi assim que chegou ao meu nome. Eduardo era uma das duas pessoas que sabia onde eu morava. Nada disse sob tortura e fincou o pé de que não sabia como seu nome tinha ido parar no bolso da calça do líder da ALN.

Peguei o ônibus da Cometa e segui para Campinas. Fui para a casa de Azael, um velho amigo. Contei o que ocorrera. Logo ele chamou outro grande amigo, o Vasco, que veio na Kombi emprestada do seu pai. Pedi ajuda: precisava chegar até meus pais, mas o apartamento devia estar vigiado. Imaginei que o meu pai não iria mudar sua rotina, sabendo que eu deveria estar tentando contatá-lo, mas eu não poderia ir até o apartamento.

— Vasco, corto o meu saco como o velho deve estar no Clube Campineiro, jogando baralho como faz toda a noite. Vamos até lá — propus.

— Vamos nessa, Grandão — topou Azael.

Pegamos a perua e seguimos para o centro de Campinas. No caminho, concordei em ficar na Kombi, enquanto buscavam meu pai. O carro foi colocado em um ponto distante do clube, mas que dava visão da entrada. Eles pediriam para meu pai seguir na direção da Kombi e eu só sairia do carro se ele não estivesse sendo seguido.

Logo avistei o meu pai — inconfundível nos seus 1,90 m de altura — sair do clube. Ele estava meio trôpego, denotando seu nervosismo. Mas não tinha nenhum "rabo". Quando chegou junto da Kombi, desci e pedi que entrasse. Demos um abraço entrecortado por soluços. Quando o Velho se acalmou, expliquei a situação. Disse que Eduardo deveria pegar uns meses de prisão, mas não seria condenado. Eu iria sair do país, garanti. O velho ficou mais aliviado. Deu notícias de mamãe, que estava arrasada, mas estabelecendo sérios contatos com santo Antônio, à cata de ajuda para livrar-me daquela enrascada.

Marquei um encontro em São Paulo, dali a três dias, no escritório de um famoso advogado, experiente na defesa de presos políticos, que deveria pegar o caso do Eduardo. Segurei as lágrimas na despedida. Vasco e Azael foram comigo até a Rodoviária. Um "até sempre", na moda de Che Guevara, selou a separação. Demorou sete anos até que nos encontrássemos de novo.

No dia seguinte, de volta a São Paulo, liguei para Bebel. Marcamos um encontro na Rua 13 de Maio, na Bela Vista. Fiquei numa escadaria, que dominava o local do ponto. Vi quando chegou, ainda a dois quarteirões de mim. Não parecia estar sendo seguida. Cabelos louros curtos, o rosto bonito, emoldurado por malares salientes, à moda eslava. Sempre associava Bebel a Cláudia Chauchat, a personagem de *A montanha mágica* do Thomas Mann.

Apressado e carente, desci as escadas e segui ao seu encontro. Abraço amigo. Aquietei-me. Descemos pela Treze de Maio, pelo bairro do Bexiga. Narrei tudo o que ocorrera nos últimos dias. Lembrei-me que não havia comido nada quando passamos em frente ao restaurante russo Balalaika. Propus que jantássemos. Bastou mencionar a palavra comida e meu estômago embrulhou-se. Quase vomitei, dominado por uma violenta cólica.

Depois que passou a crise, contei que estava me sentindo mal desde o dia anterior. Nosso vínculo era muito aberto e solidário. Confidenciei que meus sintomas poderiam ser apenas uma manifestação somática do medo e da angústia que sentia. Bebel concordou que era possível, mas recomendou que procurasse um médico. Pedi que me ajudasse a procurar um lugar para ficar, pois só poderia permanecer mais dois dias no aparelho onde dormia. Os proprietários, avós de um amigo, estavam retornando.

Voltei para o aparelho, no Brooklin. Antes de chegar, liguei de um telefone público para a casa de Ronaldo, avisando que estava tudo bem e perguntando se ele poderia pegar-me no dia seguinte cedo. Na manhã seguinte, ele conduziu-me até um novo ponto com Bebel, que veio com novidades: tinha arranjado para que eu ficasse na casa de um casal de amigos, professores da USP, que eu conhecia muito bem. Objetei:

— Eles têm vários filhos pequenos... será um risco muito grande para a família.

— Eu sei. Expliquei para eles a sua situação e pedi se poderiam me ajudar a achar um lugar para você ficar. Nem havia pensado na casa deles. No entanto, eles tomaram a iniciativa de oferecer a própria casa. Além de serem solidários com a nossa luta, disseram que gostam muito de você.

Fiquei lisonjeado. No final da tarde já estava na casa de Ernesto e Amélia, um sobrado aconchegante. Receberam-me como um parente querido. Alegres e solidários. Na sala, cumprimentei as crianças e a mãe de Amélia que passava uns dias com eles. As crianças arrulhavam em volta de mim. Apesar do mal-estar físico, peguei André e balancei-o, do alto dos meus dois metros. O sucesso foi instantâneo. Cativei a criançada que fazia fila para a próxima brincadeira. O medo ficou fora da casa. Foi a última vez, em muito tempo, que partilhei o carinho e o calor de uma família. Especialmente aquela. O carinho emanava de cada recanto da casa. As crianças logo me apelidaram de "Miudinho".

No cozinha, mais tarde, relatei o meu mal-estar. Dona Helena, mãe de Amélia, recomendou imediatamente uma colher de sobremesa de água oxigenada, a terapia da moda naqueles idos de 1969. No seu rigor de cientista, Ernesto notou que, além de abatido, estava com a pele amarelada. Recomendou que eu procurasse o clínico geral que atendia à sua família.

Foi o que fiz no dia seguinte. Mal entrei no consultório o médico já tinha um diagnóstico: hepatite. Descrevi sintomas que confirmaram a conclusão da primeira observação. Em todo caso, solicitou um exame de sangue comprobatório. Contraditoriamente, saí do consultório mais animado. Pelo menos os meus sintomas não eram expressão do medo causado pela minha nova realidade de clandestino. Ao levar o resultado da análise de sangue, no dia 10 de novembro, o médico advertiu que eu tinha uma hepatite tipo B. Cumprimentou-me pelo meu excelente estado de saúde, pois só isso impedira que eu ficasse com seqüelas, uma vez que a doença já devia estar instalada há uns cinco dias, ou seja, eu atravessara a fase mais crítica sem qualquer cuidado. No entanto, deveria ficar em repouso absoluto por um período de 30 a 70 dias.

Mas como? Não poderia ficar todo este tempo na casa de Ernesto. Também não confiava em qualquer esquema da organização, pois o pessoal do apoio logístico caía nas mãos da repressão feito moscas. Seria terrível ser preso com hepatite. Com certeza morreria durante uma sessão de tortura mais violenta.

Meditei durante a noite e concluí que teria chances de escapar se ficasse na casa de um parente, desde que não estivesse sendo vigiada. Liguei para a casa de Vasco em Campinas e pedi que ele fosse até o apartamento de meus pais. Ele tinha um bom pretexto: no mesmo prédio dos velhos, havia uma república de estudantes da Unicamp, onde ele costumava ir, pois eram seus colegas de classe. Então ele pediu para a minha mãe procurar pessoalmente a tia Lourdes, uma de suas irmãs, à qual eu era muito ligado, pedindo abrigo para mim, por causa da hepatite.

No sábado, liguei de novo para o Vasco. O pedido havia sido aceito. Vasco ajudou-me quando cheguei em Campinas; verificou se havia alguém vigiando a casa da tia e colocou-me lá dentro, onde fiquei por 30 dias, sem que nenhum vizinho soubesse de minha presença. Recuperei-me muito antes do previsto pelo médico, impulsionado pelos cuidados e carinho de minha tia e pela necessidade.

Recuperado, voltei para São Paulo em meados de dezembro. Bebel surpreendeu-se com o meu visual. Tinha raspado o bigode, cortado o cabelo bem curto e engordado uns 15 quilos durante o repouso forçado. Pedi que marcasse um ponto com o Tião, para discutirmos qual o esquema que a organização planejava para mim. À noite já tinha a confirmação: o encontro aconteceria em dois dias. Cheguei na hora combinada, cheio de esperança de que houvesse uma passagem para Cuba, onde encontraria os amigos e companheiros mais próximos. Tião foi pontual, mas chegou na hora com más notícias: todo o esquema para tirar militantes queimados do país tinha caído.

— Você vai ter que esperar até que o esquema de viagens para o exterior seja remontado; enquanto isso não acontece arranjamos um aparelho muito seguro, fora da capital. Hoje à noite você tem um ponto com o pessoal que irá levá-lo até lá — informou Tião.

Olhou atentamente para mim e sugeriu:

— Outra coisa, você deveria deixar crescer o bigode novamente pois está igualzinho ao Franklin Martins, o cara que fez o seqüestro do Elbrick. Ele é quase do seu tamanho e um dos caras mais procurados pela repressão.

Deu um endereço, uma senha e contra-senha. Curiosamente, o ponto era numa esquina da Rua dos Ottonis, na Vila Clementino. Oito horas da noite. Dois rapazes aproximaram-se. Pareciam estudantes secundaristas. Após o reconhecimento, caminhamos pela rua, dobramos uma esquina e entramos num fusca azul-claro caindo aos pedaços. O escapamento devia estar furado e o carro deixava um eco estridente para trás. Seguimos na direção da Via Anchieta, na estrada para Santos. Antes, dobramos à esquerda, por uns bairros de que nunca tinha ouvido falar. Terminamos perto da represa Billings.

Noite sem lua. Percorremos uma trilha, na parte seca da represa. Cada vez que encontrávamos água tomávamos à direita, mais para o leste, tentando contorná-la. A jornada, na noite escura, durou umas quatro horas. Por sorte o nível da água tinha baixado muito devido à seca prolongada. Estava bem baixo. Finalmente enxergamos uma luz, numa elevação.

— Acho que é lá — falou o guia, sem muita convicção.

Já tinha se enganado duas outras vezes. Desta vez estava certo. Subimos uma picada na direção da luz. A porta estava aberta. Lá dentro, uma lamparina a querosene. Quando estávamos na soleira vi um cão preto muito ereto e em guarda. Um pouco atrás, um homem de estatura mediana controlava o cachorro, um *poodle* negro bem grande. O companheiro que servia de guia apresentou-me, com o nome de guerra de Joaquim, e disse-me que o dono da casa chamava-se Garcia. Sem delongas, despediu-se. Fiz um gesto na direção do cachorro, que ficou alerta. Garcia fez com que o cão cheirasse minhas calças e minha mão.

— Por que o cachorro não latiu? — perguntei.

— Ele me avisou que tinha gente chegando quando vocês estavam a uns três quilômetros daqui. Eu estava dormindo e o Hans cutucou-me com o focinho. Ele foi treinado para não fazer barulho e assim não correr o risco de revelar nossa posição. Mas agora é hora de dormir.

Indicou um colchão estendido no assoalho do único quarto da casa, mobiliado apenas com uma cama, um armário, uma mesa tosca e três banquinhos. Dormi sossegado, sentindo-me protegido. No dia seguinte, acordei por volta das nove. Logo que fiquei de pé Hans veio ao meu encontro. Em seguida, apareceu Garcia.

— Não temos muito conforto por aqui. Você tem que fazer as necessidades no mato. — Em seguida, abriu um alçapão e descemos para uma cozinha estreita, na parte de baixo do barraco, construído com blocos de cimento, sem qualquer reboco por cima. Saímos.

— Vem cá — chamou Garcia, caminhando em direção ao mato, a três metros da porta da cozinha.

Afastou a vegetação, levantou uma galharia no chão, descobrindo a boca de um túnel. Tive de contorcer-me para acompanhá-lo, túnel adentro. Logo após a entrada, a abertura ampliava-se, mas, mesmo assim, eu tinha de caminhar bastante encurvado. Seguimos por uns 30 metros, descendo, e saímos dentro de um capão de mato bem fechado. Seguindo para o leste, havia uma trilha. Andamos mais uns 250 metros até chegarmos na beira da represa. Não dava para ver o barraco de Garcia, encoberto pelo matagal. Caminhamos pela margem da represa, protegidos pelo mato, por cerca de um quilômetro, até alcançar uma estrada. Enquanto isso Hans corria atrás de uns paturis, que descobrira em uma moita na beira da água. Só que eles foram mais rápidos e conseguiram alçar vôo.

— Aprendi esse esquema lendo sobre a guerrilha no Vietnã. Ninguém consegue chegar perto da casa sem o cachorro alertar. Se for gente suspeita, é só sair pelo túnel. Mas aí tem que prestar atenção em volta: se for apenas uma patrulha, dá para fugir pela estrada, se for um cerco em toda a região, é melhor acampar no mato.

Voltamos para o mato e Garcia mostrou um esconderijo, equipado com roupas, barraca, saco de dormir, mantimentos secos, água, lanternas, uma pistola, mapas e duas granadas de mão. Mais adiante, um outro mocó, recheado com o mesmo material, tudo enrolado em plástico, bem escondido em buracos cavados num barranco. Era um esquema bem seguro.

Garcia devia viver há muito tempo por ali. Era culto, bem informado, muito educado, apesar dos traços rudes. Embora curioso, nada perguntei sobre seu passado Parecíamos estar numa zona remota. Eram raros os vizinhos. Andando uns quatro quilômetros, chegávamos à casa de um exótico personagem. Na minha imagem, o lugar era muito bonito e ele parecia um bandeirante, com roupas rústicas, um chapéu disforme na cabeça e uma longa barba branca, que não escondia um rosto de feições suaves e nobres e de alguém com uma expressão inteligente. Calado.

Garcia também não explicou muita coisa e deu a entender que o homem, a quem apelidei de Fernão Dias, como o bandeirante, era um caseiro. Criava gansos, que também funcionavam como vigias, pois faziam um puta esporro quando um estranho chegava perto. Na despedida, deu-nos um saco de plástico cheio de ovos. Já na estrada, Garcia chamou Hans, pôs o saco em sua mandíbula e falou algo incompreensível. O cão seguiu trotando pela estrada. Minutos depois estava de volta, sem os ovos. Fiquei curioso.

— O que você falou para o Hans?

— Mandei que levasse os ovos para casa.

Apontou para um arbusto onde havia um pássaro, que parecia um bem-te-vi.

— Olha só. *Furmeg carruira* — cantou Garcia e o cachorro seguiu, em silêncio, na direção do pássaro, sem entretanto abocanhá-lo, embora pudesse fazê-lo.

Passei anos achando que Garcia falava com Hans numa língua existente, semelhante ao húngaro. Os dois entendiam-se perfeitamente e cobriam a solidão da vida nos grotões da periferia de São Paulo, onde não havia água encanada, luz, carteiro e polícia. Era uma terra de ninguém. Nos finais de semana apareciam estranhos, mas poucos, que ocupavam as raras casas ou chácaras de lazer que começavam a ser instaladas. A falta de infraestrutura desaconselhava empreender algo por ali. Às vezes, durante a semana, caminhávamos 45 minutos até o único bar da região, no caminho para Riacho Grande. Pela primeira vez na vida tomei cerveja quente, na companhia daquelas pessoas rudes e quietas. Ótima. Fui apresentado como um primo de Garcia. Parecia que todos tinham alguma mancha ou pecado no passado, que tratavam de silenciar. Estava em boa companhia.

Passei o Natal com Garcia, na casa de Fernão Dias, que preparou um magnífico ganso ensopado com batatas, acompanhado de cerveja quente. Estava divino. Foi um dos melhores Natais da minha vida. Não conversávamos muito, mas o ar transpirava de cumplicidade. Pareciam estar contentes em ajudar e ensinar algo da vida para o jovem idealista e inexperiente.

O companheiro que me serviu de guia até o sítio dissera-me que ele ou Tião viriam buscar-me entre o Natal e o Ano-Novo. Furaram a promessa. Garcia tentou desanuviar o clima. Arranjou um garrafão de vinho e fez um excepcional feijão tropeiro, com arroz e costeletas para a ceia de Ano-Novo. Fernão Dias compartilhou da ceia. Foi a última vez que o vi. No dia seguinte, comentei com Garcia que estava preocupado com a ausência dos companheiros e que deveríamos redobrar a vigilância, dormindo em turnos.

— Não se preocupe, confie no Hans.

Dito e feito. Garcia dormia a sono solto, com o cão ao seu lado. Eu, porém, só cochilava.

No dia dos Reis Magos, 6 de janeiro de 1970, resolvi encerrar o retiro. Não suportava a tensão e a angústia de não saber o que estava acontecendo com a ALN. Garcia e Hans acompanharam-me até a beira da via Anchieta. Meus olhos marejaram de lágrimas na despedida. Voltei para São Paulo.

Capítulo 15

O ovo da serpente

Ilha Grande
Rio de Janeiro
Outubro de 1971 a junho de 1972

A viagem para a Ilha Grande no final de outubro de 1971 já me deu pistas de que a vida não seria fácil no Instituto Penal Cândido Mendes, o presídio-castigo do Rio de Janeiro. Saímos do Presídio Hélio Gomes num camburão, com mãos e pés algemados. A viagem até Mangaratiba, por estrada de terra, durou duas horas. Fazia muito calor e o gás do escapamento vazava para dentro do compartimento dos presos. Assim, foi um alívio respirar ar puro no cais de Mangaratiba, de onde fomos colocados no porão de uma lancha que demorou 45 minutos para atravessar o braço de mar até o porto do Abraão, na Ilha Grande.

A ilha é vulcânica, cortada ao meio por uma cadeia de montanhas voltada para o continente. Subimos na carroceria de um caminhão, apelidado de "Cata-corno", junto com os PMs da escolta. A estrada de terra serpenteava até o topo de um morro, de onde se tinha uma vista magnífica para a baía da Ilha Grande, trezentos metros abaixo. Ao começar a descida deu para ver ao longe o presídio: o prédio principal com cerca de 300 metros de comprimento e três andares, onde ficavam os internos — separado por um pátio de areia das oficinas de trabalho, construções térreas ao fundo. Na frente, o edifício da administração. Tudo cercado por um muro de quatro metros de altura, com guaritas de 50 em 50 metros. Na frente do presídio, num espaço com árvores frondosas, as casas onde moravam alguns guardas penitenciários e suas famílias. Na lateral, entre o presídio e uma belíssima praia, o quartel da PM, encarregada do policiamento externo e das muralhas.

De longe, o conjunto parecia bonito, mas de perto viam-se as paredes das celas cobertas de mofo, com samambaias brotando de vazamentos na rede hidráulica. Há muitos anos o presídio não recebia uma pintura, mas e daí? Ele não era para ser admirado, mas temido. Era um presídio-castigo, destinado a presos perigosos e irrecuperáveis, de onde fugir era quase impossível. Quem conseguia ultrapassar os muros tinha que enfrentar uma correnteza que levava para o alto-mar ou fugir para a montanha, garantia de morte por inanição, se não tivesse a sorte de ser capturado antes pelos guardas mateiros que conheciam cada metro da ilha, todas as fontes de água potável e os possíveis abrigos naturais.

O caminhão atravessou o portão, entrou no presídio e parou na frente do prédio da administração. Eu levava apenas uma sacola — com roupas, livros e material de higiene pessoal — que foi cuidadosamente revistada. Assinei um livro de matrículas e recebi um número de identificação, 13.474. A máquina de moer carne do sistema penitenciário procura despersonalizar os detentos, que passam a ser chamados pelo número de matrícula e têm que usar uniformes. Os presos políticos já tinham derrotado a obrigatoriedade do uniforme e não respondiam quando chamados pelo número.

Do centro do prédio principal do presídio uma escada dava acesso aos andares superiores. Nos pisos, uma grade isolava cada uma das galerias, à direita e à esquerda da escadaria. Os presos políticos ficavam na galeria do primeiro andar, do lado voltado para o mar. Passada a primeira grade, havia a casa da guarda, onde ficava a equipe de vigilância interna, feita por guardas penitenciários que eram funcionários do Desipe. Em seguida, passando-se por outra grade, chegava-se à galeria, com 25 cubículos de cada lado do corredor.

Todas as portas estavam trancadas. O guarda levou-me para o sexto cubículo à direita. Ao entrar, fui recebido por um companheiro muito magro, de traços orientais, com uma barba rala que lembrava a do líder revolucionário vietnamita Ho Chi Min. Aton também era da ALN e, como eu, viera de São Paulo para ser preso no Rio em 1969. Iniciamos assim um longo convívio e amizade, interrompido quando ele foi transferido para São Paulo, quase dois anos depois.

A cela tinha quatro metros de comprimento, por dois de largura, com uma janela gradeada no fundo que dava para o pátio onde os presos tomavam banhos de sol. Junto à porta, à direita, dois beliches de concreto com colchões muito surrados. No fundo, a privada e o chuveiro, com duas muretas divisórias. Entre uma das muretas e o beliche, a superfície de concreto de uso múltiplo que servia como mesa ou bancada de trabalho. Os únicos móveis eram as duas banquetas de madeira. Coloquei minha sacola no beliche inferior, indicado por Aton, e logo começaram a abrir as portas para o almoço. O regime era de tranca dura.

Aberta a porta, os ocupantes aguardavam até que todos estivessem prontos e saíam em fila indiana, atravessando as grades, descendo a escada e entrando no escuro corredor do térreo.

Dos dois lados, celas coletivas abarrotadas de presos comuns, pois onde cabiam oito viviam vinte. Ao fundo, o refeitório. Ao entrar, uma bancada à direita com bandejas, pratos, talheres e as panelas com a comida — horrorosa. As mesas eram de alvenaria, com 12 lugares. Era proibido conversar, no percurso ou no refeitório.

Aton explicou a rotina da cadeia: saída para as três refeições e uma hora de banho de sol no pátio, quando não chovia. Vinte e duas horas diárias trancados nas celas. Visitas, só de quinze em quinze dias. Não forneciam roupa de cama lavada nem material de higiene. As cartas eram censuradas, somente livros considerados politicamente inócuos podiam entrar. *O vermelho e o negro*, de Stendhal, nem pensar, pois o guarda encarregado da "seleção" era de poucas luzes e certamente impediria a sua entrada por ser "coisa de comunista".

No primeiro dia de banho de sol Aton apresentou-me a diversos companheiros. A fauna era bem diversificada, todos já condenados pela Justiça Militar: militantes de organizações como a ALN, PCBr, VAR-Palmares, VPR; soldados e marinheiros com militância política antes do Golpe de 64; uns poucos presos comuns que tinham assaltado bancos e haviam sido enquadrados na Lei de Segurança Nacional, apesar da inexistência de motivação política. Durante os banhos de sol, fui aprendendo a driblar as duras regras carcerárias, que nos impediam, por exemplo, de tomar um café minimamente decente — o do refeitório vinha misturado com brometo de potássio.

Os componentes eram bem conhecidos dos presos e resultado de uma notável capacidade de improvisação. Em primeiro lugar, comprar um pouco de pó de café dos presos comuns durante o banho de sol. Para isso, o dinheiro era colocado numa "teresa" e jogado para o fornecedor, trazendo, na volta, o precioso pó. Dentro da cela, usar uma "perereca" para esquentar a água numa caneca de plástico, ou então um "pirulito" que, aceso com um fósforo, tinha a potência de um carvão para esquentar a água colocada numa lata de conserva. Para comunicar-se entre as celas, bastava chegar até a janela, quando não havia guardas no pátio, e conversar com o vizinho, ou então usar uma teresa para passar um bilhete de uma cela para a outra, até o destinatário.

Visitas só de 15 em 15 dias, sempre no salão do andar superior do presídio, com guardas circulando o tempo inteiro. Os visitantes também sofriam para chegar até a Ilha Grande, enfrentando um percurso de 16 horas de ida e volta. Saíam do Rio bem cedo, e iam de trem ou ônibus até Mangaratiba, onde alugavam um frágil barco de pescadores para atravessar o canal até o Abraão. Daí seguiam num ônibus improvisado na carroceria de um caminhão. No presídio, sofriam uma constrangedora revista, sendo obrigados a ficar nus. As mulheres eram submetidas a um exame ginecológico. Numa das visitas, uma funcionária do Desipe exagerou na revista da esposa de Rucivan, um companheiro do MRT. Na saída, ele reclamou com o chefe da guarda. Mais tarde, antes do toque de recolher, Rucivan foi tirado do cubículo e levado para a "surda", a cela de castigo, sem iluminação, colchão ou qualquer conforto. No caminho foi espancado pelos guardas. Muito forte e combativo, tratou de revidar. Apanhou ainda mais antes de ser colocado na surda.

Os presos comuns que levavam as refeições para a cela de castigo trouxeram notícias sobre Rucivan, que deveria ficar 30 dias na surda. Durante o banho de sol, fomos tramando nossa reação e decidimos fazer uma greve de fome, começando no dia seguinte à próxima visita. Caberia às famílias mobilizar os advogados e encaminhar nosso manifesto contrabandeado ao Procurador Geral da Justiça Militar, à Igreja Católica e à imprensa.

A greve de fome começou no dia 17 de novembro de 1971. Na hora do café da manhã. avisamos ao inspetor Prudenciano do Desipe, chefe da guarda do dia, que não sairíamos das celas e que estávamos em greve de fome por tempo indeterminado, bebendo apenas água e comendo açúcar, até que nossas reivindicações fossem atendidas. Entregamos um documento ao diretor do Presídio, major PM Austral Manhães, reivindicando melhoria nas condições carcerárias e o fim dos abusos contra as visitas. Um pouco mais tarde, Manhães foi até a galeria, exigiu que encerrássemos a greve, e nos ameaçou com os piores castigos. Não respondemos às provocações. No dia seguinte, todos foram colocados nas surdas. Pelo menos Rucivan não ficaria sozinho. A greve durou 11 dias. No dia 2 de dezembro, uma comitiva formada por advogados de presos políticos, diretores do Desipe e um representante da Justiça Militar foi até a Ilha. Garantiram que melhorariam as condições da prisão, cumprindo os regulamentos válidos para presos condenados. Concordamos em terminar a greve de fome. Foi uma vitória. Dias depois o major Manhães foi removido da direção do presídio e a vida começou a melhorar um pouco.

Para os guardas do Desipe, os presos políticos eram gente fina. Brigas que acabavam em morte, tráfico de drogas, homossexualismo, jogos a dinheiro e muita violência faziam parte do cotidiano dos 900 prisioneiros comuns da Ilha Grande. Nada disso existia na galeria dos "subversivos". Os guardas mais antigos lembravam dos presos políticos que estiveram na Ilha Grande durante a ditadura Vargas, de 1935 a 1942. Muitos deles viraram figurões da República: senadores, advogados, empresários. Conheciam o movimento cíclico da política brasileira, pois o "mundo gira e a lusitana roda".

Aos poucos, o cotidiano foi melhorando. Seu Prudenciano avisava que ia deixar as celas destrancadas, mas tinha que ser na "manha". Com as portas encostadas podíamos ir, sem dar bandeira, de uma cela para a outra. Foi só o começo. Em março de 1972 a galeria dos presos políticos já era território livre. As portas ficavam abertas o tempo inteiro, não havia mais censura de livros, podíamos fazer comida nas celas, o horário do banho de sol foi aumentado — primeiro para duas, depois, para três horas. Logo tratamos de montar uma organização interna, o "coletivo", chefiado por uma comissão de três membros, eleitos para um mandato de três meses, sem reeleição.

Todos os membros trabalhavam duas horas diárias para o coletivo, em tarefas de manutenção, como faxina da galeria ou trabalho artesanal. Liderados por quem tinha habilidades manuais, começamos a produzir bijuterias e artigos em couro, como protetores de livros, caixas para jóias feitas com palitos de fósforo. As famílias vendiam o artesanato no circuito de resistência à ditadura, que incluía feiras de solidariedade montadas pela Igreja Católica e uma rede de distribuidores. Todo o dinheiro arrecadado servia para ajudar famílias sem recursos financeiros, pagar advogados, comprar remédios, roupas e mantimentos para os presos políticos.

A maioria dos presos entrou para o coletivo, mas sempre existiam os individualistas ou excêntricos, para não dizer malucos. Outra característica do coletivo da Ilha Grande era a inexistência de poderes paralelos, pois as organizações que existiam lá fora deixaram de operar na cadeia. Todo mundo tinha o seu *pedigree*, definido pela organização de origem, mas o coletivo era a instância máxima. Nos presídios políticos paulistas, por exemplo, os militantes mantinham-se organizados por grupos, com predominância da ALN, com uma rigidez muito maior do que a existente na Ilha Grande, onde era possível manter regras coletivas, mas observando a diversidade dos presos. Sem contar a malandragem carioca, que ajudava a amenizar a temperatura interna.

Mas havia um "ovo da serpente" chocando dentro do coletivo. Em 1970 começaram a chegar na Ilha Grande os primeiros presos comuns enquadrados na Lei de Segurança Nacional por participarem de assaltos a bancos. Até 1969, este tipo de ação era exclusiva das organizações de luta armada contra a ditadura, mas muitos bandidos, antes dedicados ao assalto de bares, lojas ou supermercados, resolveram seguir o exemplo dos guerrilheiros, aprendendo com o que liam nos jornais. O prêmio era maior, mas o risco também. Presos, não tinham direito a *habeas corpus*, não era possível subornar os juízes das Auditorias Militares. Acabaram na Ilha Grande, numa galeria de onde era impossível fugir.

No final de 1971, dez presos da Lei de Segurança estavam juntos com 82 guerrilheiros na galeria da Ilha Grande. Totalmente assimilados às regras do coletivo. Participavam de cursos de alfabetização ministrados pelos "políticos" e alguns aderiram ao curso supletivo criado em março de 1972 conforme as normas da Secretaria da Educação do Rio de Janeiro. Assim, em agosto de 1973, 17 presos, entre comuns e políticos, receberam o diploma do supletivo de 1° grau.

A lenta maré da cadeia foi mudando essa relação de forças. Muitos presos políticos ganharam liberdade condicional ou concluíram o período de detenção; o ingresso de novos militantes diminuiu, devido ao refluxo da resistência à ditadura e à política de assassinato sistemático dos militantes da luta armada; em contrapartida, crescia o número de assaltantes de bancos sem motivação política que aportavam na Ilha Grande.

A casca do ovo começou a romper no dia 27 de fevereiro de 1972, quando Ricardo, um preso comum da LSN que sempre fora arredio às normas do coletivo, furtou o relógio de um companheiro. Tratamos de apurar os fatos, imaginando que o relógio poderia ter sido vendido para os presos comuns das outras galerias, pelos quais éramos muito respeitados por denunciarmos as torturas de que eram vítimas. Nossos contatos acabaram localizando o relógio que foi devolvido para o dono junto com o nome do ladrão. Ricardo precisava ser removido do nosso coletivo. A lei da cadeia estabelecia que, quando houvesse brigas entre presos, eles deveriam ser colocados em galerias diferentes, para evitar contatos. Resolvemos dar uma surra no Ricardo, como punição pelo furto e para que saísse da galeria. Cumprida a tarefa, Paulo e eu, os dirigentes eleitos do coletivo na época, procuramos os guardas e assumimos a responsabilidade. Omitimos a questão do furto, relatando apenas um desentendimento com Ricardo, que terminara em briga. Pedimos que ele fosse tirado de nossa galeria. Não deu certo. Trancaram Ricardo em sua cela, enquanto permanecíamos soltos na galeria. A repressão queria assistir a reprodução das serpentes.

Assim começava um conflito que durou 18 meses. Ricardo, da janela acima da porta de sua cela, conversava e insuflava os outros presos comuns. A tensão foi aumentando, com riscos cada dia maiores de um combate armado. Tratamos de mobilizar os advogados e familiares para que pressionassem a Justiça Militar no sentido de removerem os presos comuns da LSN de nossa galeria. Bons políticos, explicamos para os mais antigos comuns da LSN que a separação seria melhor para eles, já que, dissolvidos no conjunto da Ilha Grande ou mandados para o Continente, teriam mais chances de fugir.

Depois de muita pressão, o Desipe mandou construir, em agosto de 1972, um muro dividindo a galeria, com uma porta de acesso para os 16 cubículos do fundo onde foram colocados os 28 presos comuns da LSN. Foi um paliativo, pois todas as vezes que saíam das celas para refeições ou banhos de sol, passavam pelo nosso setor. Nossas celas eram trancadas, mas os guardas não passavam os cadeados. Assim, um grupo de comuns poderia abrir a porta e atacar quem estivesse dentro. Macacos velhos de cadeia, organizamos um esquema preventivo: dez a 12 presos políticos em cada cela armados de porretes e estoques. Sempre que passavam pelo corredor, xingavam e ameaçavam os presos políticos. Aos poucos, a tensão foi diminuindo, até porque os comuns não conseguiam reproduzir nosso modelo de organização e começaram a brigar entre eles, quadrilha contra quadrilha.

Em maio de 1973, o conflito latente entre os presos comuns da LSN veio à tona. Um grupo de quatro deles retornou do continente. Assim que os guardas trancaram a porta, foram atacados por rivais: três deles foram mortos e Silvio só sobreviveu porque entrou numa cela, subiu no beliche superior e usou o colchão para evitar as estocadas, até que os guardas penitenciários interviessem. Foram todos punidos com seis meses de tranca dura nas celas, sem banho de sol. Em novembro, foram liberados da tranca. Nessa época, os comuns já eram cerca de 60, com três ou quatro em cada cela, enquanto 47 presos políticos permaneciam no presídio.

Desde que cheguei na Ilha Grande, em novembro de 1971, estabeleci como meta muito estudo e exercícios físicos, pois tinha um longo período pela frente e sabia da importância da disciplina para sobreviver ao cárcere. Dedicava a noite ao estudo, uma vez encerradas as tarefas da vida coletiva. Tinha clareza de que minha formação teórica era muito fraca, pois nunca tinha estudado a fundo a filosofia e a economia política marxista. Tratei de ler *O Capital*, de Karl Marx, de fio a pavio; depois embarquei na leitura dos *Grundisse*, os cadernos de notas de Marx que serviram de esboço para *O Capital*. Voltei para os filósofos gregos através da "Paidéia", cheguei até Hegel e, daí, parti para a dialética marxista. Na política, devorei os escritos de Lenin e de Marx, em especial *O 18 brumário de Luis Bonaparte*, talvez o melhor texto de análise de conjuntura da literatura marxista. Meu repúdio ao stalinismo e à burocracia soviética aumentaram depois de ler *A história da Revolução Russa*, de Trotsky, e os três volumes da biografia do genial revolucionário russo assassinado no México por ordem de Stalin, escrita por Isaac Deutscher. Tentei compreender a dinâmica do capitalismo brasileiro com ajuda das obras de Celso Furtado, Paul Singer e Octávio Ianni. Boa parte das reservas financeiras de meus pais foram gastos em visitas à Ilha Grande e na compra dos livros e revistas que eu solicitava.

Estudar o mundo real da economia me ajudou a compreender os fundamentos econômicos do chamado "milagre econômico brasileiro", que durou de 1969 a 1973. Quem teve sorte foi o ditador de plantão, Emílio Garrastazu Médici, escolhido pelo comando militar e referendado por um Congresso amordaçado, em outubro de 1969. Toma posse com pompa e inicia a propaganda do Brasil Grande, sonho da milicada e dos tecnocratas da economia comandados por Delfim Netto. Pega uma economia em expansão, capitaliza a vitória da Seleção Canarinho na Copa do México de 1970 e vai em frente, na base do morde e assopra.

Ao ler o Caderno Cebrap, com o texto de Singer analisando o milagre econômico, deu para entender a dinâmica do capitalismo selvagem no Brasil. De 1968 a 1971, o Produto Interno Bruto brasileiro cresceu à média anual de 11,2%, com uma inflação da ordem de 10% anuais. A repressão política, com torturas e assassinatos, continha qualquer tentativa de crítica ao modelo econômico num país em que 75% da população ganhava menos de dois salários mínimos e o reajuste anual era sempre inferior à inflação. Greves reivindicatórias eram proibidas. Assim, o valor real do salário mínimo caiu 60% entre 1959 e janeiro de 1973.

A combinação de arrocho salarial, empréstimos externos e entrada de investimento estrangeiro na indústria automobilística permitiu aumentar os lucros das grandes empresas e transferir uma parte da renda para a classe média. Generosos financiamentos subsidiados para a compra de imóveis pelo Sistema Financeiro da Habitação (SFH) impulsionaram a indústria da construção, enquanto o crédito direto ao consumidor permitia que a classe média comprasse os novos automóveis que saíam das linhas de montagem. No final de 1970 já existiam televisores em 40% das residências, enquanto em 1960 apenas 10% das casas possuíam esse aparelho. A Globo tinha o virtual monopólio da transmissão e ajudava a propagar o sonho do Brasil Grande.

Ler revistas estrangeiras, especialmente as francesas, me permitia acompanhar os conflitos, como a guerra no Vietnã, pela ótica dos socialistas europeus. Havia quem resistisse ao capitalismo selvagem, como os guerrilheiros vietcongues no Vietnã, que enfrentavam 300 mil soldados norte-americanos. Anotava tudo em cadernos escolares, com uma letra miúda, substituindo o nome de Marx por Morgan, para tentar driblar uma eventual revista dos guardas. Além dos estudos, me dedicava também à literatura, dois ou três livros por semana.

A compreensão do mundo da liberdade ajudava a enfrentar a rotina acachapante da cadeia. Aproveitava o horário do banho de sol para correr seis quilômetros no pátio de areia. Só de vez em quando entrava no animado peladão que rolava todos os dias, pois jogava muito mal. Na Ilha Grande, era essencial tomar cuidado preventivo com a saúde, pois só havia um médico, o dr. França, um clínico geral que parecia mais chegado a uma birita. O ambulatório dispunha de pouquíssimos medicamentos, mas tratamos de montar uma boa farmácia no coletivo, com amostras grátis obtidas pelas famílias, que quebravam o nosso galho, e de muitos presos de outras galerias. Uma vez por mês aparecia um dentista na Ilha Grande, cujo único recurso era arrancar dentes. Ele cobrou o seu tributo: quase fiquei banguela, com cinco dentes extraídos porque não podiam ser tratados.

Manter boa saúde não era tarefa fácil. A comida servida aos presos na Ilha Grande era horrorosa. Guardas e presos corruptos que trabalhavam na dispensa e na cozinha desviavam as carnes, frutas, legumes e verduras de melhor qualidade. O que sobrava era transformado numa gororoba insossa, cozidos com partes não identificadas. Depois que ganhamos liberdade de movimento na galeria costumávamos descer para o refeitório e trazer parte da comida em marmitas. Improvisamos fogões elétricos com uma resistência colocada num tijolo, que servia como suporte e isolante, para fritar um ovo ou então misturar um pouco de verdura ao arroz da cadeia, fazendo o tradicional recortado. Em junho de 1972 conseguimos autorização do diretor do presídio para comprar e colocar um fogão elétrico numa das celas da galeria. Deixamos de ir até o refeitório, pois juntando os ingredientes da dispensa com os trazidos pelas famílias, garantíamos uma refeição mais saudável para todo o coletivo. Uma equipe de quatro pessoas preparava a comida, em turnos de uma semana. Outros quatro cuidavam da limpeza. E assim, a rotina dominava o cotidiano moroso da cadeia.

Capítulo 16

Compasso de espera

São Paulo e Rio de Janeiro
Setembro e outubro de 1969

Depois de quase um mês de conversas com Arantes e Fleury concordei em entrar para a ALN em agosto de 1969. O passo seguinte seria encontrar-me com Toledo, o segundo em comando da organização. O encontro foi marcado para o final de agosto, na Barra Funda, bairro central de São Paulo. Já conhecia Toledo do tempo em que estava na Dissidência Estudantil de São Paulo e tivemos uma reunião juntos. Cerca de 1,70 m de altura, Toledo, na realidade Joaquim Câmara Ferreira, era um paulista de Jaboticabal, com 55 anos de idade e 36 anos de militância. Entrou para o Partido Comunista Brasileiro em 1933. Foi preso durante o Estado Novo, eleito vereador em sua cidade natal depois da democratização em 1946, fez cursos na União Soviética em 1948. Jornalista, dirigiu vários jornais do PCB. Fundou o Agrupamento Comunista de São Paulo e depois a ALN, em 1967, junto com Carlos Marighella.

Usava um terno cinza e poderia passar por um bispo católico, sem batina. Depois do cumprimento cordial, seguimos a pé pelo bairro. Aproveitou e mostrou-me a casa onde nasceu e morou o escritor Mário de Andrade. Depois de uma conversa amena para quebrar o gelo, contou o que sabia de mim e perguntou onde eu poderia ser mais útil, ressalvando que eu não deveria ir para o GTA, o núcleo de ação armada, especialmente por causa dos meus dois metros de altura. Soube do treinamento sobre explosivos e inteligência que eu fizera com um sargento do MNR que havia estado em Cuba.

— Todo mundo quer ir para o GTA, parece coisa de *cowboy*. Mas temos muita deficiência na infra-estrutura, quase nada em termos de planejamento operacional, de análise de informações sobre o inimigo. Quero que você entre para um núcleo de inteligência que estamos criando, totalmente compartimentado do resto da organização, longe das ações e ligado diretamente a mim — falou com convicção.

Topei na hora, até porque Toledo era muito firme, tinha muito carisma, mas ponderei.

— Preciso de um tempo antes de começar pra valer. Estou com os dois joelhos baleados por anos de basquete e preciso operar os meniscos. Por qualquer corridinha o meu joelho sai do lugar e fico imprestável.

Ele concordou e disse que o período viria bem a calhar, pois a ALN estava preparando uma grande operação militar, que teria muita repercussão e deveria provocar um contragolpe na ditadura. Assim, quem pudesse deveria ficar na encolha. Marcamos novo ponto para meados de setembro. Fui embora emocionado com a acolhida de Toledo e tratei de ir para Campinas marcar a operação dos meniscos, que ocorreu no dia 2 de setembro, na Santa Casa da cidade. Começava a fazer a fisioterapia de recuperação no leito do hospital, na manhã de 5 de setembro, quando ouvi no rádio a notícia de que o embaixador dos Estados Unidos, Charles Burke Elbrick, fora seqüestrado no Rio de Janeiro no começo da tarde. Era a operação anunciada por Toledo.

Foi de fato espetacular, embora não a primeira deste tipo. Em agosto de 1969, outro embaixador dos Estados Unidos, John Gordon Mein, havia sido alvo de uma ação de guerrilheiros de esquerda em Tegucigalpa, na Guatemala. Resistiu e foi morto a tiros. Apesar desta advertência, Elbrick não mudou a sua rotina diária. Saiu da embaixada, no Centro do Rio, para almoçar na residência da Rua São Clemente, em Botafogo. Às 14:45, o Cadillac preto, dirigido pelo motorista Abel Custódio da Silva, entrou na Rua Marques, uma travessa da São Clemente. Um Volks vermelho estacionado saiu repentinamente e fechou a frente do Cadillac enquanto outro azul impedia que desse marcha-a-ré. Elbrick seguia sem escolta e o sistema de travamento das portas não estava ativado. O motorista foi retirado do carro, um dos guerrilheiros tomou o volante e colocou o quepe, outro sentou ao seu lado, no banco da frente. O líder da operação, Virgílio Gomes da Silva, da ALN, abriu a porta e tomou lugar ao lado de Elbrick, junto com um quarto guerrilheiro, que sentou do outro lado. Pensando que fosse ser morto, a exemplo do colega na Guatemala, tentou reagir e levou uma coronhada na testa. O Cadillac partiu em direção às Laranjeiras, seguido pelos outros dois carros. Numa rua perto do túnel Rebouças, o embaixador foi colocado numa Kombi e coberto com uma lona. Em seguida, foram para o esconderijo, uma casa assobradada na Rua Barão de Petrópolis, no Rio Comprido.

O seqüestro poderia ter sido abortado. Por volta das 10 horas daquele dia, dona Elza, moradora de um apartamento da Rua Marques, havia notado dois homens, com pastas pretas, parados na frente de seu apartamento. Pareciam nervosos. Mais tarde, da mesma janela, às 12:45, confirmou que continuavam lá e ligou para a polícia. Não lhe deram atenção. Um pouco antes, a entrada de um carro preto na rua chamou a atenção dos guerrilheiros. Foi dado o sinal de combate, mas na hora da abordagem repararam que as bandeiras nos pára-lamas do carro não eram dos Estados Unidos. O embaixador português, que também morava na São Clemente, escapou por pouco. Sorte dele e do comando guerrilheiro, pois seu valor de troca era muito menor.

Um manifesto foi deixado no Cadillac abandonado no local do transbordo, depois que Elbrick foi colocado numa Kombi. Afirmava que "a vida e a morte do Senhor Embaixador estão nas mãos da ditadura. Se ela atender às duas exigências, o Senhor Elbrick será libertado. Caso contrário, seremos obrigados a cumprir a Justiça Revolucionária".

O seqüestro foi feito por um comando de militantes da ALN e da Dissidência Estudantil da Guanabara, batizada com o nome de MR-8, mas a lista dos 15 nomes pedidos em troca do embaixador era bastante eclética: líderes estudantis presos — como Vladimir Palmeira, José Dirceu e Luiz Travassos —, e Gregório Bezerra, do PCB, bem como militantes presos da ALN, do MR-8 e de outras organizações. Também foi exigida a publicação do manifesto dos guerrilheiros nos principais jornais, rádios e emissoras de televisão. Seria o sinal de que a ditadura aceitaria libertar os presos políticos.

Na mesma tarde, o ministro das Relações Exteriores, Magalhães Pinto, divulgou uma nota à imprensa: "Convencido de interpretar com fidelidade os sentimentos profundos e autênticos do povo brasileiro, o Governo decidiu fazer o que está a seu alcance para evitar que se sacrifique mais uma vida humana, sobretudo quando se trata de um representante diplomático ao qual o Estado brasileiro, tradicionalmente hospitaleiro, deve proteção especial." À noite, os meios de comunicação divulgaram o manifesto revolucionário. A Ditadura tinha capitulado, temporariamente.

O momento do seqüestro não podia ter sido mais bem escolhido. Na madrugada de 29 de agosto, o "presidente" de plantão, marechal Costa e Silva, tivera um derrame cerebral e estava incapacitado. Uma junta militar, formada pelos ministros do Exército, Marinha e Aeronáutica, recusava-se a passar o bastão para o vice-presidente, Pedro Aleixo. A notícia só foi divulgada em 1° de setembro, alertando que os "ministros militares se encontravam no exercício temporário da Presidência da República" desde domingo, 31 de agosto. O pau comia solto nas fileiras militares. Radicais da direita da Brigada dos Pára-quedistas do Exército, da Aeronáutica e do Cenimar da Marinha não queriam libertar os 15 presos políticos. De quebra, buscavam aproveitar o episódio para aprofundar a ditadura.

O Cenimar já havia localizado a casa onde estava Elbrick, no Rio Comprido, e queria invadi-la. Pressionada pelo governo dos Estados Unidos a junta militar conteve a rebelião, os 15 presos políticos partiram para o México num avião C-130 da Força Aérea Brasileira e o embaixador Elbrick foi libertado no dia 7 de setembro, setenta horas depois de seqüestrado. O seqüestro despertou grande interesse nos Estados Unidos, com notícias nas primeiras páginas dos jornais e destaque maior do que o falecimento de Ho Chi Min, o líder do Vietnã do Norte.

Apesar de perseguidos pelos agentes do Cenimar, os guerrilheiros que estavam na casa do Rio Comprido conseguiram escapar. Entre eles, Toledo, que completara 56 anos no dia 5 de setembro. Contudo a repressão veio com tudo para cima da ALN e do MR-8. No dia 9 de setembro, um dos guerrilheiros do MR-8, Cláudio, o mesmo que dirigira o Cadillac, foi preso num apartamento do Leme, no Rio, após trocar tiros com a equipe do Cenimar. O militante encarregado de limpar a casa da Barão de Petrópolis após o seqüestro descuidara-se e deixara um paletó de Cláudio na casa. A partir da etiqueta do alfaiate, o Cenimar chegou até o apartamento de Cláudio. Toledo, Virgílio e dois outros militantes da ALN conseguiram com muita dificuldade furar o cerco e chegar até São Paulo, onde o clima também estava carregado.

As primeiras quedas da ALN começaram antes mesmo do seqüestro de Elbrick. No dia 3 de setembro, o Dops paulista invadiu um apartamento em Vila Buarque, no centro de São Paulo, matou José Wilson Sabag a tiros e prendeu outro quadro da ALN. No dia seguinte, dois outros militantes da ALN morreram na Rua da Consolação, a dois quarteirões do apartamento da Vila Buarque, quando uma bomba que carregavam num Volks explodiu antes do tempo.

No campo político, a reação ao seqüestro não demorou. A junta militar e um conclave composto por oficiais generais das três armas "elege" em 29 de setembro o novo "Presidente da República", Emílio Garrastazu Médici, até então chefe do Serviço Nacional de Informações (SNI). Imediatamente são editados os atos institucionais 13 e 14, institucionalizando a nova política repressiva, que incluía uma Lei de Segurança Nacional ainda mais dura.

Foi este o clima que encontrei em São Paulo, ao retornar em meados de setembro. Apesar da perseguição, Toledo compareceu ao encontro, acompanhado de um negro alto, que se apresentou com o nome de guerra de Tião. Seria o meu novo contato. Despedi-me de Toledo e continuei com Tião, que era do Comando Nacional da ALN e controlava um esquema para fabricar armas e explosivos. Recomendou muito cuidado e pediu um tempo, pois as prisões de militantes aumentavam. Ficou combinado que, enquanto aguardava uma pausa na repressão, eu usaria o meu apartamento para produzir fulminato de mercúrio, um explosivo de alta potência empregado em detonadores de bombas.

Coisa de louco. Eu tinha vários manuais detalhando o processo de fabricação, mas nenhuma experiência prática — sem contar as aplicadas experiências que fizera no laboratório de química em meu segundo ano de Física da USP. Todos os componentes podiam ser comprados em lojas especializadas. O mercúrio foi retirado de uma batelada de termômetros comprados em farmácias. A mistura dos componentes tinha que ser feita cuidadosamente, com uma pipeta que gotejava numa cuba de cerâmica. A temperatura da reação precisava ser controlada, para que os cristais de fulminato não explodissem. Pior de tudo, um gás altamente tóxico era produzido e não existia uma capela, como nos laboratórios, que fizesse a exaustão dos gases. Tratei de improvisar. Fazia o explosivo numa cuba de cerâmica colocada no chão, junto ao ralo do banheiro, com todas as torneiras do apartamento ligadas, para que o fluxo de água sugasse o gás para o encanamento. Deu certo. A cada encontro com Tião entregava um pequeno frasco, muito bem embalado com algodão, com os perigosos cristais de fulminato.

Continuava confiante na ALN e na Revolução, mas em compasso de espera, aguardando o momento de iniciar a montagem do esquema de coleta de informações combinado com Toledo. Mas o clima era bem diferente da primeira metade de 1969, quando fora atraído para a ALN pela exuberância de suas ações de propaganda armada. A repressão já não atuava às cegas. Com a montagem da Operação Bandeirantes (OBAN) passou a haver uma efetiva coordenação e sintonia entre os diversos órgãos repressivos. A estrutura, os objetivos e o modo de operação das organizações de esquerda armada já eram conhecidos. Mas a tortura continuava sendo essencial para arrancar as informações que permitiriam novas prisões.

A rede de apoio dos simpatizantes da ALN começou a ser minada, reduzindo o espaço operacional dos militantes clandestinos e procurados pela repressão. Em setembro e outubro, vários quadros que participaram do seqüestro do embaixador norte-americano foram presos, entre eles Virgílio Gomes da Silva, o Jonas. Nascido em 1933, em Sítio Novo, no Rio Grande do Norte, chegou em São Paulo em 1951, foi trabalhar numa pensão e depois abriu um bar na Zona Norte.

Sua carreira política começou em 1957, quando era operário da Nitroquímica em São Miguel Paulista e aderiu ao PCB. Comandou uma greve de 3 mil operários em 1963. Na ocasião, levou um tiro na virilha num choque com a polícia. Preso por 15 dias depois do golpe de 31 de março de 1964, exilou-se no Uruguai, mas logo retornou para São Paulo. Quando Marighella rompeu com o PCB em 1967 e montou o Agrupamento Comunista de São Paulo, Virgílio foi um dos primeiros a aderir. Fez treinamento militar em Cuba em 1967, como parte do 1° Exército da ALN. Retornou ao Brasil em 1968 e assumiu o comando do GTA de São Paulo, depois da morte de seu comandante, Marquito, em janeiro de 1968. Virgílio foi preso no final de setembro de 1969 e levado para a OBAN da Rua Tutóia. Resistiu a terríveis torturas e ainda gritava: "Podem me matar. Vocês estão matando um brasileiro." Foi assassinado na OBAN sem dar nenhuma informação ao inimigo.

Capítulo 17

A rota da infiltração

Presídios da Ilha Grande e Hélio Gomes
Rio de Janeiro
Julho de 1972 a março de 1974

Enquanto durou o imbróglio com os presos comuns da Lei de Segurança, os presos políticos corriam risco de vida nas constantes viagens para o Continente, seja para interrogatórios, ida ao hospital ou às auditorias militares. Viajávamos juntos nos barcos e no camburão e, quando em minoria, poderíamos ser atacados. Em agosto de 1972 fui para o Rio, junto com mais dois companheiros e apenas um preso comum. No presídio Hélio Gomes (PP), onde ficávamos de passagem, existia uma cela exclusiva para os presos políticos. Após uma audiência na Auditoria da Aeronáutica, num outro processo em que era acusado de assaltar um banco em Ipanema, encontrei um grupo de companheiros no PP, em trânsito das guarnições militares da Vila Militar para a Ilha Grande. Um deles, Raul, do PCBR, tinha sido preso no começo de 1971, num período em que sua organização, a ALN e a VPR atuavam em frente, compartilhando infraestrutura e ações.

Raul conhecia a minha história, sabia que o meu nome havia sido negado no seqüestro do embaixador suíço. Começamos a trocar figurinhas. Ele queria saber como era a vida na Colônia Penal e eu queria notícias da ALN. O papo rolou noite afora e foi então que consegui decifrar o mistério da minha captura. Dois militantes da Frente de Libertação Nacional (FLN) escaparam de uma leva de prisões e conseguiram contato com a VAR-Palmares no começo de 1969. Eram agentes infiltrados da repressão, que passaram pelos frágeis controles da FLN e ganharam passaporte para outras organizações guerrilheiras.

Foram eles que contribuíram para a queda de dirigentes nacionais da VAR em abril de 1970. Contactaram a ALN em maio, alegando que haviam perdido os contatos com a VAR e oferecendo um dote muito atraente: uma casa segura num subúrbio, que poderia ser usada num seqüestro, dois mimeógrafos e três metralhadoras INA. O suficiente para fazer brilhar os olhos da Coordenação Regional da ALN, que necessitava de quadros e recursos materiais. Ninguém investigou mais a fundo a história que inventaram, mas o aparelho e as metrancas eram reais. O mais velho, que usava o nome de guerra de Tio, ficou encarregado de manter a casa, usando uma boa cobertura para o caso de ela ser usada em alguma ação revolucionária. O mais jovem, Artur, foi deslocado para o GTA, garantindo que era um exímio piloto. Na primeira ação de que participou, um assalto a uma drogaria na Rua 1° de Março, no Centro do Rio, mostrou que não era um ás do volante e ganhou fama de cagão. Era ele que guiava o carro da cobertura, que deveria seguir o fusca onde estaria o dinheiro. Quando o pessoal saiu da drogaria, carregando um pesado saco de moedas — só tinha trocados — Artur se apavorou e saiu na frente, fazendo barbeiragens no caminho do

Aterro. O companheiro que dirigia o outro carro conseguiu ultrapassá-lo, mas a cagada já estava feita. Foi mantido no GTA, mas longe do volante.

Em junho, a ALN preparava um ousado assalto. O alvo era um posto bancário dentro da refinaria de Manguinhos, que ficava na movimentada Avenida Brasil, muito vigiada e com guardas na entrada. Entretanto, a parte dos fundos era desguarnecida, com uma rua de terra sem movimento na divisa, protegida por um alambrado, um portão trancado apenas com corrente e um cadeado. O plano era entrar pelos fundos, onde não havia guardas, atravessar o terreno onde ficavam os depósitos de combustível e chegar até o posto bancário que, no dia do pagamento, era vigiado por três guardas. Colocaríamos todos no banheiro advertindo-os de que não tentassem nos seguir, pois uma bomba fora colocada num tanque de combustível e poderia ser detonada por controle remoto. A bomba era um blefe, mas o plano estava bem montado. Doze militantes, em três carros, reuniramse por volta das oito da manhã para acertar os detalhes do assalto. Somente os coordenadores de cada grupo de quatro sabiam dos detalhes e do objetivo. Quando o plano foi apresentado, deu para perceber que Artur ficou lívido. Nada anormal, pois tinha a fama de cagão. Mas o cara pensava rápido. Deve ter passado pela sua cabeça que aquela ação poderia colocar a refinaria em risco e seria um golpe de propaganda para a guerrilha urbana. Tinha que ser abortada. Pediu a palavra e falou:

— Companheiros, já trabalhei em Manguinhos e o esquema está todo furado. Além dos guardas bancários, tem mais o pessoal da segurança da refinaria, que fica no prédio em frente ao posto, armado com revólveres e escopetas nos armários.

A informação bagunçou nosso coreto. Nelson, que comandava o GTA, optou pela desmobilização, pois um dos princípios da guerrilha urbana era o de assegurar vantagem numérica significativa em toda a ação. Artur colheu um trunfo, que não foi o maior.

O relato de Raul no PP permitiu analisar retrospectivamente tudo o que ocorreu no GTA depois do ingresso de Artur. Percebi que não fora apenas uma onda de azar que atropelou o GTA do Rio. Artur devia informar seus superiores das ações que ficava sabendo com antecipação. Algumas eram permitidas, desde que houvesse pouco dinheiro ou armas à disposição.

Mas tinham uma caça mais preciosa na mira. No final de julho, Tio foi avisado que a casa seria usada num seqüestro e passou a ter contato com Bacuri, que comandaria a ação, preparada sem que todos os militantes do GTA fossem informados previamente. Bacuri ia com freqüência à casa onde Tio morava, para verificar os arredores.

Contei esses fatos e os detalhes da minha prisão para Raul e concluímos que a repressão, com auxílio dos infiltrados, poderia permitir o seqüestro para seguir o maior número de militantes, tentar libertar o diplomata e capturar o comando da ALN. Se esse era o plano, acabou sendo frustrado pela atuação de Artur na ação contra o banco de Ramos, quando deixou o seu posto e saiu correndo pela rua, depois que o guarda foi morto. No dia seguinte, foi afastado do GTA. Provavelmente o Cenimar, que controlava os dois infiltrados, concluiu que tinham deixado de ser úteis. Trataram de prender quem já havia seguido e localizado. Esta foi a razão de termos sido presos, eu, Guarany e Robertinho. Bacuri foi capturado na Rua Jardim Botânico, na tarde de 21 de agosto, depois de ser seguido ao sair da casa de Tio.

Nem assim os dois desistiram. Segundo o relato de Raul, tentaram infiltrar-se no PCBR no começo de 1971. Jogaram o mesmo papo, oferecendo armas e explosivos e afirmando terem conseguido escapar depois das quedas da ALN em agosto de 70.

Só não sabiam que as duas organizações operavam em frente. Um dos dirigentes do PCBR perguntou para seu contato na ALN se a história dos dois era verdadeira. A conclusão inevitável foi que eles eram os responsáveis pelas prisões dos militantes da VAR e da ALN. Ainda foi tentado um ponto com eles, com o firme propósito de aplicar a Justiça Revolucionária, mas os dois canalhas sumiram do mapa.

Depois desse papo com Raul fiquei um pouco mais aliviado, pois descobri a causa de minha prisão. Por outro lado, percebi como a repressão avançara nos métodos de combate à guerrilha e temi pelos companheiros que ainda lutavam, em liberdade. O pior de tudo na temporada da Ilha Grande foi acompanhar, impotente, o assassinato de tantos amigos e companheiros queridos, presos pela ditadura. Em meados de 1971, teve início a política sistemática de assassinar todos os militantes que voltavam do treinamento em Cuba, ou a turma da pesada das organizações revolucionárias. No começo, as vítimas faziam parte dos grupos que haviam aderido à luta armada. Em 1973, começaram a liquidar os dirigentes do Partidão, quando perceberam a maré montante da luta política por liberdades democráticas.

A repressão estava cada vez mais institucionalizada. Em 1971, foram criados em São Paulo, Rio de Janeiro, Brasília, Rio Grande do Sul e Ceará cinco Centro de Operações de Defesa Interna (Codi), subordinados ao Centro de Informação do Exército (CIEx), para coordenar a ação dos órgãos repressivos em suas regiões. Trezentos policiais e militares estavam lotados em cada Codi, chefiados por oficiais do Exército. Seu braço operacional eram os Departamentos de Operações e Investigação (DOI), cada um deles formado por três turmas que trabalhavam 24 horas, descansando outras 48 horas.

Cada DOI era dividido em três equipes. A de busca seguia e prendia militantes. Para não chamar a atenção, usava ambulâncias ou veículos de empresas de eletricidade, telefônica, abastecimento de água ou mesmo de alguns jornais. A equipe de análise reunia informações sobre os militantes e suas organizações e orientava o trabalho dos torturadores, formulando perguntas para as equipes de interrogatório, a quem cabia o trabalho mais sujo: quebrar a resistência dos militantes com um arsenal de instrumentos de tortura, tais como a cadeira de dragão, o pau-de-arara, as máquinas de choque elétrico, as palmatórias.

Novos presos políticos que chegavam à Ilha Grande contavam que a sofisticação das técnicas de tortura havia aumentado. Em 1971 importaram da Inglaterra a "geladeira", tecnologia muito usada contra os militantes do Exército Republicano Irlandês. Uma delas foi montada no DOI-Codi, que funcionava no fundo do terreno do 1° Batalhão de Polícia do Exército no Rio de Janeiro: uma cela de dois metros por dois metros, com 1,8 m de altura, isolamento acústico e totalmente pintada de preto por dentro. Quem ficava lá dentro perdia a noção de tempo e espaço. Podia ficar sem ouvir nenhum ruído durante dias, ou então ser bombardeado por sons de carros freando, moedas caindo, gente sendo torturada. A temperatura era constante — 10°C — e os presos eram mantidos nus.

Procuravam a adesão de presos sob tortura, para que ajudassem a efetuar novas prisões, ou então seguiam um simpatizante ou militante durante semanas para tentar descobrir seus contatos. Toledo, o dirigente da ALN, foi vítima de um militante preso no Pará, que passou para o lado da repressão para evitar a tortura. Primeiro divulgaram na imprensa a notícia de que tinha conseguido escapar de um hospital em Belém; dias depois ele apareceu em São Paulo: teve um ponto com uma militante da coordenação nacional, que foi seguida até um encontro com

Toledo na Rua Lavandisca, no bairro paulistano de Moema, onde foi imediatamente preso pela equipe de Fleury. Aos 57 anos, Toledo resistiu o quanto pôde, chegando a morder os policiais. Foi levado para um centro clandestino de tortura montado pelo delegado Fleury numa chácara perto de São Paulo. Sofreu um ataque cardíaco e morreu logo depois da prisão, no dia 23 de outubro de 1970.

Para outros militantes o calvário foi ainda pior. Aurora Maria Nascimento Furtado, minha amiga Lola, estava no GTA do Rio de Janeiro. No dia 9 de novembro de 1972, cobria um ponto com um companheiro em Parada de Lucas, na Zona Norte do Rio de Janeiro, quando um camburão da Delegacia de Roubos e Furtos parou e pediu sua identificação. Lola sacou uma arma e atirou nos policiais, dando cobertura para que o companheiro fugisse. Foi presa às 9:40 da manhã e levada para uma delegacia conhecida como Invernada de Olaria, muito usada pelos policiais da Scuderie Le Coq, o esquadrão da morte do Rio de Janeiro. No dia seguinte disseram que havia morrido ao tentar fugir; mas seu crânio foi esmagado com um instrumento chamado "coroa de Cristo", que ia sendo apertado aos poucos até provocar a morte por compressão do cérebro.

O rosário de assassinatos não terminava. Tinha medo de ler os jornais. Quando me encontrava na Ilha das Flores, aguardando a libertação após o seqüestro do embaixador suíço, sonhava que iria encontrar meus antigos companheiros da Dissidência Estudantil de São Paulo em Cuba e que, juntos, organizaríamos um recuo, suspendendo as ações armadas no Brasil. Errei de longe. Muitos deles voltaram para o Brasil e passaram a ser mortos, sistematicamente.

Zé Arantes foi o primeiro, assassinado no bairro de Vila Prudente, em São Paulo, no dia 5 de novembro de 1971. No dia 10 de dezembro do mesmo ano, Fleury foi encontrado crivado de balas num carro deixado no Méier, no Rio de Janeiro. Em 9 de janeiro de 1972, Jeová de Assis Gomes, que me recrutara para a Dissidência Estudantil em 1966, voltou para montar o esquema de guerrilha rural e foi assassinado com um tiro de fuzil pelas costas em Guará, Goiás. Lauriberto Reis, o Lauri, que conheci quando estudava na Politécnica da USP e morava no CRUSP, morreu numa emboscada montada por agentes do DOI-Codi no bairro de Tatuapé, em São Paulo.

O último da turma a ser assassinado foi o poeta, filósofo, arquiteto e revolucionário Antonio Benetazzo, morto sob tortura no DOI-Codi da Rua Tutóia, em São Paulo, em 30 de novembro de 1972. Todos tinham saído da ALN quando estavam em Cuba e formado o Movimento de Libertação Popular (Molipo). Na cadeia, corriam rumores de que chegaram ao Brasil com a sentença de morte assinada, pois a Agência Central de Informações (CIA) dos Estados Unidos teria um agente infiltrado na embaixada de Cuba de Paris, por onde todos eles teriam passado para receber a documentação com que entrariam no Brasil. Outra hipótese, entretanto, afirmava haver uma infiltração policial no Molipo. Nunca foi provado.

Quem estava certa era minha mãe, que torceu para que eu não fosse libertado no seqüestro do embaixador suíço, pois acabaria voltando para o Brasil e sendo morto. Muito provavelmente, triunfaria a lealdade grupal e o senso de compromisso com quem estava sofrendo com a repressão no Brasil. Chorei muito a morte desses e de outros companheiros. Somente com muita disciplina fui capaz de não submergir numa profunda depressão. A chama da revolta, porém, continuava acesa. Colei na parede da minha cela uma frase de Alain Geismar, líder da revolta estudantil francesa de maio de 1968:

"Quando a revolta cessa, restam dois caminhos, o suicídio ou os tranqüilizantes." Só como lembrete.

Sonhar de olhos abertos era a maneira de manter a esperança e fugir do sufoco. Como não era religioso, mas sim um empedernido materialista, todas as noites deixava a imaginação fluir, sonhando com a liberdade e recordando os bons momentos do passado, como o companheirismo e a amizade que marcaram minha militância política e que contribuíram para minha decisão de aderir à ALN em julho de 1969.

Capítulo 18

Novamente juntos

Rio de Janeiro, São Paulo e Jaú
Abril a julho de 1969

A pequena sala estava dominada pelo chiado hipnótico do maçarico que cortava, caprichosamente, o espesso metal pintado de verde. Reflexos azulados da chama brilhavam nas paredes, mas não eram capazes de dissipar a tensão.

E se dentro do cofre houvesse apenas papéis velhos? A informação sobre o seu conteúdo era altamente confiável. Um simpatizante revelara que sua tia, Ana Capriglione, ex-amante de Ademar de Barros, guardava no cofre de sua mansão em Santa Teresa, no Rio, uma parte ponderável do dinheiro da corrupção arrecadado pelo ex-governador paulista. O simpatizante já tinha ouvido muitas histórias a respeito da fortuna, em dólares, depositada no cofre. Mas também podia ser fantasia.

Devia ser uma informação quente, como tantas outras dicas preciosas que tinham fluído através dos militantes e simpatizantes das organizações guerrilheiras. As ações armadas urbanas incendiavam a imaginação dos jovens que se opunham à ditadura militar. As organizações contavam com sólidas bases de apoio, especialmente junto à classe média. Muita gente não se dispunha a empunhar armas, mas topava fazer levantamentos de possíveis alvos, transmitir informações, esconder gente procurada pela repressão ou material clandestino.

Quando a informação chegou ao comando da VAR-Palmares em abril de 1969, despertou enorme interesse. Não só pelo valor material, mas pelo golpe político: o dinheiro da corrupção política burguesa sendo expropriado para ser usado pela revolução. O simpatizante passou um levantamento detalhado do interior da mansão e dos hábitos de seus ocupantes. A área externa foi minuciosamente estudada.

No dia escolhido, a turma entrou na casa sob o disfarce de membros da Polícia Federal. Uma Kombi encostou sem problemas junto à escada que dava acesso ao interior da mansão. Todo mundo tinha sido dominado. O único contratempo foi a queda do cofre, que rolou pela escada interna, fazendo uma barulheira e deixando um rastro de mármore quebrado. Felizmente, ninguém percebeu nada da rua. Então, o cofre foi descido com cuidado redobrado até a Kombi. Dali até o aparelho onde iria ser aberto foi um passeio. O carro da cobertura só acompanhou a Kombi durante um certo trecho do trajeto.

Faltava pouco para o maçarico completar o buraco. Na reta final, era preciso tomar cuidado para não queimar o conteúdo do cofre. Pronto. Estava terminado. Foi jogada água para esfriar o metal. Ansiosamente, uma mão tateou o interior do cofre e voltou com um maço de papel. Não era qualquer papel, mas dólares autênticos. Notas de cem e de cinqüenta molhadas pela água, e logo secas em varais improvisados. Foram necessárias horas para contar a fortuna que passara para os revolucionários: um pouco mais de 2,5 milhões de dólares. No dia 18 de julho de 1969 a VAR-Palmares executou a mais rentável expropriação feita pela esquerda revolucionária desde que começaram as ações armadas em 1968.

VAR-Palmares, ALN, PCBr, MR-8, Ala Vermelha do PC do B e VPR eram algumas das organizações que estavam fazendo ações de propaganda armada urbana. Todas pregavam como objetivo principal o lançamento da guerra de guerrilhas no campo, onde eram maiores as tensões sociais. No começo, as ações urbanas serviam para arrecadar dinheiro, obter armas e munição, que deveriam ser usados para preparar a luta no campo. Até o final de 1968, muitas das organizações não se identificavam ao fazer ações armadas urbanas, pois o objetivo era levantar fundos e recursos.

Depois que a ditadura militar decretou o Ato Institucional nº 5, na sexta-feira, 13 de dezembro de 1968, não restou espaço para manifestações políticas. Foi o sinal para as cassações de mandatos de parlamentares, as prisões arbitrárias, as torturas, a censura à imprensa e a proibição de passeatas e assembléias. A partir do AI-5, a maioria das organizações passou a dar um caráter de propaganda armada aos assaltos a bancos e ações para a obtenção de armas. Também eram feitas ações de cunho político, como a captura de rádios para colocar no ar manifestos revolucionários e comícios-relâmpagos feitos sob proteção armada.

Tudo isso servia para mostrar que a chama da resistência à ditadura militar continuava acesa. Enquanto isso, a preparação da guerrilha rural continuava lentamente, sem resultados imediatos tão vistosos. Desde 1967 o PC do B já estava na sua área — Alto Araguaia, no sul do Pará — e ainda seriam necessários muitos anos até o momento em que as primeiras operações fossem lançadas. A ALN começava a montagem da sua infra-estrutura na região do sul do Pará.

Marighella, o fundador e líder da ALN, definia que a primeira fase da luta guerrilheira no Brasil era a de planejamento e preparação, o que "exigia um pequeno núcleo de combatentes imune ao convencionalismo dos partidos políticos de esquerda tradicional e de suas lideranças oportunistas". Nesta fase, seria feito o recrutamento, seleção e adestramento dos militantes, a montagem de uma rede de apoio logístico à guerrilha rural e o deslocamento de quadros para as regiões prioritárias do campo.

As propostas de Marighella ganharam ampla divulgação em setembro de 1968 quando o *Jornal do Brasil* publicou seu texto, "Algumas questões sobre a guerrilha no Brasil". Nele, ficava explícito que Marighella não era adepto da teoria do foco guerrilheiro, que propunha uma reedição do modelo cubano, em que um pequeno grupo de revolucionários lançaria a guerrilha numa região inóspita do campo, de preferência uma montanha semelhante a Sierra Maestra, para catalisar a revolta popular. O texto foi escrito em Cuba, onde o autor se encontrava para a reunião da Organização Latino-Americana de Solidariedade, no final de 1967. Ou seja, logo depois que soube da morte de Che Guevara nas selvas da Bolívia e do fracasso do foco guerrilheiro que estava tentando lançar.

Segundo Marighella, a guerrilha brasileira deveria evitar a região do cerco estratégico, na faixa territorial à margem do Atlântico, onde existia "a concentração da superestrutura das classes dominantes e das forças repressivas, na região mais bem povoada do Brasil, de maior penetração do capitalismo, servida por modernas rodovias". Até porque as tropas militares à disposição da Ditadura tinham um quartel ali. Assim, a guerrilha deveria ser lançada nos fundões do Brasil. Ao invés de focos, ele propunha a montagem de colunas guerrilheiras móveis que, na fase de lançamento, não se preocupariam em dominar territórios, mas sim em dar combate às tropas inimigas, gozando da vantagem da mobilidade e da surpresa.

Este roteiro não foi seguido à risca. Na primeira metade de 1969, o que dava ibope e a ilusão de que a guerrilha estava em alta eram as ações armadas urbanas. No começo, a repressão foi surpreendida, e os feitos dos guerrilheiros urbanos empolgavam a imaginação de todos os que se opunham à ditadura. Marighella, comandante da ALN, definira que 1969 era o ano da guerrilha rural, mas a face mais portentosa da organização eram as ações armadas desencadeadas em São Paulo, Rio de Janeiro e outras cidades.

Em agosto de 1969 era difícil resistir ao apelo de engajamento na ALN. No começo daquele ano, a Ação passara a assumir todas as ações armadas urbanas, como uma forma de mostrar que a resistência à ditadura militar permanecia ativa. Na metade de 1969, a ALN tinha dois Grupos Táticos Armados (GTAs) atuando em São Paulo, com cerca de 40 militantes, e mais uma vasta rede de apoio. Esses grupos eram incumbidos de assaltar bancos para levantar fundos, obter armamento e explosivos. Em todas as ações eram deixados folhetos com mensagens revolucionárias assinadas pela ALN.

Um dos amigos que mais insistia para que eu me juntasse à ALN era o Fleury — nenhum parentesco com o delegado Fleury —, que comandava um dos GTAs de São Paulo. Éramos amigos desde 1967, quando ele estudava Direito na Pontifícia Universidade Católica, no bairro de Perdizes, e militávamos na Dissidência Estudantil de São Paulo. Na segunda metade de 1968, Fleury largou a Dissidência e juntou-se à organização comandada por Marighella, na época ainda chamada de Agrupamento Comunista de São Paulo. Em outubro de 1968, num encontro na Faculdade de Filosofia, ele me falou dos planos de Marighella pela primeira vez. A conversa não avançou. Manifestei minhas restrições às táticas de luta da ALN e Fleury pareceu não querer polemizar. Ou, então, preferiu guardar alguns trunfos na manga, que poderiam ser usados para convencer-me. Mas em outra hora.

Em janeiro de 1969 ele voltou à carga. Encontrei-o, por acaso, na Rua Alfonso Bovero. Depois fiquei sabendo que ele estava fazendo um levantamento para preparar um assalto a uma das agências bancárias da rua.

— E aí, Grandão? Quando você vai largar estes bundas-moles e assumir o seu lugar junto aos verdadeiros bolcheviques? — provocou Fleury. Não pude deixar de notar a sua peculiar ironia. Pelo menos ele foi direto ao ponto.

— Vocês têm que mostrar a que vieram — respondi. — Até agora a ALN, que me parece um saco de gatos, não se diferenciou das outras organizações.

Fleurizinho era uma parada dura. Uma vez, um militante da Polop, que atuava no movimento estudantil, perguntou o que ele achava de um outro membro da mesma organização, que concorria numa eleição para um centro acadêmico.

— É um cara muito elegante e bem apessoado — respondeu Fleury.

— Tudo bem, mas o que você acha dele politicamente? — insistiu o outro.

— É um cara muito elegante e bem apessoado.

O outro não perguntou mais nada.

Uma das questões que me mantinha à distância da ALN era a radical negativa de montar uma estrutura nos moldes de um partido político. Marighella pregava que o momento exigia ação, dando provas de que era possível responder à escalada repressiva, depois do Ato Institucional nº 5. Tanto que o nome da organização era Ação Libertadora Nacional, muito parecido com o da Aliança Nacional Libertadora (ANL), liderada pelo Partido Comunista Brasileiro, que organizou uma sublevação no Rio de

Janeiro e no Rio Grande do Norte, em 1935, na tentativa mirífica de derrubar a ditadura Vargas. Nessa época, inclusive, Marighella já era quadro do PCB, tendo sido preso após a Intentona fracassada.

O nome ALN surgiu no final de 1968 e logo os panfletos com a nova sigla eram deixados nas ações armadas organizadas em todo o país. A proposta básica da Aliança era de que a ação violenta revolucionária daria origem à organização. A repulsa à ditadura militar e a vontade de pegar em armas para derrubá-la deveriam ser os critérios básicos do recrutamento de militantes. Uma vez filiados à ALN, os grupos regionais tinham total autonomia para realizar as ações armadas contra a ditadura. Assim, existiam coordenações regionais e uma Coordenação Nacional, responsável em dar suporte aos grupos locais, preparar o lançamento da luta agrária e organizar ações armadas de maior envergadura, que exigiam a participação de militantes de várias regiões do país.

No começo de 1969, eu não concordava com essas propostas. Achava que o trabalho de montagem da guerrilha rural assumia prioridade e que este exigia um alto grau de dedicação e experiência dos militantes. Somente aqueles com uma prática revolucionária impecável, testada no movimento de massas, deveriam ter contato com o trabalho rural. Além disso, os critérios de recrutamento da ALN me assustavam um pouco. Parecia-me que bastava ser contra a ditadura e ter coragem de pegar em armas para ganhar um lugar na Aliança.

Fleury não estava sozinho na ofensiva para recrutar-me para a ALN. O Zé Arantes também estava bastante ativo nesta empreitada. Éramos amigos desde 1967, quando ele assumiu a responsabilidade de reorganizar a base de militantes da Dissidência Comunista de São Paulo na Faculdade de Filosofia da USP. Eu tinha acabado de entrar no Instituto de Física da USP, já com a missão de montar uma base da DISP por lá. A partir do contato político, nós nos tornamos amigos. Arantes também estava matriculado no terceiro ano de Física, mas permanecia totalmente afastado das aulas, dedicado ao trabalho político.

Zé cursava o 2º ano do Instituto Tecnológico da Aeronáutica quando veio o golpe de 1964. Logo em seguida foi preso e mandado para a prisão no navio *Raul Soares*, ancorado ao largo da costa da cidade paulista de Santos. Arantes organizara uma bem nutrida base do PCB no ITA, nas barbas dos oficiais da Aeronáutica. Expulso do ITA, acabou na Física da USP, uma escola que tinha sido um núcleo de resistência ao golpe de 1964.

Era um brilhante articulador político. Não era muito chegado a falar em assembléias estudantis, pois quando falava sempre tendia a apelar para a razão e, em momentos de disputa, era necessário fazer apelos à emoção. Nascido em Pirajuí, no interior de São Paulo, não disfarçava o sotaque caipira. Depois da prisão em 1964, Zé carregava a casa nas costas. Numa sacola a tiracolo levava uma muda de roupas, livros e uma flauta doce, da qual arrancava sons harmoniosos nas horas vagas. Para todos os efeitos, morava no bloco D do Conjunto Residencial da Universidade de São Paulo, na Cidade Universitária, um conjunto de edifícios que abrigava estudantes do interior e da capital e que era um formidável núcleo de resistência à ditadura militar.

Depois que ficamos amigos, ofereci a quitinete onde morava na Rua Major Sertório, no Centro de São Paulo, a quatro quarteirões da sede da Faculdade de Filosofia. Um local muito conveniente, pois Zé era presidente do grêmio dos estudantes da Faculdade desde meados de 1966 e passava a maior parte do tempo na sede da Filosofia, na Rua Maria Antonia. Assim, tornou-se freguês de caderno do apartamento. Tinha a chave e entrava quando queria. Para evitar constrangimentos, combinamos o seguinte esquema: quando estivesse com a namorada Lola, ele deveria deixar a veneziana entreaberta, com uma toalha pendurada no peitoril, para que eu não entrasse na hora errada.

Zé foi eleito vice-presidente da União Nacional dos Estudantes (UNE) num congresso realizado clandestinamente em junho de 1967. Daí em diante, passou a viajar por todo o Brasil. Toda vez que vinha para São Paulo dormia na quitinete da Major Sertório. Chegava quase sempre exausto de reuniões noite afora e viagens maldormidas em ônibus interestaduais.

Em maio de 1969, tive uma longa conversa com ele, que retornara de uma viagem ao Rio. Fomos jantar num restaurante alemão da Alameda Glete, em Santa Cecília, o Kakuk. Além da excelente comida, tinha mesas bem separadas, de forma que conversamos sem despertar a atenção dos vizinhos. O papo varou a madrugada. Zé sabia que eu estava ligado a um grupo de ex-militantes do MNR, desde que eu deixara a Dissidência, em julho de 1969, e que estávamos preparando uma guerrilha no Nordeste. Nesta conversa, revelou que aderira à ALN, encarregado de montar bases de apoio para a luta armada urbana a partir de seus contatos no movimento estudantil. Falou dos planos da ALN e insistiu para que eu me juntasse à organização.

Caloroso, Zé confidenciou que a ALN iria lançar a luta no campo ainda em 1969 e que já não era adepta da teoria do foco guerrilheiro, inspirada no exemplo dos revolucionários cubanos, que montaram um núcleo na Sierra Maestra que foi crescendo até derrubar a ditadura Batista.

— A realidade política, econômica e social brasileira é bem diferente — ponderou Zé. — Nem a orografia coincide, pois não existe uma montanha como a Sierra Maestra.

A morte do Che na Bolívia e o retumbante fracasso dos militantes do MNR em montar um foco guerrilheiro na Serra do Caparaó, em Minas Gerais, em 1967, sepultaram o foquismo como alternativa para a ALN.

— A idéia é montar destacamentos guerrilheiros móveis, compostos por militantes que se deslocarão na zona rural, levando a mensagem revolucionária para os trabalhadores agrários — explicou Zé.

O plano da ALN previa a montagem de uma infra-estrutura de apoio no campo, garantindo informações, abastecimento e apoio médico para as colunas guerrilheiras. Estudantes e operários, deslocados da cidade, montariam essa rede de apoio. Nenhum trabalho de massa estava previsto. Supunha-se que os trabalhadores rurais, submetidos a uma brutal exploração, seguiriam, aos poucos, o exemplo dos revolucionários, unindo-se às colunas. A ALN concentrava seus esforços no Mato Grosso e no sul do Pará. O norte do Paraná, o noroeste de São Paulo e a região da Chapada Diamantina, na Bahia, seriam futuras bases de destacamentos guerrilheiros.

Colunas revolucionárias se deslocariam dessas regiões para o sul do Pará, então a região de maior tensão social no campo brasileiro. Para lá migravam nordestinos que fugiam da seca e da estrutura fundiária da região e camponeses do Sul do país, onde o minifúndio tornara-se improdutivo, expulsando levas e mais levas de pequenos proprietários rurais para as regiões da fronteira agrícola. No sul do Pará, esses deserdados chocavam-se com os grileiros e latifundiários, que tentavam impedir que eles tomassem posse das terras, às custas de muitas mortes em conflitos incendiários.

— Zé, essas colunas vão dar a maior bandeira no campo, vão atrair as forças do Exército.

Eu achava mais sensato montar um trabalho de infiltração junto aos posseiros na região do conflito, ganhando a confiança deles a partir de ações mais limitadas de disputa por terras. Era mais ou menos o que tínhamos feito no movimento estudantil, em 1967, conquistando a confiança dos estudantes ao liderarmos as lutas por reivindicações específicas.

— O momento é esse, Grandão. A ditadura está na defensiva. Temos que dar o exemplo de que é possível derrotá-la. Além disso, nossas colunas serão muito móveis. A rapidez será essencial para evitar um cerco. Não ocuparemos territórios. A idéia é fazer uma propaganda armada no campo. A gente entra numa cidadezinha, invade o cartório, queima os títulos de propriedade dos latifúndios, toma o posto policial e leva o armamento. Se for o caso, organizaremos um tribunal revolucionário em praça pública para julgar algum grileiro ou latifundiário responsável pelo assassinato de trabalhadores rurais. E daremos no pé antes de a repressão chegar.

— Mas na vida real será muito mais difícil — questionei. — Os camponeses são muito desconfiados, não entram no papo de desconhecidos. Será preciso contar com a adesão de líderes comunitários conhecidos em cada região. Não vai dar para contar com militantes transplantados para o campo. Eles vão precisar de muito tempo para ganhar a confiança deles. Além disso, a situação é bem diferente da década de 20, quando a Coluna Prestes se embrenhou pelo sertão brasileiro, desafiando o Exército. Hoje existem tropas aerotransportadas, como a Brigada de Pára-quedistas do Corpo de Fuzileiros Navais, e unidades de infantaria motorizada.

— Sem dúvida. Mas as colunas se movimentarão com rapidez por regiões onde terão uma infra-estrutura de apoio à disposição e se dispersarão antes de serem cercadas. Montarão emboscadas para as tropas de repressão, concentrando forças superiores apenas para esse embate — prosseguiu Zé. — O momento é esse, Grandão. Existe uma enorme repulsa social à ditadura. O próprio governo está dividido entre os que querem aprofundar a repressão e aqueles favoráveis a uma distensão. O Costa e Silva não tem liderança. Temos que assumir a iniciativa. Não dá para ficar na janela vendo a banda passar. Temos que assumir um lugar na banda.

Zé bateu na tecla mais sensível. Eu me ressentia com a lentidão do trabalho que estávamos montando, deslocando quadros para regiões de conflito latente, na região de posseiros do sudoeste de São Paulo e na zona canavieira de Pernambuco, junto com o PCR. Para não chamar a atenção da repressão, nossos militantes acabavam se dissolvendo no atraso das massas. Nada fazíamos, enquanto as ações armadas nas cidades incendiavam a imaginação dos militantes.

— Você tem razão, Zé. Não dá para ficar vendo a banda passar.

Desde o começo de 1969, eu questionava a organização onde militava, pois achava que era preciso acelerar a implantação rural. A própria realidade agrária recomendava paciência. Mas, além disso, faltava dinheiro para deslocar mais gente para o campo. Passei a defender a realização de ações armadas, como assaltar um banco ou um carro pagador, para sair da dependência do dinheiro coletado entre militantes e simpatizantes, que afluía em conta-gotas. Sonhava em assaltar um dos novos carros-fortes da Brinks, uma novidade nas ruas de São Paulo.

Enquanto tomávamos a saideira, Zé e eu marcamos uma viagem para o sítio de meu pai em Jaú, na semana seguinte. Lola, a companheira de Zé, iria junto. Ficamos de continuar a conversa no sítio. Combinamos um ponto para 2 de julho.

Na hora combinada, peguei os dois numa esquina de Pinheiros, perto da casa dos pais da Lola. Estava na Kombi de meu pai. Fazia bastante tempo que não encontrava Lola. Zé e ela estavam juntos há três anos e eram um casal exemplar. Suave e tranqüila, Lola estudava Psicologia na Filosofia da USP e tinha uma outra qualidade: a capacidade de surpreender. Nas reuniões da Dissidência costumava prestar atenção aos debates, sem falar muito. Analisava cuidadosamente as pessoas e tudo o que escutava. Suas poucas intervenções eram recebidas com reverência por uns e temor por outros, principalmente pelos mais desatinados, pois costumavam recolocar a conversa no eixo correto.

Fomos recebidos no sítio com um almoço bem caipira e uma mesa cheia de doces, preparados por minha mãe. Serviu para Zé matar a saudade de seus tempos de Pirajuí, também no interior paulista. Após a refeição, fomos dar um passeio pelo sítio para fazer a digestão. O tempo estava perfeito: frio e ensolarado. Caminhamos até o pessegal e admiramos as árvores todas em flor. Mas nossas intenções não eram tão bucólicas. Tínhamos combinado que aproveitaríamos nossa ida para o sítio para treinar um pouco com armas leves. Eu tinha levado dois revólveres, um 32 e outro 38, e uma carabina calibre 22. Zé levara uma velha pistola 7,65 belga.

Atravessamos o riacho, margeamos a plantação de morangos, seguimos morro acima até um pasto bem distante da estrada, numa depressão que não podia ser vista pelos vizinhos. Colocamos algumas latas e pedaços de pau junto a um barranco. Zé iniciou o treinamento com a pistola, mas não acertou nada nos primeiros sete disparos. Recomendei que prendesse a respiração na hora de puxar o gatilho, abrisse as pernas e usasse a mão esquerda como apoio para a direita. Zé colocou outro pente e melhorou sua marca, acertando metade dos tiros. Dei a vez para Lola. Ofereci a pistola, mas ela disse que preferia atirar com o revólver. Passei-lhe o 32 e Lola conseguiu surpreender novamente. Atirou com segurança, dando uma pausa entre cada disparo, enquanto mirava no novo alvo. Acertou todos os tiros. Fiquei pasmo.

— Bom, vamos fazer como no basquete: quem acerta continua atirando.

Desta vez, Lola pediu o 38. Na primeira rodada, enquanto se acostumava ao peso do revólver, errou dois dos seis tiros. Na segunda, encaçapou todos nos alvos. Num típico sentimento machista, fiquei com vergonha de errar, de enfrentá-la, pois certamente iria perder, e desisti de atirar com o 38, dando preferência à carabina. Não ousei perguntar se Lola já fizera algum treinamento com armas, pois estava envergonhado de minha prepotência, achando que era o bambambã do gatilho.

Durante os três dias que passamos no sítio conversamos a dar com o pau. Valia tudo: música, literatura, cinema, política, reminiscências e sonhos. Engatamos um novo papo sobre a militância na ALN. No meio da conversa, Zé revelou que sairia do país em breve, pois a organização queria que ele fosse fazer um treinamento em Cuba. Além disso, seria uma trégua, pois Zé vinha sendo procurado incansavelmente pela repressão desde que conseguira escapar da prisão no Congresso da UNE em Ibiúna. Sua prisão preventiva fora decretada. Na última noite no sítio, Zé voltou à carga.

— E aí, Grandão? Vamos ou não vamos caminhar juntos de novo?

Estava com a resposta na ponta da língua. Tinha meditado sobre tudo o que ele e Fleury haviam dito sobre a ALN e também me sentia convicto de que o trabalho da organização em que militava esbarrava num muro intransponível. Ainda nutria muita dúvidas sobre os critérios de organização e recrutamento da Ação, mas o apelo da guerrilha no campo, o impacto das ações de resistência armada nas cidades e o fato de a maior parte dos meus amigos da Dissidência terem acabado na ALN falaram mais alto.

— Vamos sim, Zé. É hora de somar forças.

O chamado do grupo era muito importante. Não era o momento para ficar sozinho. Na realidade, quando me afastei da Dissidência, também me sentia muito descontente com a prática que vinha desempenhando desde meados de 1968. No começo cheguei a me empolgar, pois aprendi muita coisa com companheiros ex-militares que haviam sido treinados em Cuba:

técnicas de codificação e de ocultamento de mensagens, fabricação de explosivos e de bombas, métodos de contra-inteligência. Mas o que eu queria mesmo era ação concreta e ficava muito insatisfeito com as noites passadas codificando mensagens que seriam enviadas para companheiros no campo, no Rio ou no Nordeste. Qualquer erro impediria que fossem decifradas. Depois disso, tinha que fotografar o texto, transformado em colunas de números, e escondê-lo num cartão-postal, num livro ou em outra encomenda a ser enviada pelos Correios.

Pouco antes da viagem para Jaú fiquei sabendo que Marcos, o meu melhor amigo, resolvera deixar a organização. Com sua inteligência luminosa, foi uma das primeiras pessoas a perceber que a esquerda armada travava uma batalha com destino certo: a derrota. Ele não estava largando a organização para tomar o rumo da ALN ou da VPR. Corajosamente, decidiu romper com toda a prática militarista. Foi preciso muito mais do que clareza política para tomar tal decisão, que implicava o rompimento com muitos amigos, embrenhados, em maior ou menor grau, em uma das diversas organizações que lutavam contra a ditadura militar.

Comuniquei a decisão de Marcos para Zé e Lola, reproduzindo seus argumentos. Zé não se contentou com as justificativas e incumbiu-me de marcar um encontro com Marcos, para tentar atraí-lo para a ALN. Alertei que iria ser uma parada dura, mas concordei que seria bom que se encontrassem, nem que fosse para uma despedida. Voltamos para São Paulo no trem da Paulista, pois a Kombi ficou com papai. Ele foi levar-nos na estação em Jaú e despediu-se com lágrimas nos olhos. Mais tarde, confessou-me que a cada vez que se despedia de mim e dos amigos, ficava com o coração apertado pelo temor de não nos ver novamente.

Era o dia 9 de julho de 1969 e lemos no jornal que a astronave *Apolo 11* pousara na Lua e Neil Armstrong tinha sido o primeiro homem a pisar no satélite, um feito tecnológico e de propaganda dos Estados Unidos. Na estação, ouvimos a conversa de dois homens que carregavam sacas de café num vagão:

— Sô, que coisa, parece do demônio, num credito qui u omi tá na Lua.

No mesmo dia, milhares de jovens norte-americanos, cada vez mais contestadores, acampavam em Woodstock, no estado de Nova York, na maior festa do *rock* de todos os tempos. Tais acontecimentos serviram de tema para nossas conversas no trem, cheias de devaneios. Mas assim que passamos por Jundiaí, Zé retomou as questões práticas.

— Acho que você deve comunicar sua decisão ao Fleury, pois ele é quem vem tentando recrutá-lo há mais tempo, além de ser ligado à Coordenação Nacional. Sem contar que eu já estou desfazendo os meus contatos, preparando a viagem para o exterior.

— Tudo bem — concordei. — Marque o ponto o mais rápido possível.

Dei como alternativa uma data no começo de agosto. Dois dias depois tive novo encontro com o Zé, desta vez no apartamento do Benê, no prédio Copan, na Avenida Ipiranga, em São Paulo. O encontro com Fleury seria dali a dois dias. Decorei a data, o local e o horário, sem fazer anotações. O ponto era no bairro da Bela Vista, em São Paulo, perto do Hospital da Beneficência Portuguesa. Cheguei um pouco antes da hora marcada, às dez da manhã, guiando a Kombi que pedira emprestada a meu pai. Dei uma circulada e vi que tudo parecia normal. Estacionei perto da entrada do hospital. Um pouco antes da hora combinada, vi Fleury descendo a rua. Era um dia frio e luminoso. Corria o mês de agosto de 1969. Fleury usava uma capa de gabardina preta — seu uniforme nas épocas chuvosas ou de frio desde os tempos do movimento estudantil. Além de aconchegante, encobria o volume do revólver que costumava levar na cintura.

Quando chegou perto da Kombi, fingiu me reconhecer, como se o encontro fosse uma coincidência. Dentro da cabine, depois de um cumprimento caloroso, fui logo dando a notícia.

— Estou pronto para o que der e vier. Será que a ALN aceita o meu ingresso?

— Porra, Grandão, até que enfim você resolveu juntar-se aos VBs.

Foi assim que Fleurizinho saudou o meu ingresso na Ação, depois de quase um ano de incessantes cantadas. VBs era a sigla de "verdadeiros bolcheviques". Era assim que, modestamente, nos apelidávamos na Dissidência.

Capítulo 19

Da frigideira para o fogo

Ilha Grande e Fortaleza de Santa Cruz
Rio de Janeiro
Março a novembro de 1974

Na Ilha Grande, no começo de 1974, sempre lia com atenção as colunas de jornalistas bem informados, como Carlos Castello Branco, do *Jornal do Brasil*, antecipando que o clima político no Brasil poderia mudar, para melhor. Em janeiro, um colegiado formado pelos membros do Congresso Nacional e delegados das Assembléias Legislativas estaduais homologou o general de Exército Ernesto Geisel como Presidente, indicado pelo Alto Comando das Forças Armadas. Luterano, severo e considerado incorruptível, Geisel prometia uma distensão política "lenta, segura e gradual".

Até 1973, parecia bom ficar na Ilha Grande, onde nossa luta conseguiu amenizar as duras regras carcerárias e nos mantíamos bem longe dos centros de tortura da Guanabara. Com as promessas de Geisel, surgiu no coletivo a idéia de lutar pela transferência para um presídio na Guanabara. No entanto, tudo ainda era muito incerto e pelo menos a temperatura da frigideira da Ilha Grande era conhecida e suportável. Só que a teoria da incerteza vigora com mais rigor na cadeia: sem domínio do destino, a transferência era sempre uma possibilidade, nunca antecipada.

Numa manhã do começo de março de 1974 fui chamado pelo chefe da guarda. Ordenou que juntasse toda a minha tralha, pois ia ser transferido para o Rio. Não estava sozinho. Formaram um grupo de 12 presos políticos bem heterogêneo, com alguns líderes do coletivo e outros que não participavam da nossa organização comunitária. Pelo menos nenhum preso comum da Lei de Segurança Nacional foi selecionado. O serviço era bem conhecido: de caminhão — o "Cata-corno" —, direto para o porto do Abraão, porão da lancha, camburão de transporte de presos a partir de Mangaratiba e, cinco horas depois, chegávamos ao Presídio Hélio Gomes, no centro do Rio. Ninguém sabia ou dizia nada sobre nosso destino.

No dia seguinte, pela manhã, a rotina de outro camburão. A viagem foi curta. Surpresa. Descemos na Marina da Glória, onde um barco nos aguardava. Foi lindo poder ver a Baía de Guanabara depois de três anos. Fazia calor, o dia estava luminoso, sem névoa. No caminho, trocamos figurinhas e a maioria das apostas era de que nosso destino seria o Presídio do Exército, na Fortaleza de Santa Cruz, do outro lado da baía, oposto ao Pão de Açúcar. Não deu outra. Um camburão verde-oliva do Exército estava parado junto ao cais do Iate Clube de Niterói.

Algo estava errado. A violência dos soldados comandados pelo tenente Bronzo surpreendeu a todos. Fomos algemados e colocados no camburão. Na fortaleza, ao descermos, cada um recebeu um capuz preto que cobriu nossas cabeças. Sob protestos, fomos conduzidos por uma série de corredores e escadas que desciam cada vez mais. Ouvimos o ruído de um portão sendo aberto e, quando nos tiraram o capuz e as algemas, inspecionei a nossa moradia: o xadrez B fora cavado na rocha, sem qualquer revestimento; o piso era de cimento, com um tanque junto ao portão de entrada e duas portas que deveriam dar para os banheiros; 30 metros de fundo, 15 de frente e a abóbada, no ponto mais alto, estava a uns 15 metros de altura; beliches de metal espalhados pela cela. Deu para assustar.

Entra um oficial, seguido por mais soldados armados de fuzis FAL de 7,65 mm. Apresentou-se como o comandante do presídio, major Haroldo Magno, e foi explicando as regras: presos no xadrez o dia inteiro, com uma hora de banho de sol no pequeno pátio dianteiro; sem visitas da família ou de advogados por quarenta dias. Quando terminou e já ia saindo, dei um passo à frente e pedi a palavra:

— Somos presos políticos condenados, cumprindo pena há vários anos. Nessas condições, o período máximo de isolamento é de 10 dias — expliquei.

— Vocês estão no Presídio do Exército, onde a regra é a quarentena. Também ficarão sem banho de sol por 40 dias.

E saiu.

Deu para perceber que a barra ia ser pesada, de volta à cana dura. Cada um pegou um beliche. Nas laterais e no fundo do xadrez, uma canaleta recolhia a água que vertia pelas paredes. A única abertura era o enorme portão gradeado. Antes de fechá-lo, o sargento mostrou uma faixa de tinta amarela, pintada no piso, um metro para dentro da cela, e avisou: se ultrapassada, o sentinela tinha ordem de atirar. Não estava brincando. A cinco metros de altura, uma guarita encarapitada de cada lado dos muros laterais do pátio, cada uma guarnecida por um sentinela, com holofotes iluminando as grossas barras do portão durante a noite.

Demos azar e fomos cair no fogo. A comida era um horror, entregue em marmitas, já fria, com o tradicional café com brochante. Canecas, pratos e copos de plástico. Mas preso antigo é esperto. Não ia dar para ficar sem banho de sol, com a enorme quantidade de fungos no ar parado da cela. Pelo menos não fazia calor. No dia seguinte, chamamos o sargento na hora da comida e pedimos um médico, pois um de nossos companheiros, o Jarbas, tinha úlcera e estava convalescendo de uma pneumonia. Logo depois pintou o capitão Arquimedes, magro, com uma cara simpática. Atendeu o Jarbas e olhou a cela, como se não a conhecesse. Explicamos que não ia dar para ficar sem banho de sol e visitas, até porque a comida era insuportável. Mostrou-se simpático. Era o "bonzinho" de plantão. Dez dias depois fomos tomar banho de sol. Graças à pressão das famílias, com apoio da Igreja Católica, a primeira visita ocorreu após 20 dias.

No time dos "mauzinhos" estava o tenente Bronzo, que liderou o nosso comitê de recepção, e o capitão Cid, subcomandante do presídio. Foram oito meses de confrontos, submetidos a um nutrido elenco de arbitrariedades, com a pressão sempre aumentando e curtas pausas. A partir de julho, a comida que era ruim piorou, a pretexto de obras na cozinha do quartel. Em agosto, começaram a entregar nas quintas-feiras o material trazido pelas famílias nos sábados: alimentos estragados e comidos pelos ratos. A censura não deixava que entrassem no presídio a revista *Veja* e o jornal *Opinião*; era vetado qualquer livro da Editora Vozes, considerada pelos milicos como subversiva. Ao menor pretexto, cortavam a visita por até 30 dias. Vários companheiros foram punidos com isolamento na cela solitária sem ventilação.

Eram duas celas, A e B, ambas cavadas na rocha: o pessoal da Ilha Grande ficou na B e, em julho, chegou uma turma que estava em quartéis da Vila Militar e foi colocada no xadrez A. Em cada uma delas, os presos foram escolhidos a dedo, misturando os militantes mais combativos com outros que queriam sair a qualquer preço ou tinham sérios problemas mentais. Os milicos estimulavam conflitos entre os prisioneiros políticos:

os menos combativos eram chamados para o posto de saúde e aliciados para dar informações, com promessas de bons tratos e favores. O maior problema morava na cela A, onde estava Ubajara, um preso político epiléptico, completamente esquizofrênico, que já tentara matar um companheiro de cela na Vila Militar e agrediu um companheiro da cela A. Finalmente, em outubro, o capitão Arquimedes resolveu transferi-lo para o pavilhão neuropsiquiátrico do Hospital Central do Exército. A essas alturas, o capitão Cid tinha assumido o controle do presídio.

A barra estava pesada. Mesmo assim, ainda havia espaço para bons papos e para conhecer novos companheiros. José Roberto Rezende, um mineiro de Belo Horizonte, ganhou o apelido de "Mico", porque era exímio em subir pelas paredes das celas. Também organizou um "ratódromo" no fundo da cela B, onde colocavam restos de comida para atrair a diversificada população de ratos e apostavam para ver qual deles abocanhava o maior naco. A irreverência e o humor do Mico eram incríveis. Logo que chegaram da Vila Militar, os prisioneiros não podiam ter contato, nem conversar com o pessoal da cela A, mas tomavam banho de sol na frente do nosso portão. Um dos esportes inventado pelo José Roberto foi tentar acertar uma bolinha de papel no buraco do peito do companheiro Nelson, o Prancha, enquanto ele, deitado, curtia o sol. Prancha tinha o chamado "peito de sapateiro", caracterizado por um afundamento na região do esterno.

O esquema montado na Fortaleza de Santa Cruz era uma operação da turma da pesada do Exército, calejados torturadores que queriam manter seus privilégios e contestavam a abertura lenta, segura e gradual do general Geisel, como descobrimos mais tarde, em conversas com as famílias, que colhiam informações junto ao movimento de solidariedade aos presos políticos. Por outro lado, queriam testar a resistência política dos prisioneiros mais calejados. E, finalmente, provocar a hierarquia militar.

E quem pagava o pato eram os presos políticos, ainda mais nas condições carcerárias da fortaleza. De fora, Santa Cruz é linda e altaneira, encravada num promontório rochoso que guarda a entrada da Baía da Guanabara desde 1555, quando Villegaignon, comandante de uma frota invasora francesa, mandou instalar dois canhões. O português Mem de Sá, que liderou a expulsão dos franceses em 1567, tratou de ampliar a fortificação, que ganhou o nome de Santa Cruz da Barra em 1632. Chegou a ser uma das mais poderosas fortalezas costeiras do mundo, impedindo que corsários e piratas invadissem o Rio de Janeiro. Mesmo assim foi tomada novamente em 1711 por uma expedição francesa, quando estava pouco guarnecida.

Decaiu aos poucos e virou depósito de escravos, que chegavam da África e ficavam nas duas celas que mais tarde ocupamos, para ganharem peso depois da terrível travessia do Atlântico. Como presídio, abrigou diversos inimigos do Império e da República brasileira: o caudilho uruguaio André Rivera; o coronel Bento Gonçalves, um dos líderes da Guerra dos Farrapos; Giuseppe Garibaldi; líderes do tenentismo de 1922, como Eduardo Gomes e Juarez Távora. Até o líder integralista Plínio Salgado passou pela fortaleza, durante a ditadura Vargas. Virou depósito de presos políticos da ditadura militar de 1968 até 1974, quando encerrou um ciclo e passou a condição de atração turística.

Nossa turma jogou a partida de encerramento. Não dava para bobear, pois nossos adversários tinham a faca e o queijo na mão. Fomos preparando as famílias, pois mais cedo ou mais tarde teríamos que ir para o pau. Advogados e familiares foram visitar juízes militares, ministros dos tribunais superiores — como o STM e o STF, onde havia gente favorável à distensão de Geisel — e contavam nosso drama cotidiano. Mas o comando do I Exército, chefiado pelo general Reinaldo de Almeida, aliado de Geisel, nada sabia do que acontecia nos porões da ditadura, ou não queria saber. Jornalistas também foram procurados, pois a essa altura a censura era menos rígida. Em 1969, os militantes eram tratados na imprensa como "terroristas"; depois as regras afrouxaram um pouco e ganharam o *status* de "subversivos"; em 1973 foram promovidos a presos políticos. E não faltava a solidariedade dos jornalistas, que usavam qualquer brecha para divulgar o que acontecia nos "porões" da ditadura, onde vicejava o esquema do braço clandestino da repressão, que resistia à abertura e fazia provocações ao governo Geisel.

O caldo entornou no dia 14 de novembro de 1974, véspera do feriado da Proclamação da República, quando Ubajara voltou do Hospital de Exército e foi colocado na cela B, sob protestos. Chamamos o tenente Chaves e pedimos sua remoção, uma vez que ele já tentara matar um companheiro. Concordou, mas mesmo assim colocou o "problema" na cela A, apesar da resistência do coletivo. Trancado o portão, com um maluco dentro do xadrez, o jeito foi amarrar Ubajara na cama até que fosse levado de volta para o hospital. Às 11 da noite, o pessoal chamou o oficial do dia e pediu novamente a retirada de Ubajara. O tenente voltou com uma escolta armada: tirou os oito companheiros da cela, colocou-os na solitária, trancou a porta e jogou duas ampolas de gás lacrimogêneo lá dentro. No dia seguinte, Mico e Cláudio foram retirados da solitária e levados para a "cela do passado", sendo espancados durante o percurso de 300 metros. Com apenas 1,3 m de altura a "Cela do Passado" era o local onde deixavam os presos que iam ser enforcados no século XVIII. Os outros seis companheiros foram enviados de volta para o xadrez A, onde estava Ubajara. Recusaram e foram arrastados e espancados até finalmente entrarem na cela. As visitas foram suspensas por 60 dias.

Não dava mais para recuar. A combinação feita antecipadamente com as famílias era de que faríamos uma greve de fome contra os maus-tratos e arbitrariedades em Santa Cruz. O sinal seria a suspensão das visitas. No dia 16 de novembro, quando trouxeram o café da manhã, comunicamos que estávamos em greve de fome. Enquanto isso, as famílias metiam a boca no trombone; dispararam telegramas para ministros do STM e STF, para o comandante do I Exército e para o próprio general Geisel; a OAB e a Cúria da Igreja Católica estrilaram; jornais noticiaram a greve, políticos da Oposição começaram a mexer seus pauzinhos. A resistência cívica à violência da ditadura começava a ganhar forma.

No dia 18, o chefe da Polícia do Exército, coronel Milton, esteve conosco e ouviu as reivindicações: além da volta de Cláudio e Mico, queríamos o fim das arbitrariedades, dos espancamentos, a remoção dos presos anti-sociais, a melhoria das condições carcerárias, a permissão para trabalhar com artesanato. O coronel respondeu que os dois companheiros já tinham sido tirados da cela do passado e levados para o 1° Batalhão de Guardas e que Ubajara já se encontrava no Hospital do Exército. Quanto ao resto, nada podia garantir. Continuamos sem comer. No dia 19, foi a vez do major Miranda nos visitar. Disse estar representando o Comandante do 1° Exército, general Reinaldo. Nossas reivindicações, garantiu, seriam atendidas, as visitas normalizadas e seríamos tratados com dignidade e respeito. Confiando em sua palavra, declaramos a greve de fome encerrada. Mas não seria a última.

Por uns dias, tivemos um bom tratamento, mas no dia 28 de novembro a turma da cela B foi mandada de volta para a Ilha Grande, seguida logo depois pelo resto do pessoal. O Exército não queria mais nada conosco. Voltamos para o controle da Susipe, a administração de presídios do governo do estado.

Nunca ficou claro o objetivo da nossa transferência para Santa Cruz. Segundo a popular rádio peão dos presídios, o capitão Cid foi removido para uma distante guarnição da fronteira, enquanto o tenente Bronzo mereceu também um posto nada convidativo.

Parecia ter sido uma provocação da extrema direita, do aparato repressivo, contra a distensão de Geisel. Mas não foi a última. O assassinato do jornalista Vladimir Herzog, no DOI-Codi da Rua Tutóia, em outubro de 1975, provocou a primeira manifestação de massa contra a violência dos porões da ditadura: uma missa ecumênica na Igreja da Sé. O Comando do II Exército teria recebido uma ordem para maneirar, mas não acatou, pois o operário Manoel Fiel Filho foi morto no DOI-Codi paulistano em janeiro de 1976. A decisão do Planalto foi pela remoção do comandante do II Exército.

A distensão seguiu em marcha lenta, devagar, quase parando. Mas os brasileiros começavam a manifestar o descontentamento com a falta de liberdades democráticas.

Capítulo 20

Travessia do Rubicão

São Paulo
Março de 1966 a dezembro de 1969

O *réveillon* de 1968 para 1969 marcou a travessia do Rubicão. A vivência no movimento estudantil nos três últimos anos parecia inocente, tranqüila. Todos os participantes da comemoração estavam com um pé na guerrilha. Zé Arantes tratava de juntar os cacos da UNE, depois que a prisão de centenas de militantes no Congresso de Ibiúna em novembro deixara a entidade em frangalhos. Lola não contava nada do que fazia, mas havia deixado a Dissidência de São Paulo e estava na bica de entrar para a organização de Marighella. Benê também estava prestes a sair da Dissidência. Eu militava com um pessoal egresso do MNR, confiante numa política de longo prazo para implantar a guerrilha rural.

Foi uma noite de alegria. Quase não falamos de política, mais parecia uma despedida. Muito vinho, risadas, conversa solta. No apartamento do Benê, comemoramos a passagem do ano com vinho. Lá pelas tantas, Zé, Benê e eu estávamos na cozinha, atrás de mais bebida. A política voltou à cena.

— Não dá mais para ser ingênuo, o movimento estudantil acabou. O único caminho é partir para o pau — assegurou Benê, embalado pelas rodadas de vinho.

— De certa forma, caímos na armadilha da repressão — atalhou Zé. — Todas as conquistas de 1968, quando conseguimos organizar o ME em cima de reivindicações específicas, ligadas à melhoria do ensino, foram por terra. Virou um círculo vicioso: passeata, repressão, novas passeatas e mais repressão.

— O caminho foi apontado pelas ações da guerrilha urbana — prosseguiu Benê. — Não dá para enfrentar a repressão com estilingues e pedaços de pau. Só com a luta armada.

— Qual luta armada? — questionei. — A guerrilha urbana funciona como propaganda, mas apenas com resultados táticos, pois o terreno é da ditadura, que tem a maior concentração de forças nas cidades. A guerrilha rural demora mais para aparecer, exige mais preparação, mas é o caminho estratégico. Deve ser a nossa prioridade.

— E enquanto isso vamos ficar parados, com centenas de companheiros presos? — questionou Benê. — Com a tortura comendo solta, a repressão com a iniciativa? Porra, Grandão, deixa de ser ingênuo e voluntarista. Ainda me lembro quando você chegou em São Paulo, cheio de expectativas, deslumbrado com a cidade e cheio de raiva do fracasso de 64.

Resolvi não polemizar. A noite era de festa e a razão estava meio de lado, depois de tantos brindes. Benê, um italiano de Verona, viera ainda menino para o Brasil e fora morar em São Sebastião, no litoral norte de São Paulo, onde o pai, um italiano antifascista, abriu uma loja. A cidade era pequena demais para Benê, que partiu para São Paulo. Entrou na FAU e conseguiu manter-se dando aula de História da Arte no Cursinho

Universitário, bem perto do Mercado Central. Foi lá que o conheci, no começo de 1966, quando cheguei à capital, vindo de Campinas, que também tinha ficado pequena para meus interesses e expectativas. A maioria dos professores era de esquerda, quase todos ex-alunos da Poli, expulsos da escola depois do Golpe de 64.

Ainda curtia a frustração de não ter passado no vestibular da Poli em janeiro. Durante o ano de 1965, esqueci a política, fiz cursinho em Campinas. No segundo semestre estudei 14 horas por dia. Queria entrar na Poli e, acima de tudo, mudar para São Paulo. Um pouco antes do vestibular, fui com o resto da turma passar cinco dias no sítio do Vasco em Campinas. Muito futebol, baralho e conversa, mas não deu para afastar a tensão e acabei pagando o preço na prova de desenho, que entreguei em branco, perdendo a chance de entrar na Poli. Apesar do fracasso, meus pais concordaram que eu fosse fazer de novo o cursinho em São Paulo, garantindo uma mesada, suficiente apenas para o básico até que eu começasse a trabalhar.

Fui morar numa quitinete na Rua Major Sertório, na Vila Buarque, bem próximo da Maria Antonia. Fazia cursinho de manhã, prestava muita atenção nas aulas. Quase todo o dia, Marcos e eu voltávamos a pé para a Vila Buarque. No caminho, almoçávamos em restaurantes populares, como o Don ou o Salada Paulista, ou então um prato feito num boteco da Cesário Mota Jr., na Vila Buarque. Marcos era meu melhor amigo e tinha vindo para São Paulo em 1965. Estudamos juntos desde o começo do ginásio. Ele também queria entrar na Poli.

São Paulo era um oásis de vida cultural e política no vazio posterior à implantação da ditadura em abril de 1964. Para quem gostava de cinema, como eu, era um prato cheio: filmes japoneses da Liberdade; cinema russo de Eisenstein e o polonês de Wajda nas sessões da cinemateca, na 7 de Abril, no centro de

São Paulo, junto ao Museu de Arte de São Paulo, antes da construção do prédio da Paulista em 68. Mesmo estudantes — duros como eu — podiam arcar com o preço de uma entrada no poleiro do Teatro Municipal para ouvir a Tagliaferro tocar Schubert.

De noite, o agito era na Maria Antonia, rua de apenas dois quarteirões da Vila Buarque, onde ficava a Faculdade de Filosofia da USP, o Mackenzie e, a dois passos, a Economia da USP. Bares como o Sem Nome, o Universitário, o Fon Fon e o Bar do Zé juntavam as turmas, na maioria intelectuais e militantes de esquerda do movimento estudantil. A guerra do Vietnã, o último filme do Godard, a má qualidade do ensino, críticas duras à alienação do último livro de Herman Hesse, *O jogo das contas de vidro*, eram assunto para infindáveis conversas, regadas a cerveja.

O convívio com o pessoal da Faculdade de Filosofia abriu meus olhos e comecei a perceber que não tinha nada a ver com a engenharia. Até então pensava em cursar Hidráulica, pois desde que visitara a Usina Hidroelétrica da Ilha Solteira, no Tietê, durante o colegial, queria ser engenheiro de barragens. Depois de conhecer a faculdade de Física, parte da Filosofia da USP, na Cidade Universitária, descobri que ali era o meu lugar, pois a área juntava uma certa racionalidade com uma profunda inquietação intelectual. Assisti como ouvinte a uma aula de História da Ciência e decidi que faria o vestibular para a Física.

Em março de 1966, o movimento estudantil brasileiro voltou à cena com as primeiras manifestações públicas de protesto contra a ditadura e a política educacional e pelas liberdades democráticas. Logo depois do golpe, o governo militar decretara a extinção da UNE e afastara centenas de professores e alunos das universidades, entre eles Fernando Henrique Cardoso. Em 1965, implantara a Lei Suplicy, na tentativa de expurgar entidades estudantis independentes como a UNE e despolitizar o ambiente das universidades. Foram criados os Diretórios Acadêmicos (DAS), cujas eleições tinham que ser aprovadas pelas assessorias de segurança das universidades. Não deu certo. A UNE, na clandestinidade, lançou a palavra de ordem de boicote às eleições dos Diretórios, atendida pela maioria dos universitários, fiéis às entidades livres, como os centros acadêmicos de cada escola, as Uniões Estaduais dos Estudantes e a UNE. Foi uma vitória, mas os órgãos de segurança patrulhavam as universidades, especialmente as mais combativas, enquanto o Ministério da Educação fazia um convênio com a USAID para reformar a universidade e implantar o ensino pago. O pretexto era de que as universidades públicas eram freqüentadas pelos filhos da elite brasileira, que podiam pagar pelos seus estudos.

Nada mais falso. Em 1966, 200 mil estudantes estavam matriculados nas universidades — 90% em escolas públicas e gratuitas — e representavam apenas 0,5% da população brasileira.[1] Apenas 2% da população entre 19 e 25 anos estava na universidade, em comparação com 16% na França e 46% nos Estados Unidos. As universidades públicas brasileiras eram a porta de acesso para a classe média brasileira chegar ao ensino superior, pois não tinha condições de pagar pelo estudo. Foi justamente este segmento que engrossou as fileiras do movimento estudantil, protestando contra o ensino pago e pelas liberdades democráticas.

Em meados de setembro de 1966, oito faculdades de São Paulo e cinco do Rio de Janeiro entraram em greve de protesto contra a política educacional da ditadura. No dia 15, o centro

[1]No começo do século XXI, 3 milhões de jovens estudavam nas universidades brasileiras, representando 1,6% da população, e 60% freqüentavam escolas particulares.

do Rio de Janeiro foi ocupado por 1,5 mil soldados da Polícia Militar e centenas de agentes do Dops, que tentavam evitar uma passeata estudantil contra o ensino pago. Apesar do aparato policial, centenas de estudantes conseguiram concentrar-se na Avenida Rio Branco e acabaram cercados: bombas de gás lacrimogêneo foram lançadas contra eles, que acabaram espancados e presos. No dia seguinte, o pau cantou em Belo Horizonte, quando 300 universitários entrincheiraram-se no interior da Faculdade de Direito da Universidade Federal de Minas Gerais, depois de uma passeata e choques com a polícia. Cercados pela repressão, disparavam bolas de gude com estilingues contra os policiais. Operários de uma obra vizinha municiavam os estudantes com pedras, levadas ao alto do edifício em baldes e latas.

As greves e manifestações espalharam-se pelas universidades em todo o país. Os militares alegavam que os estudantes estavam sendo manipulados pela Frente Ampla. Pura bobagem, pois os estudantes repudiavam esta articulação. Aos poucos, os universitários desenvolviam novas táticas para tentar burlar a repressão e fazer as passeatas de protesto. Em São Paulo, surgiram as Frentes de Trabalho, que reuniam os estudantes em grupos de dez para discutir as reivindicações e participar das passeatas. Cada uma tinha um coordenador, que era informado de onde sairia a manifestação e marcava encontro com o restante do grupo, num lugar perto do local onde se iniciaria o protesto.

As palavras de ordem gritadas a plenos pulmões nas ruas das principais cidades brasileiras durante a "Setembrada" denunciavam a violência contra os estudantes, protestavam contra a ditadura, clamavam por mais verbas para as universidades e pelo ensino público gratuito. Mas não faltavam protestos contra o imperialismo ianque e a intervenção norte-americana no Vietnã. A maioria das organizações de esquerda que atuava no movimento estudantil pregava o voto nulo nas eleições para o Legislativo, marcadas para 15 de novembro.

Os políticos tradicionais não tinham espaço junto aos estudantes. Em outubro de 1965 realizaram-se eleições diretas para os governos de 11 estados. A oposição conservadora ganhou nos dois mais importantes, Rio de Janeiro e Minas Gerais, onde foram eleitos políticos do PSD. Foi o sinal para Castelo Branco baixar o Ato Institucional n° 2, que extinguiu os partidos políticos existentes e criou o bipartidarismo, permitindo apenas duas agremiações: a Aliança Renovadora Nacional (Arena), agrupando os partidários da ditadura, e o Movimento Democrático Brasileiro (MDB), reunindo a oposição consentida. Aproveitando a deixa da agitação estudantil e a articulação da Frente Ampla, a ditadura completou a reorganização institucional: o Congresso foi fechado em outubro de 1966, sendo convocado em janeiro de 1967 para aprovar a nova Constituição, que acabava com as eleições diretas para a Presidência da República e atribuía ao Executivo ditatorial enormes poderes para aplicar a rigorosa política de repressão aos movimentos de oposição.

O fechamento político levou água para o moinho das organizações de esquerda que não concordavam com a política conciliadora do Partido Comunista Brasileiro. Grande número de militantes do PCB contestava a orientação do Comitê Central, entre eles, Carlos Marighella, que renunciou ao seu cargo na direção e criou, em 1966, o Agrupamento Comunista de São Paulo, juntando a maioria dos militantes do estado em defesa da luta armada contra a ditadura. Estudantes que militavam no PCB adotaram essa mesma postura, rompendo com o partido e criando organizações próprias, como as Dissidências Estudantis de São Paulo e do Rio de Janeiro. Estudantes ligados à Juventude Católica também deram um passo à frente, criando, em 1966, a Ação Popular, que se manifestava contra a ditadura, embora ainda sem aderir à luta armada. Outro agrupamento com alguma influência no movimento estudantil era a Polop, originada entre intelectuais de esquerda, que defendia o socialismo.

Até setembro de 1966, eu não atuava em nenhuma organização política. Depois do golpe de 1964, tinha saído do PCB, puto da vida com o imobilismo e a incapacidade de resistir à ditadura. Acompanhava com certo interesse a formação das novas organizações de luta armada, oriundas do PCB. A oportunidade surgiu durante a Setembrada, quando coordenei uma frente de trabalho. Meu contato com o pessoal da União Estadual dos Estudantes (UEE) era Jeová, mineiro grandão, quase do meu tamanho, aluno da Física da USP e um dos criadores da Dissidência Estudantil de São Paulo. Estava zanzando pela Faculdade de Filosofia quando o encontrei. Ele me convidou para almoçar e contou que estava saindo do PCB e ingressando na Dissidência, que defendia o socialismo e a luta armada. Marcamos um encontro para o dia seguinte. Jeová passou-me alguns textos explicando a linha política da Dissidência, pediu-me que os lesse. Marcamos novo encontro para a semana seguinte. Li com atenção, especialmente a parte que descrevia a política para o movimento estudantil, que devia ser uma importante frente de resistência à ditadura. Era preciso conseguir o apoio dos estudantes que lideravam a luta por reivindicações específicas do setor, que incluía a melhoria da qualidade de ensino, o combate à universidade paga e defendia mais verbas para pesquisas tecnológicas. O encontro seguinte foi no Crusp, no quarto que Jeová dividia com três outros colegas.

— E aí, Grandão? O que você achou dos textos? — indagou Jeová. — Estamos no caminho correto?

— É por aí mesmo. A questão do movimento estudantil está muito bem colocada, mas ainda falta aprofundar a alternativa da luta armada contra a ditadura — ponderei.

— Vai ter que ser resolvido no andar da carruagem, na medida em que as bases forem ampliadas, e a discussão, aprofundada. Pra começar, você tem que entrar na Física, para podermos montar outra base[2] por lá, com sangue novo. A nossa turma, que veio do Partidão, está superqueimada. Todo mundo conhece o *pedigree*, sem nenhum trabalho de massa. Sua missão vai ser recrutar novos companheiros e implementar a nossa política de massas na escola.

— Conte comigo. Quem vai dar assistência e ser o meu contato por lá? Você?

— Não — respondeu Jeová. — Tenho outras tarefas. Vai ser o Zé Arantes, o presidente do Grêmio da Filosofia, que você já conhece de vista. Vou marcar um ponto para que vocês sejam apresentados formalmente.

No começo de novembro tive a primeira reunião com Zé Arantes e foi o início de uma grande amizade. Ele me explicou a situação política da Física, me disse quem eram os simpatizantes e advertiu que teríamos de montar a base a partir do zero. Deveríamos avaliar juntos cada possível militante e Arantes ficaria encarregado de lhe dar assistência política. Fiquei tão animado que resolvi aproveitar o recesso do movimento universitário para dar mais atenção ao cursinho e ao estudo, pois não queria correr o risco de ser reprovado no vestibular da Física.

Valeu a pena. Entrei com facilidade. O vestibular da Física, bem como de todas as unidades da Faculdade de Filosofia da

[2]Núcleo básico da estrutura dos partidos de origem leninista, reunindo militantes de uma escola, fábrica ou quartel.

USP, era de seleção, exigindo notas mínimas em todas as matérias. Quem conseguisse estava dentro, mas havia sempre o risco de não haver vagas para todos. Não foi o meu caso, pois tirei ótimas notas e, como o exame era muito rigoroso, não sobraram excedentes sem vaga.

Já em outras unidades da Filosofia, como a escola de Psicologia, o processo foi diferente: o número de selecionados superava as vagas existentes. O Grêmio da Filosofia liderou a luta dos excedentes, exigindo aumento das verbas e do número de vagas. Foi a minha primeira batalha como militante da Dissidência.

A faculdade de Filosofia na Maria Antonia era empolgante. Conversas instigantes e, especialmente, muitas mulheres lindíssimas. A maioria dos 1,5 mil estudantes era do sexo feminino, o que já era um atrativo à parte numa época em que a liberação sexual ganhava terreno entre as universitárias. Foi um espanto para mim, rapaz do interior, acostumado à rígida barreira que separava as namoradinhas do sexo. Namoro de portão e trepadas só com as putas, moças sérias encarregadas da iniciação sexual dos jovens de classe média. Ficava meio sem jeito nas festas da Filosofia, paquerava, dançava, mas achava que trepar, nem pensar. Até que um dia fui comido por uma amiga da Letras durante uma festa: beijo pra cá, beijo pra lá, acabamos num quarto onde a barreira foi quebrada.

Quando começaram as aulas, reconheci que tinha valido a pena ter optado pela Física: professores de primeira linha com doutoramento no exterior. Uma linhagem de pesquisadores reconhecidos internacionalmente. Um dos ícones era Mário Schemberg, físico teórico respeitadíssimo em todo o mundo, mas aposentado pela Ditadura em 64 por sua militância no PCB. Não perdia as aulas, adorava o trabalho prático nos laboratórios e tratava de montar a base da Dissidência na Física.

Os primeiros recrutados foram companheiros que tinham estudado comigo no cursinho, pois já conhecia suas posições políticas. Marcos era o secretário político da base que, no final de abril, já reunia dez militantes. A maior parte das reuniões era no meu apartamento, de acordo com o ritual herdado do PCB, fiel ao modelo leninista: começava com um informe sobre a conjuntura política, notícias sobre a organização e o trabalho de massas na Física. Todos os candidatos a serem recrutados eram avaliados pelo conjunto.

Decidimos implantar as frentes de trabalho na faculdade, tanto para participar de passeatas quanto para discutir os problemas específicos da escola, como a falta de verbas para a pesquisa e de perspectivas de trabalho para os diplomados, sem deixar de lado questões nacionais como a Política Nuclear que os militares queriam implantar, de olho na construção da bomba atômica. Dez estudantes participavam de cada frente, com um militante de nossa base em cada uma delas.

No final de março de 68, as frentes de trabalho tiveram o batismo de fogo. No dia 28, uma patrulha da Polícia Militar do Rio de Janeiro matou o estudante Edson Luiz, secundarista que participava de um protesto contra a má qualidade da alimentação no Calabouço. A PM chegou atirando e Edson caiu morto. O corpo foi levado em passeata até a Assembléia Legislativa, onde foi velado. Em protesto, os teatros do Rio suspenderam os espetáculos. No dia seguinte explodem passeatas estudantis de protesto em todo o país. Em São Paulo, a manifestação saiu da Biblioteca Municipal no centro da cidade. À frente, Zé Dirceu, presidente da UEE, carregava uma camisa, pintada de vermelho, simbolizando o colega assassinado. A palavra de ordem "Mataram um estudante, podia ser seu filho" ecoava pelas ruas, atraindo muitas adesões entre os espectadores. Não faltaram gritos de apoio à luta dos vietcongues no Vietnã, onde os americanos enfrentavam problemas depois da ofensiva do Tet em fevereiro de 68, quando a guerrilha chegou ao centro de Saigon e expulsou as tropas dos Estados Unidos de importantes cidades como Khe San.

Para tentar conter as passeatas estudantis a ditadura resolveu endurecer o jogo. No dia 29 de março, uma passeata no Rio de Janeiro foi reprimida com violência; quatro horas de choques no centro da cidade, a PM baixando o pau com cassetetes e tiros e lançando granadas de gás lacrimogêneo, a cavalaria atropelando os estudantes, que revidavam com pedras e bolinhas de gude jogadas no chão para que os cavalos escorregassem. Das janelas dos prédios da Avenida Rio Branco choviam sacos plásticos cheios de água sobre os policiais. Depois de quatro horas de confronto, centenas de manifestantes foram presos e um estudante foi morto pela polícia.

A poeira baixou um pouco. Em São Paulo, as frentes de trabalho passaram no teste das manifestações, pois permitiam a participação organizada. Também surgiram os grupos mais especializados, que faziam a segurança das lideranças estudantis e patrulhavam as rotas dos quartéis perto dos locais das passeatas, para antecipar os movimentos da repressão. Esta turma da pesada ia para as manifestações armada com porretes e foi neste grupo de elite que as organizações de luta armada urbana recrutaram dezenas de militantes.

De volta à Física, o pessoal da Dissidência redobrou a luta em cima dos problemas específicos da escola, com as FTs na linha de frente. Chegara a hora de escolher a nova diretoria do Cefisma, o centro acadêmico da faculdade. Discutimos o que fazer na base da Física e decidimos lançar uma chapa apoiada pelas frentes de trabalho. Fui escolhido para encabeçá-la. O adversário era um colega do terceiro ano, secretário do Cefisma. Parecia uma batalha desigual, pois nunca um estudante do primeiro ano havia concorrido à presidência, mas acabamos ganhando, com o forte apoio das frentes de trabalho. A vitória merecia uma comemoração. De noite, toda a turma que apoiou a chapa acabou no Frajola, uma pizzaria mambembe na entrada da Cidade Universitária.

A vida na faculdade não era só política. Além da turma militante, eu convivia com um grupo muito mais amplo, com interesses que iam da poesia à mecânica quântica. Pérsio era uma das figuras mais estranhas do grupo: inteligentíssimo, culto, mas com sérios problemas físicos, que incluíam um tipo de miastenia que tornava seus movimentos complexos e descontrolados, com tiques nervosos. Um dia, estávamos fazendo uma experiência complicada no laboratório de química, que envolvia manipular substâncias tóxicas, quando ouvimos um gemido. Era o Pérsio, que, de tão ligado na manipulação dos componentes, descarregou a tensão sob a forma de um uivo lancinante.

Com aulas de manhã e de tarde, o horário do almoço era sempre esperado, mas a comida do bar da Física era muito ruim. Por sorte, algumas das meninas tinham carro e seguíamos meio espremidos para o restaurante da Biologia, um dos lugares mais agradáveis da Cidade Universitária, no alto de um morro e muito arborizado. Jane era dona de um Karman Ghia vermelho — meu sonho impossível de consumo pequeno-burguês —, que acabava me emprestando quando eu precisava ir até a Maria Antonia para alguma reunião durante o dia. Da turma da política, somente o Pedro tinha acesso ao carro do pai, que conseguia emprestado de vez em quando, seja para uma tarefa política ou para irmos a uma festa.

A primeira missão no comando do Cefisma foi coordenar o protesto dos estudantes do quarto ano, que cobravam adaptações no currículo, para abrir mais oportunidades aos bacharéis que não pretendiam seguir na carreira de pesquisadores na Universidade, mas entrar no mercado de trabalho das indústrias. Uma assembléia decidiu por uma greve de toda a faculdade, mas inovamos na maneira de realizá-la, evitando que o pessoal simplesmente fosse embora para casa. Resolvemos ocupar a faculdade e testar algumas propostas de ensino menos formais. Organizamos seminários e debates, com temas até então inéditos na escola, desde uma palestra sobre história da arte feita pelo professor Schemberg, até infindáveis debates sobre o último livro de Herbert Marcuse, *Eros e civilização*. Vários professores e estudantes de pós-graduação aderiram e passaram a dar aulas sob uma nova moldura pedagógica. Da simples ocupação, o movimento evoluiu para uma proposta de autogestão. Até então, o Conselho da Faculdade era formado apenas pelos professores e representantes dos alunos de pós-graduação, sem representação dos alunos de graduação. Apresentamos uma proposta de participação paritária no Conselho da Física, metade alunos e metade professores. O clima político interno e no país fez com que o Conselho acatasse a reivindicação dos alunos e fomos a primeira faculdade no Brasil a ter uma gestão paritária. Na verdade, sob a liderança do Cefisma, os estudantes conseguiam fazer suas propostas vitoriosas no Conselho, com apoio dos pós-graduandos e de muitos professores.

A trégua entre os estudantes e a ditadura não durou muito. A agitação estudantil subiu de temperatura em junho, estimulada pelas notícias do exterior. Em 4 abril de 1968, o pastor Martin Luther King, líder do movimento negro pela igualdade racial nos Estados Unidos, foi assassinado em um hotel de Memphis, provocando uma explosão de revolta nas comunidades negras em 125 cidades, com um trágico saldo de 46 mortos, 2,6 mil feridos e 20 mil presos. Os estudantes norte-americanos declararam um Dia Nacional de Luta contra a Guerra do Vietnã e ocuparam universidades como Cornell, Berkeley, Columbia. Acabaram reprimidos por tropas da Guarda Nacional.

Na França, a revolta estudantil explodiu em maio de 1968. O rastilho foi aceso na Universidade de Nanterre, nos arredores de Paris. Os alunos entraram em greve pela liberalização dos estatutos, reforma dos cursos, construção de uma residência estudantil e contra a intervenção dos Estados Unidos no Vietnã. Os estudantes da Sorbonne em Paris aderiram ao movimento no começo de maio e tomaram a universidade. As tropas da Guarda Republicana tentaram invadir, mas foram inicialmente contidas por barricadas de paralelepípedos e trilhos de bonde erguidas pelos jovens, com o apoio de operários de fábricas do cinturão industrial de Paris. As centrais sindicais convocaram uma greve geral e, no dia 26 de maio, 9 milhões de trabalhadores aderiram à luta pela redução das jornadas de trabalho e por maiores salários. O movimento não foi em frente, pois o presidente Charles De Gaulle convocou eleições antecipadas para o Legislativo — 23 de junho — e foi amplamente vitorioso, com apoio da classe média urbana e rural.

No Brasil, a esquerda não prestou atenção ao sinal vindo da França, confiante no apoio dos operários e da classe média. E havia motivos para ser otimista, pois o movimento operário, duramente reprimido depois do Golpe de 64, voltava à ativa. Em 16 de abril de 1968, 15 mil trabalhadores das fábricas de Contagem, cidade industrial vizinha a Belo Horizonte, começaram uma greve por melhores salários, que durou nove dias, contestando a política que concedia reajustes salariais sempre abaixo da inflação. Na comemoração do 1° de Maio, o governador de São Paulo, Abreu Sodré, nomeado pela ditadura, resolveu participar de um comício em homenagem aos trabalhadores na Praça da Sé, no centro da cidade. Jogava sua demagogia quando foi interrompido por uma manifestação de operários de Osasco e estudantes. Fugiu ao levar uma pedrada e o palanque foi ocupado por militantes da esquerda, que lideraram uma passeata até a Praça da República com 20 mil pessoas.

Em junho, os estudantes voltaram às ruas. O Rio de Janeiro, que ainda era o centro da política brasileira, apesar de a capital federal estar em Brasília desde 1961, foi palco de novas cenas de brutalidade policial. No dia 20, os estudantes liderados por Vladimir Palmeira, presidente da UME, impõem o diálogo ao Conselho Universitário da UFRJ e apresentam suas reivindicações em reunião que demorou oito horas. A polícia cerca a Reitoria e, embora a maioria dos alunos tenha escapado, 400 foram presos no campo de futebol do Botafogo, onde foram espancados pela PM.

Em resposta, novas passeatas, com os manifestantes denunciando a violência e cobrando a libertação dos presos. No Rio de Janeiro, a passeata da Sexta-Feira Sangrenta, em 21 de junho, foi o palco dos piores conflitos da história da cidade: populares jogaram uma pia de banheiro sobre os PMs do alto de um prédio, os estudantes revidavam com pedradas e porretadas, mas era um conflito desigual: três manifestantes foram mortos, 57 feridos e mil presos. A revolta estudantil explodia, a classe média estava indignada com a repressão. A ditadura resolveu retirar as tropas das ruas.

No dia 26 de junho, cem mil pessoas saíram às ruas do Rio de Janeiro em protesto. Desta vez, não eram apenas os estudantes: padres, operários, intelectuais, donas de casa juntaram-se a eles. A manifestação terminou na Candelária e uma comissão foi escolhida para dialogar com Costa e Silva, o ditador de plantão, que a recebeu dias depois no Palácio do Planalto, em Brasília. Os estudantes paulistanos, por sua vez, fizeram uma grande passeata no dia 24 de junho que terminou na Faculdade de Filosofia da Maria Antonia, que acabou sendo ocupada. A experiência da Física foi ampliada, com a criação de Comissões Paritárias nas faculdades de Direito e de Filosofia da USP.

A esquerda armada, atenta ao descontentamento popular com a Ditadura, aproveitou a deixa. Em fevereiro de 1968, a ALN de Marighella inicia as ações armadas em São Paulo, ainda sem identificar-se, assaltando um banco. Em junho, no dia seguinte à Passeata dos Cem Mil, a VPR lança uma perua Veraneio carregada de explosivos contra o Quartel-General do II Exército, em São Paulo, no bairro do Ibirapuera. A ação foi feita de madrugada, para evitar vítimas, mas o recruta Mário Kozel Filho, de guarda numa guarita, aproximou-se do carro e foi morto quando a carga explodiu.

Revoltada com o atentado, a turma da direita tomou a iniciativa. No dia 16 de julho, militantes do Comando de Caça aos Comunistas (CCC) atacam o teatro Ruth Escobar em São Paulo, onde estava sendo apresentada a peça *Roda viva*. Espancam os atores e destroem os cenários. Dois dias depois, colocam uma bomba na Associação Brasileira de Imprensa no Rio de Janeiro, uma entidade que lutava contra a censura à imprensa. No dia 28, o CCC visita novamente o teatro Ruth Escobar e explode uma bomba. A escalada de violência tinha escapado do movimento operário e estudantil.

Depois da ocupação da Maria Antonia, as organizações de esquerda que atuavam no movimento estudantil, especialmente as Dissidências do PCB, resolveram concentrar forças nas lutas específicas das universidades, por melhoria das condições de ensino, contra a universidade paga e pela representação paritária nos conselhos universitários. O ciclo passeata-repressão-passeata acabaria afastando a maioria dos estudantes e isolando as lideranças ligadas às organizações de esquerda. Além disso, os protestos violentos contra a ditadura foram assumidos pelas organizações que aderiram à guerrilha urbana, que aproveitavam os assaltos a bancos e os atentados para praticar a propaganda armada contra a ditadura. Cada macaco no seu galho.

Outra tarefa importante das lideranças estudantis era a organização do congresso anual da UNE. Alguns defendiam a realização de um encontro aberto, num local público como o Crusp da Cidade Universitária da USP em São Paulo. A proposta não prosperou. O local foi considerado inseguro, pois em julho de 68 o Crusp fora invadido por tropas da Força Pública, por ordem da Reitoria, para desalojar os estudantes que tinham ocupado um dos blocos do conjunto residencial.

A opção foi realizar o congresso num sítio em Ibiúna, cidade a 90 quilômetros de São Paulo. Toda a capacidade organizacional do movimento estudantil foi colocada a serviço do congresso, que tinha 920 participantes inscritos, a maioria delegados eleitos por faculdades de todo o país. Os estudantes de fora tinham encontros marcados nos centros acadêmicos das principais escolas paulistanas. Recebiam a indicação de um ponto de encontro, onde seriam recolhidos e levados para o sítio. A logística foi complicadíssima e envolveu quase mil pessoas. Os participantes deviam levar agasalhos e cobertores, pois muitos dormiriam ao ar livre. O XXX Congresso da UNE começou no dia 11 de outubro, com debates acirrados e a tentativa das diversas organizações de esquerda de chegar a um consenso e eleger uma chapa única.

Não deu tempo. Na manhã do dia 11, um sitiante vizinho foi cobrar um dívida do dono do sítio onde era realizado o congresso, mas foi impedido de entrar por dois estudantes armados que faziam a segurança. Foi até a delegacia de polícia de Ibiúna avisou o delegado Otávio Camargo, que já estava de orelha em pé com a movimentação de jovens com jeito de *hippie* pela pequena cidade. Alertou o Dops em São Paulo, que a essas alturas já sabia da realização do congresso através de seus informantes.

O governador Abreu Sodré autorizou a intervenção policial, depois de consultar Brasília. Na madrugada do dia 12 a tropa da Força Pública cercou o sítio. Na noite do dia 11, um jornalista que cobria a polícia ficou sabendo que o congresso seria invadido e conseguiu passar a informação para a segurança estudantil, que ainda tentou, sem sucesso, tirar os líderes do local. Passou o arrastão e cerca de 700 estudantes foram colocados em ônibus e caminhões e levados para o Dops e para o Presídio Tiradentes, em São Paulo. Vladimir Palmeira ainda tentou sair pela porta de segurança do ônibus, quando parou em frente ao presídio, mas foi capturado em seguida por guardas da Força Pública. Lá dentro, os experientes policiais da delegacia política tentavam identificar os peixes graúdos — líderes estudantis e militantes de organizações de esquerda —, enquanto iam liberando os peixinhos. Numa dessas, Zé Arantes, que era vice-presidente da UNE e muito conhecido pela turma do Dops, conseguiu entrar na fila dos que iram ser liberados. Livre, pegou um táxi e foi para o Crusp, de onde passou a liderar a UNE e a luta pela libertação dos estudantes presos.

Acompanhei toda essa agitação de longe, pois tinha deixado o movimento estudantil em setembro para dedicar-me de corpo e alma, e em tempo integral, à preparação da guerrilha rural. Aluguei um apartamento na Rua Japurá, perto da Câmara Municipal, no Centro de São Paulo, endereço só conhecido por Tânia, minha namorada, e por meu irmão. Quando soube que o Zé Arantes conseguira fugir do Dops, peguei o ônibus 929, Praça da Concórdia Cidade Universitária e fui para o Crusp. Depois de algum tempo, consegui encontrar Zé Arantes e imediatamente perguntei se ele queria ficar no meu apartamento, pois era muito seguro. Ele recusou.

— Amanhã viajo para o Rio, prefiro ficar por aqui hoje à noite. Mas acho que a repressão vai invadir o Crusp e a Filosofia. Agora não tem mais retorno: a turma da extrema direita está pressionando o Costa e acho que vem uma preta por aí. Trate de se cuidar — recomendou Zé.

Despedi-me, emocionado, mas percebi que ia ficar um tempão sem vê-lo. A lúcida análise do Zé estava correta. Dias depois o Crusp e a Filosofia da Maria Antonia foram ocupadas pela repressão. O movimento estudantil ainda realizou passeatas de protesto contra as prisões em Ibiúna, todas duramente reprimidas, com três estudantes mortos apenas no Rio de Janeiro.

Na noite de 13 de dezembro de 1968 foi anunciado o Ato Institucional nº 5. Tinha ido jantar com um casal de amigos, que pretendia atrair para o apoio à guerrilha. Paulo era ex-militante do PCB e Ana nunca tivera nenhuma militância política, mas estava cada dia mais indignada com a ditadura. Eles moravam num quarto-e-sala em Pinheiros. O dia fora repleto de boatos, por isso deixamos o rádio ligado enquanto jantávamos. Naquele tempo, a televisão ainda não havia se espalhado pelas residências da classe média. Uma marcha com tons fúnebres anunciou a formação de uma cadeia de rádio e televisão para um pronunciamento da Junta Militar. Um silêncio gélido tomou conta da pequena sala enquanto o locutor anunciava o conteúdo do AI-5.

O Ato Institucional nº 5 fechou todas as portas. Não se via mais um caminho político e pacífico para se derrubar o governo militar e devolver a democracia ao Brasil. Paulo, Ana e eu conversamos longamente sobre as conseqüências do AI-5. Percebi que ele tinha perdido qualquer disposição de colaborar com a guerrilha. Preocupado com a situação política, abreviei a conversa, sem amarrar nenhum compromisso com o casal.

Uma das medidas do AI-5 foi eliminar o direito ao *habeas corpus* para crimes políticos, enquadrados na Lei de Segurança Nacional. Este instrumento servia para coibir a violência policial, obrigando que qualquer prisão fosse feita com o mandado judicial. Sem o *habeas corpus* estava aberto o espaço para a prisão e tortura de qualquer um que se colocasse em oposição ao regime. Todos eram colocados no mesmo saco. Caetano Veloso e Gilberto Gil foram em cana, bem como freiras, padres, escritores, metalúrgicos, guerrilheiros.

Com o AI-5 o ditador de plantão ganhou o poder de decretar intervenção nos estados e municípios, intervir no Legislativo e Judiciário, cassar mandatos de parlamentares; punha fim às garantias constitucionais de estabilidade de emprego, podia decretar estado de sítio sem ouvir o Congresso e acabava com o *habeas corpus*, que ajudava a proteger os presos da violência policial. Concluía estabelecendo em seu artigo nº 11:

> "Excluem-se de qualquer apreciação judicial todos os atos praticados de acordo com este Ato Institucional e seus Atos Complementares, bem como os respectivos efeitos."

O AI-5 abriu o caminho para a escalada da repressão. Qualquer policial se considerava um guardião da Tradição, da Família, da Propriedade e do Capitalismo — ainda que não soubesse para que serviam. Em nome desses mitos sagrados da civilização ocidental valia tudo. Um período de treva política, de anos de chumbo, fora institucionalizado. Para a esquerda armada, só restou um caminho: partir para o pau.

Capítulo 21

Praia, até que enfim!

Ilha Grande, Bangu e Frei Caneca
Rio de Janeiro
Novembro de 1974 a setembro de 1976

Voltar para a Ilha Grande não chegava a ser um consolo, mas depois do sufoco que passamos em Santa Cruz era uma pausa para relaxar. Não tinha assistência médica nem dentista, mas era melhor do que a tortura psicológica do presídio do Exército. Visitas, só duas vezes por mês, com as famílias viajando vinte horas ida e volta, mas elas não tinham que sofrer as revistas vexatórias e as provocações dos oficiais e soldados de Santa Cruz.

Todo mundo no coletivo queria saber o que havia acontecido por lá. Resolvemos fazer uma assembléia para narrar o episódio. Quando chegou a minha vez de falar, ponderei que nossa resistência poderia ter provocado a desistência dos militares em manter presos políticos em quartéis. O consenso foi de que deveríamos continuar a luta para sairmos da Ilha Grande e sermos transferidos para um presídio civil na Guanabara. Prancha, Paulo Henrique e eu fomos eleitos representantes do coletivo e começamos a articular a luta pela transferência. Na visita, conversamos com as famílias, que concordaram com nossa avaliação da conjuntura nos quartéis e com a proposta de batalhar pela transferência. Ficaram de conversar com a OAB e com os religiosos da Cúria Metropolitana do Rio, ao mesmo tempo que preparavam o terreno com os políticos do MDB e a imprensa.

No começo de fevereiro de 1975 fui levado à Auditoria da Aeronáutica para o julgamento de um segundo processo, em que era acusado de participar do assalto a um banco em Ipanema. Acabei absolvido por falta de provas, mas o promotor resolveu recorrer ao STM. A essas alturas, o primeiro processo, em que fora condenado inicialmente a trinta anos de prisão, já passara por todos os recursos e, como o STF reduzira a pena para 7,5 anos, já era possível pedir a minha liberdade condicional, já que cumprira mais da metade da pena. Entretanto, os órgãos de segurança baixaram o centralismo e impuseram que o promotor recorresse da absolvição no processo do banco de Ipanema para impedir a minha libertação.

A rotina da cadeia é massacrante. Não tinha vontade nem de conversar com os amigos, pois ninguém mais se preocupava em perguntar se o interlocutor já conhecia a história. Todo o repertório de memórias fora passado a limpo. Todas as noites sonhava de olhos abertos, pensando no que fazer em liberdade, imaginando grandes trepadas, viagens sem fim. A sentença do STF já abria espaço para a imaginação, apesar do outro processo em recurso no STM.

A cada sonho frustrado de ser libertado as lembranças e o estudo eram os meus refúgios. Recordava minha infância tranqüila em Jaú, onde morei até os 7 anos em uma casa gostosa, com um pomar cheio de jaboticabeiras no fundo. A casa de minha avó Mariquinha tinha sempre um jarro de doces em cima da mesa de jantar para saciar a voracidade dos netos. Vovó veio de uma família quatrocentona que foi muito rica, mas perdeu tudo na crise de 1930, quando o preço do café de exportação desabou. Papai trabalhava na Secretaria da Agricultura e era agrônomo regional em Jaú. Também tocava uma grande lavoura moderna de algodão, toda mecanizada, no distante ano de 1953. Mas era ruim de negócios; contraiu muitas dívidas e acabou indo à falência, entrando num surto depressivo que impôs a sua internação num hospital em Campinas. Apesar da triste lembrança da doença de papai, a mudança para Campinas foi um progresso, pois era uma cidade muito mais moderna e dinâmica. E tive a oportunidade de estudar no Colégio Estadual Culto à Ciência, um dos melhores do estado, onde cursei o ginásio e o científico.

De volta à realidade massacrante da cadeia, resolvi investir ainda mais na leitura e no estudo da economia para compreender melhor o mundão da liberdade, preparar-me para a vida do ganhar, perder, encontrar, separar — opções altamente restritas na cadeia, lugar em que as pessoas perdem a substância e os defeitos pessoais ganham dimensões desproporcionais. Com a alma cortada, a tristeza pela perda dos amigos assassinados, apenas o intenso desejo de chegar inteiro à liberdade servia de apoio. Tratei de estudar ainda mais. Lia tudo sobre os acontecimentos internacionais e escrevia longos textos que passava para os companheiros do coletivo. Todo mundo estava ligado nas negociações de paz entre norte-americanos e norte-vietnamitas, que ocorriam em Paris. Enquanto isso, o vietcongue mandava ver.

Na noite de 30 de abril de 1975 os guardas chegaram correndo até as grades de nossa galeria. Ouviram uma gritaria e pensaram logo numa briga. Não entenderam direito quando viram as pessoas pulando de alegria, berrando saudações revolucionárias, cantando a Internacional, comemorando a derrota americana em Saigon. O vietcongue havia tomado a cidade e começava a galgar os muros da embaixada dos Estados Unidos, enquanto na laje do teto um helicóptero dos marines retirava do país os últimos diplomatas.

Na visita seguinte, a comissão familiar garantiu que todo o esquema de apoio à nossa luta pela transferência para o Rio estava pronto. Avisamos que começaríamos uma greve de fome por tempo indeterminado, tomando apenas água, até que autorizassem a mudança para o Rio. No dia 5 de maio comunicamos aos guardas que uma nova greve de fome havia começado e entregamos um abaixo-assinado dirigido ao Superintendente da Susipe, Augusto Thompson, exigindo a transferência para o Rio. Desta vez não fomos colocados na surda. Ficamos nos nossos cubículos. Nem mesmo éramos importunados pelos presos comuns da Lei de Segurança Nacional, que continuavam na parte dos fundos de nossa galeria, separados pelo muro. Esqueceram da gente, pois viviam brigando entre eles. Além do mais, achavam que a nossa ida para o continente abriria mais espaço para eles.

A greve de fome teve grande cobertura da imprensa; agora recebíamos o tratamento de presos políticos. Artistas famosos escreviam para o STM apoiando a transferência. Parlamentares do MDB liam no Congresso moções de apoio à nossa luta. A CNBB buscava a adesão de políticos e ministros do STM. Um apoio inesperado veio de uma equipe de um barco da Marinha de Guerra que trouxera autoridades até a Ilha Grande. Pediram para conhecer a nossa galeria e chegaram meio de fogo, engatando o maior papo com a gente. O sargento chamava a tropa para ir embora, mas a conversa seguia animada. Sinal dos tempos: mudança para melhor.

No começo de uma greve de fome, todo mundo está animado, ninguém se liga em comida, ou melhor, na falta de alimento. Mas lá pelo sétimo dia começa a bater uma fome desesperada. Então, os engraçadinhos começam a descrever as deliciosas refeições que comeram. Por volta do décimo dia a fraqueza passa a imperar, junto com uma certa depressão, e as pessoas ficam a maior parte do tempo deitadas.

Todos os sinais recebidos eram positivos, mas nada de uma resposta concreta. A Susipe tentava arranjar um lugar para ficarmos. No dia 21 de maio, o superintendente Thompson desembarcou de um helicóptero e, no presídio, pediu para conversar com a comissão de representantes do coletivo. Garantiu que seríamos transferidos brevemente para o Rio — inicialmente para um lugar provisório no Presídio Esmeraldino Bandeira, em Bangu, até que preparassem uma ala especial para os presos políticos no complexo penitenciário Lemos de Brito da Rua Frei Caneca, no Centro do Rio. Afirmou que era uma decisão do governador nomeado, Faria Lima, com o apoio das autoridades da Justiça Militar. Voltamos para a galeria, onde o pessoal aguardava as novidades. Após o nosso informe, decidiu-se encerrar a greve de fome.

A nosso pedido, a direção do presídio providenciou uma dieta especial de recuperação — com mingaus, muito leite, sopas — até que pudéssemos voltar a comer normalmente. Apesar disso, vários companheiros tiveram diarréias, enquanto outros conviveram com prisões de ventre. Na primeira visita, meus pais apareceram. Como sempre, papai viu a coisa pelo lado positivo, da nossa vitória, enquanto mamãe não escondia a preocupação com minha magreza; não chegava a parecer um sobrevivente de campo de concentração nazista, mas tinha perdido oito quilos e estava pesando 81 kg — para 2 metros de altura.

A direção da Susipe avisou que, por motivo de segurança, a transferência sairia em conta-gotas, em grupos de seis presos políticos. No final de junho desceu a primeira leva. Como sempre, não avisavam quem e quando seriam transferidos. Quando sobraram 15 de nós, veio uma surpresa. O chefe da guarda comunicou que iríamos para um prédio fora dos muros do presídio, junto à vila onde moravam alguns funcionários e suas famílias, e lá aguardaríamos a mudança para o Rio. Já era alguma coisa, pelo menos daria para conhecer um pouco mais o aprazível Instituto Penal Cândido Mendes. Fomos para o pavilhão Hortêncio de Oliveira Fraga, um conjunto de dois dormitórios, sala, cozinha e banheiro, onde ficaram os presos políticos durante a ditadura Vargas. Os únicos habitantes recentes era um batalhão de pulgas, que tratamos de combater espalhando capim-santo fornecido pelos guardas.

A rádio peão logo informou o motivo da mudança. Um preso do primeiro andar do presídio, que trabalhava na cozinha, contou que a direção da Susipe ia dar uma dura nos presos comuns da Lei de Segurança, que passaram a ocupar as celas de onde saímos. Na visita, passamos a informação para as famílias, pedindo que denunciassem um possível massacre. Logo depois soubemos que a direção do presídio recebera uma ordem para invadir a galeria dos comuns da LSN, e fazer uma revista. Deveriam entrar armados e reagir a qualquer provocação. A idéia não foi em frente: o chefe da segurança do presídio exigiu uma ordem por escrito da Susipe. Como não veio, os comuns da LSN foram poupados.

Mais uma turma foi para o Continente. Sobramos nove. Outra surpresa: em meados de julho, avisaram que o banho de sol seria na praia, mas sem mergulhar. Foi demais. Depois de anos vendo o mar apenas através das grades, fomos para a praia. Rolamos na areia feito crianças. No começo de agosto, desceram mais sete. Só Cláudio e eu ficamos na Ilha Grande. Pelo menos passamos a ir à praia todos os dias. Aproveitamos para conhecer umas moças da ilha, filhas de guardas, e a professora da escola primária. No começo olhavam de longe, curiosas e com medo, mas logo engatamos animados papos. Apagamos as luzes da Ilha Grande enquanto presídio político. No final de agosto de 1975, fomos para o Esmeraldino Bandeira, em Bangu.

Ficou muito melhor para as famílias. Os presos políticos ficavam em duas grandes celas, sem qualquer possibilidade de isolamento. A criatividade entrou em cena: pedimos para as famílias trazerem bobinas de papel pardo, durex, cola e conseguimos com a direção do presídio caibros de madeira. O suficiente para improvisar celas individuais, com paredes de papel de até 2 metros de altura.

Somente no começo de fevereiro de 1976 mudamos para o Presídio Político da Lemos de Brito, preparado especialmente para nós, com 22 celas de dois lugares, um banheiro grande, cozinha e um pátio do tamanho de uma quadra de futebol de salão ao qual tínhamos acesso durante o dia. Fiquei na cela 12, junto com o Perli, um companheiro que fora da ALN e tinha sido transferido de Recife um pouco antes. A rotina continuava chata: artesanato, futebol, muito papo, estudo. Mas conseguimos derrubar a norma de apenas dois visitantes por preso, limitados a parentes diretos, desde que preenchessem uma ficha. Aos poucos, gente amiga foi perdendo o medo e as visitas viraram uma grande festa; todos traziam comida e saíam grandes regabofes. Artistas e políticos passaram a visitar-nos. Conversar era preciso, sentir a temperatura do mundão.

Papos animados pediam uma cerveja, mas a revista dos guardas continuava rigorosa e nada de bebidas alcoólicas. A criatividade prevaleceu. Passamos a pedir para a família grandes quantidades de rapadura e abacaxi, além de baldes bem grandes. Como produzíamos muito artesanato, a direção permitiu a entrada de peças de cobre e latão para a confecção de bijuterias. Um cano de cobre com meio centímetro de diâmetro veio para o nosso estoque. E logo uma bem fornida destilaria entrou em funcionamento, supervisionada pelo José Roberto Rezende, o

Mico. Cascas de abacaxi e rapadura fermentavam nos baldes. Depois de coada, a mistura ia para uma panela de pressão aquecida por um fogareiro elétrico, ao qual Mico atarrachou uma serpentina de cobre, que ficava dentro de um balde com água. A mistura fervia e era resfriada na serpentina. As preciosas gotas do destilado eram colhidas em pequenas garrafas. Não era nenhum Velho Barreiro, mas quebrava o galho. As cotas eram democraticamente divididas entre os membros do coletivo e também reservadas para gostosas caipirinhas partilhadas com as visitas.

No começo de fevereiro de 1976 recebi a visita de Técio Lins e Silva, meu competente e batalhador advogado. Fui até o parlatório e recebi uma ótima notícia: o STM manteve a minha absolvição no processo do banco de Ipanema e agora não havia mais entraves para a minha libertação condicional. Quando voltei para o coletivo e dei a notícia, fui carregado nos ombros até o campo de futebol. Em março, mamãe foi visitar o juiz Teócrito Miranda, da Auditoria da Aeronáutica, que julgaria o pedido de condicional. Saiu decepcionada, pois o juiz disse que recebera um ofício atestando a minha alta periculosidade. Apesar disso, Técio entrou com o pedido de condicional, que foi cozinhado em fogo brando na Auditoria. No final de junho, o "juiz" recusou o pedido, alegando "ser inoportuno e inconveniente para o interesse da segurança do Estado e da tranqüilidade coletiva, pois não havia provas de recuperação do sentenciado".

Fiquei puto e frustrado, pois estava sonhando com a libertação e temia ter que esperar até o final da sentença, em março de 1978. Minha situação era melhor do que a de vários companheiros, que foram condenados em diversos processos e tinham penas acumuladas de mais de 30 anos. Nas conversas com as visitas, dava para imaginar que ninguém ficaria preso tanto tempo, pois a luta por liberdades democráticas crescia no Brasil e haviam sido formados diversos comitês que exigiam anistia ampla, geral e irrestrita para os presos políticos.

Os advogados também pressionavam para corrigir os piores abusos jurídicos cometidos pela ditadura. Um dos casos mais clamorosos era o do companheiro César, ex-militante do MR-8, preso em 1971, quando tinha apenas 16 anos. Foi torturado e mantido isolado em quartéis militares, apesar de a lei defini-lo como inimputável, por ser menor de idade na época da prisão. O poder dos órgãos de segurança superava o texto legal. César chegou na Lemos de Brito em março de 1976, ávido pelo contato humano. No exterior, a pressão da Anistia Internacional, de várias chancelarias de países europeus e da comunidade cristã cobrava a libertação de César. Valeu o esforço. No dia 5 de setembro, ele foi levado para o Galeão e colocado num avião da SAS, rumo a Estocolmo, onde o governo já havia garantido a sua aceitação como refugiado político. Recebeu um passaporte brasileiro com validade de apenas três dias. Depois, seria considerado apátrida — uma pequena sacanagem dos órgãos repressivos.

A porteira estava sendo aberta aos poucos. No dia 8 de setembro foi a vez de Cláudio, preso em 1969, logo depois do seqüestro do embaixador americano Elbrick, conseguir a liberdade condicional. No dia seguinte, enquanto ele ainda comemorava, morreu Mao Tse Tung, o líder revolucionário chinês. Técio tinha entrado com o pedido de minha libertação condicional junto ao STM. Sempre que ia para Brasília, para tratar de outros casos, encontrava-se com um ministro do tribunal — um general de Exército — que o instruía sobre o melhor dia para entrar com demandas que contrariavam a orientação dos órgãos de segurança, acatadas pelos juízes da linha dura. Era preciso escolher um dia em que a composição do tribunal pendesse para a ala mais liberal, a favor da distensão política.

Técio escolheu bem. Na noite do dia 22 de setembro, recebi na administração do presídio uma ligação do superintendente da Susipe informando que o STM havia votado a favor de minha liberdade condicional. Saí pulando pela galeria, recebendo a solidariedade dos companheiros. Comemoramos com uma rodada da melhor tiragem de pinga da destilaria do Mico. Começaram as despedidas. Garanti que não deixaria de visitar os companheiros, mesmo se mudasse para São Paulo. No dia 29, tive companhia para sair da cadeia, pois Fernando, que estava preso desde 1970, também recebera a condicional. Colocados num camburão, para uma última viagem, fomos até o prédio da Susipe na Senador Dantas, onde assinamos a papelada e, junto com as famílias, deixamos para trás o sufoco de quase seis anos.

É difícil derrubar as muralhas imaginárias que construímos para sobreviver na cadeia. Às vezes são necessários anos para nos sentirmos livres de verdade. Há os que nunca conseguem. O carinho da gente amiga é essencial para retomar o caminho. Foi o que recebi no apartamento dos pais de Cláudio, no Leme, que reuniram uma turma para me receber. Enquanto seguia para lá, no Corcel conduzido por Cláudio, me espantei com as coisas mais corriqueiras, que podia enxergar em cinemascope, bem diferente das visões pelas aberturas de ventilação dos camburões: um carrinho de pipocas, o cartaz do filme *Xica da Silva* num cinema da Cinelândia, a luminosidade da enseada de Botafogo, com o Pão de Açúcar ao fundo, o burburinho dos camelôs na Avenida Princesa Isabel. No fim da tarde, depois de muitas rodadas de cerveja, Ana, uma amiga que conheci na cadeia, convidou-me para um passeio a pé. Em vez de seguir pela Atlântica, levou-me pela Rua Duvivier. De mãos dadas, sem pressa, desfrutei a visão de senhoras idosas tricotando dentro de uma loja que vendia novelos de lã, descobri como funcionava o telefone público de um orelhão, coisa que não existia em 1970. Cortamos pelo Lido, na direção da praia. Ana me ajudou na travessia da Atlântica, ao perceber a minha insegurança com o tráfego do final do dia. Descalço na areia, deslumbrado com o pôr-do-sol em Copacabana, senti que ia conseguir: a liberdade não era um desafio.

Capítulo 22

Revelação

São Paulo e Cuba
Janeiro de 1970 a novembro de 1972

A Rua Cervantes — na Vila Prudente, Zona Leste de São Paulo — é muito pacata. Começa na Avenida Paes de Barros e não tem saída. Estreita, com casas térreas dos anos 50, onde moravam operários das fábricas de chapéus Crespi e de chocolates Falchi. Mas a rua guarda uma mancha, um segredo. Durante muito tempo foi conhecida como a rua do "terrorista" — e tudo por causa das cenas de violência que ocorreram no dia 5 de novembro de 1971.

Era fim de tarde. Seu Walter estava sentado na varanda da casa 14, fazendo hora antes de entrar no turno da noite na fábrica onde trabalhava. Chegaram quatro carros. Um deles fechou o acesso para a avenida e os outros três pararam perto da casa 7, alugada por Hermínio Segatti para três jovens. Doze homens chegaram armados de metralhadora. Seu Walter pensou que era um assalto e tratou de levar o filho para dentro de casa. "Os policiais chegaram atirando. O rapaz que estava dentro da casa 7 chegou até o vitrô para espiar e já foi baleado. A porta da casa foi arrombada a tiros e um pouco depois saíram com o corpo de uma pessoa, colocado no porta-malas de um carro, que saiu em disparada."

Outra testemunha ocular foi seu Túlio: "Os policiais ficaram meio de lado e atiravam cruzado nos dois vitrôs da casa 7. Quando arrombaram a porta, o rapaz já estava morto, sem ter reagido, pois não havia nenhuma marca de tiros na casa em frente."

O rapaz morto era José Arantes de Almeida, ex-líder estudantil e militante do Movimento de Libertação Popular. Mais cedo, na manhã daquele dia, Airton Mortatti, pertencente à mesma organização e também morador da casa 7, foi detido por policiais no bairro de Pinheiros. Reagiu à prisão e foi morto. Os agentes da OBAN acharam uma conta de luz no porta-luvas do carro e foram direto para a Rua Cervantes.

Depois de matar Arantes, os agentes da OBAN permaneceram na casa até a tarde da noite. Quando saíram, o filho de seu Walter entrou na casa, viu uma mancha de sangue na parede, blocos de cimento usados para fazer uma estante de tábuas, colchões jogados no chão, uma peruca abandonada na cozinha. Dona Iracema, que morava duas casas depois do n° 7, recorda que os dois rapazes nunca criaram qualquer problema na rua, mas não falavam com os vizinhos e às vezes escondiam o rosto com um chapéu quando cruzavam com alguém. "Mas nunca podia imaginar que eram terroristas."

Arantes e Mortatti tinham razões para tomar cuidado e evitar mostrar seus rostos, que apareciam em todos os cartazes de procurados impressos pela repressão. Arantes foi um dos primeiros militantes do Molipo a retornar ao Brasil, na primeira metade de 1971. Antes, recebera um rigoroso treinamento de guerrilha em Cuba, de onde chegou no segundo semestre de

1969. Em Havana, vivera junto com outros 22 militantes da ALN — muitos dos quais tinham saído nos seqüestros dos embaixadores norte-americano e alemão — numa casa espaçosa, apelidada de *Maison Charcot* por João Leonardo. Segundo ele, a casa parecia um asilo de loucos. Arantes foi nomeado comandante do grupo, não sem a oposição do pessoal do GTA, que achava que ele não tinha experiência militar.

As notícias das prisões de militantes da ALN no Brasil chegavam com um atraso de pelo menos 30 dias e despertavam preocupação entre os moradores da *Maison Charcot*. Contudo, o pessoal que tinha passado pela prisão no Brasil tratava de desfazer a tensão, sustentando que as capturas decorriam de problemas técnicos de segurança da organização. Não questionavam a linha política e nem discutiam a realidade brasileira — até pela falta de informações. Estavam sob o controle de oficiais da Securidad — o chamado G2, que cuidava do apoio aos guerrilheiros da América Latina —, cujos informes sobre o Brasil eram sempre otimistas. Para eles, a revolução continuava avançando.

No dia 15 de janeiro de 1970, a turma da *Maison Charcot*, a qual se juntara Franklin do MR-8, partiu para o treinamento tático em Santiago de Cuba, onde foram alojados em quatro casas. Aprenderam a usar escrita invisível e códigos, a fazer sabotagem e ações armadas urbanas, como a tomada de um posto policial. Os militantes do GTA da ALN diziam que os cubanos nada sabiam sobre guerrilha urbana, mas, mesmo assim, seguiam em frente, eufóricos com o treinamento ministrado por oficiais e soldados das Forças Armadas Revolucionárias de Cuba (Farc).

Orientados pelo G2, deviam passar por técnicos portugueses, mas a história não funcionava: volta e meia, nas ruas, os técnicos lusitanos recebiam a solidariedade dos moradores de Santiago pela morte de Marighella. Após 45 dias de treinamento, voltaram para Havana e logo seguiram para a província de Piñar del Rio, onde seria feito o treinamento de guerrilha rural. Ficaram em dois acampamentos na encosta da montanha, a três quilômetros da cidade e de um quartel das Farc. Onofre Pinto da VPR e outro militante do MR-8 juntaram-se ao grupo, que foi dividido entre os dois acampamentos, conhecidos como Primavera e Outono. Dormiam em uma grande barraca militar; a sala de instrução, os banheiros e o refeitório eram feitos de madeira. Tudo muito rústico. A comida vinha pronta do quartel.

Quinze pessoas em cada acampamento, acompanhados por dois oficiais das Farc — um encarregado do treinamento tático e outro da instrução política. Quem cuidava da equipe do Primavera era Oscar, um oficial das Farc que havia participado da coluna de Camilo Cinfuegos durante a Revolução Cubana. Muito forte e corajoso, com cerca de 1,90 m de altura, certo dia, durante uma marcha, resolveu subir num coqueiro, para pegar uns cocos e matar a sede dos militantes em treinamento. Falhou na primeira tentativa.

— *Palma, soy comunista, y tu no me vas a vencer* — disse destemido. E voltou a enfrentar o coqueiro. Chegou lá em cima, cortou vários cocos e desceu, com a pele do peito escalavrada, em carne viva, devido ao atrito com o tronco, mas radiante.

Além das marchas forçadas pela mata, os aprendizes de guerrilheiro desciam para o quartel das Farc duas vezes por semana, para exercícios no campo de obstáculos e aulas de tiro com diversos tipos de fuzis, especialmente os Fal usados pelo Exército Brasileiro. Também aprenderam a usar metralhadoras, morteiros, canhões sem recuo e bazucas.

O expediente era barra-pesada. Todo mundo acordava às 5:30 da manhã, fazia ginástica e depois tomava café. Das 7 às 11 e das 13 às 17 havia aulas: de tática — para emboscadas, cerco e rompimento; política — a Revolução Cubana e o trabalho de massa; comunicações — o uso de rádios e telefones de campanha; engenharia — uso de explosivos, construção de túneis e esconderijos: topografia — mapas e os diversos tipos de terreno. Todo esse treinamento teórico era colocado em prática nas marchas pela mata e no quartel das Farc. Às 18 horas, janta; às 22, toque de recolher.

Sempre havia em cada acampamento uma vigilância feita por dois militantes em turnos de duas horas, que era dobrado quando alguém cometia erros no treinamento. O pessoal vivia com sono, especialmente porque as marchas, que inicialmente duravam duas horas, foram progressivamente aumentadas até durarem quatro dias.

Apesar de a ALN de São Paulo ser a origem comum da maioria dos participantes, o convívio não era fácil. O pessoal do GTA, por exemplo, cobrava duramente os companheiros que não haviam passado pela experiência da ação armada. Dois militantes do Primavera questionavam a linha da ALN, pondo em dúvida a alternativa da guerrilha rural e defendendo a necessidade de um recuo, com foco no trabalho de organização do movimento popular. A maioria, contrária à proposta, acusou-os de desbundados, dizendo que não levavam em conta a violência da ditadura assassina e a situação dos companheiros torturados e presos no Brasil. As divisões internas forçaram um remanejamento de pessoal entre os dois acampamentos.

O instrutor político não trazia notícias atuais sobre o que acontecia no Brasil e faltava informação sobre a virtual destruição das organizações de luta armada e do fortalecimento político da ditadura, montada no sucesso do milagre econômico brasileiro. Os militantes que faziam o treinamento em Cuba estavam sob o controle do comandante Piñero, conhecido como *Barba Roja*, integrante de uma facção dos dirigentes cubanos defensores do avanço da guerrilha na América Latina. O sucesso dos guerrilheiros seria muito útil na luta interna em que se opunham aos dirigentes cubanos ligados à União Soviética, contrários ao apoio à guerrilha latino-americana.

Um dos poucos sinais de que a barra estava pesada no Brasil foi dado pelo instrutor Oscar. Uma noite, após um dia inteiro de marcha forçada, Franklin sentou-se num tronco de árvore para conversar com ele. O cubano estava triste, lágrimas nos olhos. Franklin perguntou o motivo:

— Um companheiro que treinei na turma anterior foi morto no Brasil. Estou deprimido, algo está errado. Vocês voltam e morrem, enquanto eu fico por aqui, sem poder ir para a luta — foi a resposta amarga.

Com oito meses de treinamento, os intelectuais do grupo brasileiro tinham endurecido. O frágil Benetazzo era outro. Treinava caratê todas as noites, endurecendo os músculos das mãos. A autoconfiança estava lá em cima, especialmente depois da cerimônia de formatura, que envolveu um exercício de 15 dias no mato, incluindo um combate simulado contra tropas das Farc, com cercos e emboscadas. O grupo passou a ser conhecido como o 3° Exército da ALN, sendo considerado o mais preparado de todos os brasileiros treinados em Cuba.

De volta para Havana, o confronto da maioria da turma do Primavera e Outono com a direção da ALN chegou ao auge. Desde o começo de 1970, questionavam as constantes trocas na direção da organização, a doutrina da autonomia tática dos grupos e regiões, a falta de critério no recrutamento de militantes. Havia uma séria divergência com o comando da organização, que, após a morte de Marighella e Toledo, passou a ser controlado pelo pessoal do Rio de Janeiro. Fleurizinho e Jeová lideravam as críticas. Foi um passo para a criação do Molipo, em janeiro de 1971, reunindo a maioria dos militantes que participaram do treinamento nos acampamentos Outono e Primavera.

Ao contrário dos revolucionários que pregavam um recuo da guerrilha, o Molipo decidiu voltar para o Brasil a qualquer custo, com o apoio da G2 cubana. A prioridade era retomar o contato com militantes e simpatizantes e organizar a guerrilha rural no Nordeste, Goiás e sudoeste de São Paulo. Arantes foi um dos primeiros a retornar. Ao chegar, não sabia que a repressão tinha mudado de tática: já não prendia simpatizantes ou militantes imediatamente, tratava de segui-los para chegar até a caça maior.

Quase todos os integrantes do Molipo que retornaram ao Brasil foram mortos em 1971 e 1972. Benetazzo foi o último. Como explicar que jovens cultos e bem preparados politicamente tenham caminhado para a morte anunciada? Talvez tenha sido por causa da pureza de seus ideais democráticos e revolucionários, a certeza de que a ditadura militar instalada no Brasil era iníqua, valores morais suficientes para deformar a capacidade de interpretar o mundo real da política e da economia. O ódio contra a violência da ditadura, que torturava e assassinava cada vez mais implacavelmente, podia incendiar a emoção e cobrar vingança. Eram anjos rebeldes.

Glossário

2° Exército da ALN: Grupo de militantes da ALN que foi para Cuba em 1968 para receber treinamento guerrilheiro e militar. O grupo anterior, que viajou em 1967, foi chamado de o 1° Exército.

Abrir: Revelar informações para a repressão.

Ação: Toda operação de guerrilha urbana, como a expropriação de um banco ou veículo.

Ademar: Ademar de Barros, governador de São Paulo na década de 1960. Corrupto famoso, a quem atribuíam o *slogan*: "Rouba, mas faz".

ALN: Ação Libertadora Nacional. Organização de esquerda, criada sob a liderança de Carlos Marighella em 1967, que defendia a luta armada.

AP: Ação Popular, organização que teve origem na esquerda católica. Era a favor da luta armada no campo, mas contra a guerrilha urbana.

Auditoria: Órgão da Justiça Militar onde eram julgados em primeira instância os presos políticos enquadrados na LSN.

Banidos: Expulsos do Brasil, com a perda da nacionalidade, conforme Ato Institucional nº 13, de setembro de 1969, que criou essa esdrúxula ficção judicial.

Cair: Ser preso, entrar em cana.

Calabouço: Restaurante popular situado perto do aeroporto Santos Dumont e muito freqüentado por estudantes secundaristas e universitários.

Campana: Vigilância da repressão sobre um local, veículo ou imóvel, na tentativa de prender guerrilheiros.

Cata-corno: Ônibus improvisado usado na Ilha Grande. O nome era uma homenagem aos presos, considerados cornos.

Cebrap: Centro Brasileiro de Planejamento, instituto de pesquisa de São Paulo, comandado por Fernando Henrique Cardoso, que reunia intelectuais de oposição ao regime militar.

Cefisma: Centro de Estudos da Física e Matemática.

Clandeca: Na clandestinidade, pois procurado pela repressão.

CNBB: Confederação Nacional dos Bispos do Brasil.

Cobrir ponto: Comparecer a um encontro marcado por outro militante.

Crusp: Conjunto Residencial da USP, localizado na Cidade Universitária, em São Paulo. Prédios para estudantes da USP que não podiam alugar moradias.

DEIC: Delegacia de Investigações Criminais.

Dissidência Comunista: Grupo de estudantes universitários que romperam com o PCB em 1967 e defendiam a luta armada contra a ditadura.

Dops: Delegacia de Ordem Política e Social.

EDVP: No jargão da Marinha, uma embarcação para desembarque de veículos e tropas.

Estoque: Tradicional arma na cadeia. Faca improvisada com pedaços de metal afiados e com uma empunhadura.

Expropriar: Fazer ações armadas em que o objetivo era obter dinheiro, carros ou armas.

Farc: Forças Armadas Revolucionárias de Cuba.

FAU: Faculdade de Arquitetura de Urbanismo da Universidade de São Paulo.

Fazer: Assaltar. O mesmo que expropriar, segundo o jargão da época.

FLN: Frente de Libertação Nacional, organização formada por ex-militares cassados depois do golpe de 64, com origem no Paraná.

Força Pública: Antiga denominação da Polícia Militar.

Frente Ampla: Frente política que uniu políticos tradicionais expurgados pela ditadura, como os ex-presidentes Juscelino Kubitschek, Jango Goulart e Jânio Quadros. Incluía Carlos Lacerda, que teve esperanças de ser o candidato da direita nas eleições antes previstas para 1965 e que foram substituídas pela eleição indireta do ditador pelo colégio de oficiais generais das três armas.

Frente de massas: Grupo de apoio da ALN formado por militantes da área estudantil.

Furar ponto: Faltar a um encontro.

Grêmio da Filosofia: Centro Acadêmico livre da Faculdade de Filosofia da USP, criado em oposição às entidades oficiais que a lei da reforma universitária da ditadura tentou, sem sucesso, implantar.

GTA: Grupo Tático Armado que reunia militantes para ações militares urbanas da Ação Libertadora Nacional, organização que praticava a luta armada contra a ditadura.

Guanabara: Quando a Capital Federal foi transferida para Brasília, em 1961, foi criado o estado da Guanabara, que abrangia a zona metropolitana do Rio de Janeiro. Do outro lado da Baía da Guanabara ficava Niterói, capital do estado do Rio de Janeiro.

Interno: Eufemismo criado pelo sistema penitenciário para denominar os detentos.

Juares Brito: Militante da VAR-Palmares assassinado em um ponto no Rio, em abril de 1970.

LSN: Lei de Segurança Nacional, instrumento da ditadura militar, cuja versão de setembro de 1969 instituiu a pena de morte e a prisão perpétua para certos crimes políticos.

Mariga: Diminutivo afetuoso do líder revolucionário Carlos Marighella.

Metranca: Metralhadora de mão, geralmente uma INA calibre 45.

MNR: Organização criada por ex-militares e intelectuais que foram ligados a Leonel Brizola. Defendia a luta armada.

Mocó: Esconderijo.

Molipo: Movimento de Libertação Popular. Formado em Cuba, em janeiro de 1971, por ex-militantes da ALN de São Paulo.

MR-8: Movimento Revolucionário 8 de Outubro, data de morte de Ernesto Che Guevara, na Bolívia. Formado por estudantes de Niterói, foi dizimado na primeira metade de 1969. Para confundir a ditadura, a Dissidência da Guanabara assumiu o seu nome — MR-8 — quando participou do seqüestro do embaixador dos Estados Unidos.

MRT: Organização que defendia a luta armada, criada em 1968 por ex-militantes da AP.

OAB: Ordem dos Advogados do Brasil.

OBAN: Operação Bandeirantes, a central de coordenação dos órgãos repressivos em São Paulo. Criada em 1969, juntou militares e policiais civis, com o apoio financeiro de empresários paulistas.

Pára-pedro: Operação dos militares, PMs ou policiais civis, que fechavam uma rua e revistavam todos os carros, verificando os documentos dos ocupantes.

PCB: Partido Comunista Brasileiro, criado em 1922.

PCR: Partido Comunista Revolucionário, muito atuante em Pernambuco.

Pena de Morte: A Junta Militar que substituiu Costa e Silva, declarado incapaz por ter sofrido um derrame cerebral, decretou o Ato Institucional nº 14 em 29/9/1969, logo depois do seqüestro do embaixador norte-americano, criando a pena de morte e prisão perpétua na nova Lei de Segurança Nacional (Decreto-lei 898).

Perereca: Ebulidor feito com um pedaço de resistência elétrica enrolado num pedaço de cabo de vassoura, com dois fios para serem ligados na corrente elétrica.

PF: O popular prato feito, famoso nos botequins do Rio.

Pirulito: Folha de jornal enrolada em canudo, e então dobrada num formato semelhante a um pirulito, usada para fazer fogo.

Poleiro: Poltronas no nível mais alto do teatro, pouca visão, mas excelente sonoridade.

Poli: Escola Politécnica da Universidade de São Paulo.

Polop: Política Operária, organização de esquerda criada nos anos 60.

Ponto: Lugar de encontro, em local público, com data e horário previamente combinado.

Ponto de segurança: Encontro previamente combinado, para o caso de alguém perder o contato.

PSD: Partido Social Democrático. Existia desde 1945 e esteve no poder durante os governos de Kubitschek (1955-60) e Jango Goulart (1961/64).

Ricardão: Ônibus improvisado usado na Ilha Grande. Ganhou seu nome em homenagem ao personagem mítico que sempre ronda a mulher dos presos.

STM: Superior Tribunal Militar, órgão para o qual seguiam os recursos de presos políticos condenados pelas Auditorias Militares.

Susipe: Superintendência do Sistema Presidiário. A antiga Desipe que mudou de nome.

Telefone: Tapas simultâneos dados nos ouvidos com as mãos espalmadas.

Teresa: Corda ou barbante. Quando mais grossa, feita, por exemplo, com lençóis, podia servir para galgar as muralhas em uma fuga.

Toledo: Joaquim Câmara Ferreira. Principal dirigente da ALN, depois da morte de Marighella, que foi para Cuba depois do seqüestro do embaixador americano. Foi assassinado numa casa da morte montada pelo delegado Fleury num sítio perto de São Paulo, em 20 de outubro de 1970.

Três Oitão: Revólver calibre 38.

UFRJ: Universidade Federal do Rio de Janeiro.

UME: União Metropolitana dos Estudantes, do Rio de Janeiro.

USAID: United States Aid and Development Agency. Servia para promover políticas de desenvolvimento no exterior, alinhada contra o bloco soviético.

Vacilar: Duvidar da linha política; fraquejar.

VAR-Palmares: Organização que defendia a luta armada, resultou da fusão da VPR e Colina de Minas Gerais. Surgiu em 1969 e desapareceu em 1970, quando a maioria dos militantes recriou a VPR.

Vietcongues: Guerrilheiros do Vietnã do Sul que lutavam pela libertação nacional com o apoio do Vietnã do Norte e da União Soviética.

Volta ao mundo: Uma das primeiras camisas industrializadas feita de tecido sintético.

VPR: Vanguarda Popular Revolucionária. Defendia a luta armada e foi criada em 1968 por militantes que vieram da Polop e do MNR.

Este livro foi composto na tipologia Class Garamond BT, em corpo 10.5/15, e impresso em papel Offset 90g/m² no Sistema Cameron da Divisão Gráfica da Distribuidora Record.